JN496774

그리스 신화의 세계

창의력과 상상력의 바다

윤일권 지음

신아사

머리말

그리스 신화를 읽는 세 가지 이유

신화 열풍이 가라앉을 줄 모른다. 요즘 새롭게 일기 시작한 인문학에 대한 관심으로 한층 뜨겁게 달아오르고 있는 실정이다. 그 중에서도 그리스 신화를 향한 사랑은 단연 압권이다. 이쯤에서 냉정히 자문해 볼 필요가 있다. 도대체 왜 그리스 신화에 열광하는가? 그리스 신화를 읽는 이유가 무엇인가? 그리스 신화를 강의하면서 첫 시간이면 빠짐없이 던지는 질문이다. 필자 스스로는 세 가지로 정리해본다.

첫째, **그리스 신화는 창의력과 상상력의 바다다**. 신화는 지식과 논리의 틀에 사로잡히지 않은 고대인의 무한한 상상력이 빚어낸 이야기다. '이미 알고 있는 것'은 새로운 생각을 가로막는 장벽이 될 수 있다. 기존의 틀에 얽매이기 십상이다. 고대인의 의식은 어린아이와 같다. '이미 알고 있는 것'이 거의 없는 아이의 의식은 백지와 다름없다. 신화는 백지와 같은 고대인의 의식에 비춰진 세상이다. 온갖 형체와 색깔로 가득 채워진 화폭에는 새로운 것을 그려 넣기가 마땅치 않다. 하지만 텅 빈 백지에는 어떤 것이든 마음대로 채워 넣을 수 있다. 창의력과 상상력은 기존의 것을 덜어낸 빈 공간에서 싹트는 법이다.

문명인 중 누구도 해가 뜨고 지는 광경을 바라보면서 궁금해 하지 않는다. 이미 다 알고 있기 때문이다. 지구의 자전이 어쩌고, 공전이 저쩌고 하면서 쌓인 지식을 풀어놓기만 하면 그만이다. 하지만 이를 모르는 고대인은 어떠했을까? 캄캄한 어둠을 가르고 하늘에서 불덩어리가 치솟는 모습을 어떻게 받아들였을까? 두려움, 신비로움, 경외감 등이 뒤섞이며 온갖 상상의 나래를 펼치지 않았을까? 고대 그리스인들은 태양의 신 아폴론이 금빛 찬란한 태양마차를 몰고 하늘을 날라 다니는 멋진 모습을 떠올렸다. 하늘에는 아폴론만 있는 게 아니다. 밤이 되면 달의 여신 아르테미스가 초승달 모양의 활을 쏘며 자유롭게 사냥을 즐겼다. 그런가 하면 하늘의 제왕 제우스는 천둥과 번개로 인간세상을 엄히 다스리고, 무지개 여신 이리스는 질투의 화신 헤라의 명을 받고 하늘 높이 솟아올라 제왕의 근엄한 가면을 벗기고 바람둥이의 민낯을 드러냈다. 천지만물이 저들의 상상력이 자유롭게 노닐던 놀이터였다.

둘째, **그리스 신화는 서양문화의 뿌리다**. 서양문화는 기독교 정신(헤브라이즘)과 그리스로마 문명(헬레니즘)이라는 두 개의 뿌리를 두고 있다. 서양 철학은 소크라테스를, 서양 문학은 호메로스를, 서양 건축은 파르테논을 각각 스승으로 두고 있다는 진단은 결코 지나친 게 아니다. 성경이 헤브라이즘을 이해하는 핵심자료라면 그리스 신화는 헬레니즘의 핵심자료다. 그런 즉 그리스 신화를 알지 못하면 헬레니즘을 제대로 알지 못하고, 헬레니즘을 이해하지 못하면 서양문화를 제대로 이해할 수 없다.

소크라테스, 플라톤, 아리스토텔레스로 대표되는 그리스 철학은 그리스 신화를 비판적으로 해석하면서 정립되었다. 호메로스의 영웅서사시, 소포클레스의 비극, 플루타르코스의 영웅전 등 그리스 문학 역시 대부분 신화에서 소재를 찾았다. 문화예술 분야도 다를 바 없다. 대표적 유물인 파르테논 신전은 '처녀의 집'이라는 뜻으로 처녀 신 아테나에게 헌정된 신전이다. 4년마다 전 지구인들을 열광시키는 올림픽은 기원 전 8세기부터 시작된 그리스인들의 제우스 숭배의식에서 비롯되었으며, 연극은 술의 신 디오니소스를 기리는 축제에서 기원한 것이다. 그리스 신화를 언급하지 않고는 헬레니즘을 논하기가 쉽지 않다.

셋째, **그리스 신화는 인문 소양의 사탕이다**. 교육의 근본은 인문 소양 쌓기다. 어떤 전공을 택하든 인문 소양부터 갖춰야한다. 인문 소양은 세상을 좀 더 넓고, 좀 더 깊게 통찰하는 힘이다. 복잡한 미로 속에서 길을 잃고 방황해본 적이 있는가? 출구를 찾지 못해 답답하기만 하다. 백 미터 상공으로 훌쩍 도약할 수 있다면 복잡한 미로를 손바닥처럼 훤히 꿰뚫어 볼 수 있을 게 아닌가. 인문 소양은 다름 아닌 복잡한 미로 같은 인생의 조망권을 확보하는 것이다. 그런데 우리는 아파트 조망권을 위해서는 수천, 수억을 아낌없이 투자하면서 인생의 조망권 확보에는 인색하기 짝이 없다. 결국 눈을 감거나 코를 박은 채 기를 쓰고 달리는 꼴이 되고 만다.

인문 소양에는 문학, 역사, 철학 등 인문 서적 읽기가 필수적이다. 그런데 인문 서적을 집중적으로 읽어야할 중요한 시기인 청소년기는 온통 이를 가로막는 장벽들로 포위되어 있다. 입시지옥에 빠져 온갖 기기묘묘한 문제를 풀기 위해 밤늦게까지 학원가를 맴도는데다, 실용만능의 세태 탓에 '돈 안 되는' 인문 서적은 그나마 관심분야에서 한참 뒤로 밀려난다. 게다가 스마트폰, 컴퓨터, 텔레비전 등 영상매체 3인방이 연출하는 즐거움은 청소년들의 오감을 완벽하게 지배하고 있다. 책을 읽기에는 너무 즐거운 세상이다. 책 한 권 독파하기란 극기 훈련하는 것과 다름없다. 이런 형편에 어렵고 딱딱한 책을 억지로 들이댄다 한들 제대로 소화할 수 있겠는가. 쓴 약에 당의정을 입혀 거부감을 없애듯 인문 소양을 맛있게 섭취할 수 묘안을 찾아야 하지 않겠는가. 그리스 신화는 문학, 역사, 철학이 고루 담긴, 사탕처럼 맛있게 먹을 수 있는 인문 소양서다. 달콤한 맛에 끌려 재미있게 읽다보면 자신도 모르게 인문학 세계에 깊이 발을 들여놓게 된다.

필자는 대학 강단에서 15년째 그리스 신화를 강의하고 있다. 서양어문계열 학생들에게 서양문화를 쉽고 재미있게 소개하려는 마음으로 강좌를 열게 되었다. 수년간 학생들과 소통하면서 '세 가지 이유'를 절감할 수 있었다. 그래서 욕심이 났다. 이 좋은 것을 대학 강단에만 묶어둘 수 없지 않은가! 더 넓은 세상으로 나가자! 대학 울타리를 넘어 인문학에 목말라 있는 일반인에게로 다가가자!

그동안 대학교재로 사용하던 <그리스 신화 특강>을 대폭 수정 보완하여 이 책을 내게 되었다. 이를 통해 가능한 한 많은 이들이 '세 가지 이유'를 공감하게 되기를 바란다.

목차

그리스
신화의 세계

창의력과
상상력의
바다

제1장

그리스 신화의 발자취

그리스 신화의 세계
창의력과 상상력의 바다

신화는 문명 이전의 고대인들이 원초적 감각으로 받아들인 세상체험을 담은 이야기다. 신화는 양면성을 지닌다. 지식과 논리의 틀에 얽매이지 않은 자유롭고 원초적인 모습을 드러내기도 하지만 모순과 과장과 왜곡으로 일그러진 모습을 보여주기도 한다. 오랜 세월 동안 형성된 두터운 퇴적층은 신화에 대한 다양한 시각의 해석을 낳는다.

그리스 신화는 헤브라이즘과 함께 서양문화의 양대 뿌리로 평가되는 헬레니즘을 담고 있을 뿐만 아니라 풍부한 내용과 높은 예술적 가치로 세계적으로 가장 널리 애독되는 신화다. 신화의 특성으로는 인본주의, 현세중시, 다신주의 등을 꼽을 수 있다.

신화란 무엇인가

신화를 뜻하는 그리스어 '미토스(Mythos)'는 '말', 혹은 '이야기' 등의 어원을 갖고 있으며 '로고스(Logos)'와 대립되는 개념이다. 미토스는 논리적 언어를 뜻하는 로고스와 달리 입증되지 않은 상상력의 소산으로 받아들여진다.

신화는 문명 이전의 고대인들이 겪은 세상체험을 담은 이야기다. 고대인은 문명인에 비해 지식도 부족하고 논리도 빈약했다. 그들의 이야기는 허황되기도 하고 앞뒤가 어긋나기도 한다. 현실성도, 개연성도 찾아보기 어렵다. 도대체가 믿기 어려운 아이들 장난 같은 이야기다. 그런데 고대인은 문명인과는 다른 감각으로 세상을 받아들였다. 그들은 지식과 논리의 틀에 얽매이지 않고 사고했으며 세상을 직관적으로 바라보았다. 시각을 상실한 사람이 뛰어난 청각과 촉각을 갖게 되듯이, 지식과 논리가 결여된 고대인은 무한한 상상력과 초인적인 감수성으로 세상과 소통했다. 그들에게는 문명으로 길들여지지 않은 야성이 펄떡이고 있다.

지식과 논리로 무장하지 않은 고대인의 감각은 아무것도 그려지지 않은 백지와 같다. 신화는 백지 위에 채워진 태초의 그림들이다. 벌거벗은 몸과 마음으로 고대인들은 우주의 기원, 생명의 탄생과 소멸, 밤낮이 교차하고 해와 달과 별들이 연출하는 천체의 파노라마, 그리고 천둥, 번개, 홍수, 태풍, 지진, 화산폭발 등 대자연의 무서운 파괴력 등등을 때로는 경이로움으로, 때로는 두려움으로, 때로는 신비스러움으로 체험했을 것이다. 신화는 이렇듯 지식과 논리로 해석되거나 여과되지 않은 세상에 대한 고대인의 신성한 체험을 반영하고 있다.

신화는 과학과 문명으로 왜소화 되고, 정형화 되고, 박제화 된 현대의 삶에 생명의 에너지와 상상의 힘을 불어넣어 준다. 그러나 신화 속에는 무지와 편견에 매몰된 고대인의 자의적이고 일방적인 세상읽기가 숨어 있다. 특히 신과 영웅에 관한 이야기에는 정글의 법칙과 같은 약육강식의 이데올로기와 과장되고 왜곡된 우상 만들기의 흔적이 도사리고 있다.

마시는 물에 비유할 때 문명의 세계가 과학의 힘으로 정제된 수돗물이라면, 신화의 세계는 소독되거나 여과되지 않은 자연수와 같다. 수돗물은 위생적이기는 하지만 싱싱한 생명력이 빠져 있다. 반면 자연수에는 싱싱한 생명력이 살아 숨 쉬고 있는 반면 불순물이 걸러지지 않고 남아있을 수 있다. 따라서 불순물은 걸러내고 싱싱한 생명력만 가려서 섭취하는 지혜가 필요하다.

신화는 문자 이전의 구전, 나아가 언어 이전의 원초적 감각으로 생성된 이야기들이 떠돌면서 서로 충돌하고, 영향을 주고받고, 변형되는 과정을 거치면서 두텁게 형성된 퇴적층을 이루고 있다. 오랜 시간에 걸쳐 수많은 사람들에 의해 다양한 재료로 덧입혀져 켜켜이 쌓여 있는 이야기 더미를 단순 명쾌하게 풀어헤치는 작업은 쉬운 일이 아닐 것이다. 그런즉 신화의 기원과 의미를 밝히는 신화 해석도 여러 갈래로 나뉘어져 복잡하게 얽혀 있다.

기원전 4세기경에 활약한 그리스의 철학자 에우헤메로스(Euhemeros)는 신화 실재설을 주장한 바 있다. 그의 이론에 의하면 우라노스, 크로노스, 제우스 등 그리스 신들은 역사상 실존했던 왕들로서 그들이 죽은 후 신민들에 의해 신격화 되었다는 것이다. 그의 이름을 딴 에우헤머리즘(Euhemerism)은 합리적이고 역사적인 신화 해석을 의미한다.

독일의 언어학자 막스 뮐러(M. Müller)는 자연신화설을 제기하였다. 그에 의하면 신화란 고대인들이 경외심을 가지고 바라보는 해와 달, 낮과 밤, 가뭄과 홍수 등과 같은 여러 가지 자연현상에 대한 반응의 결과로서 신들의 다양한 모습은 다름 아닌 이러한 자연의 물리적 힘이 신격화 된 것이다.

신화의 기원을 원시종교적 제의에서 찾는 부류도 있다. 이들은 술의 신 디오니소스의 행적을 기리는 신화를 재현하는 종교적 제의에서 비극과 디오니소스 제전이 기원한 예를 들어 신화와 원시제의 간의 긴밀한 관계를 부각시켰다. 영국의 인류학자 제임스 프레이저(J. G. Frazer)는 「황금가지」라는 저명한 신화 개론서에서 수많은 민속제의를 사례로 들면서 신화와 원시제의 간의 상호 관련성을 밝힌 바 있다. 폴란드의 인류학자 말리노프스키(B. Malinowski)는 실제로 원시문화와 제의가 고스란히 남아있는 태평양의 한 고도에서 오랜 기간 동안 원주민과 함께 기거하면서 신화와 종교적·사회적 제의 간의 살아 있는 관계를 실증적으로 밝히려 했다. 그는 신화가 무의미한 이야기나 예술적인 환상이 아니라 원시신앙과 도덕적인 지혜를 담고 있는 살아 있는 진실이며 실용적인 헌장이라고 역설한다.

한편 프로이트(S. Freud)와 융(C. G. Jung) 등의 정신분석가들은 신화의 기원을 심리적 요인에서 찾고 있다. 프로이트는 꿈과 신화의 유사성을 제기한다. 즉 꿈은 깨어있는 상태에서는 억압되고 거부될 수밖에 없는 욕망이 만들어내는 것으로 신화와 유사한 환상적인 이미지와 수수께끼 같은 구조를 갖는다. 신화 속의 인간이나 꿈을 꾸는 인간이 품고 있는 욕망은 사회적 금기를 파괴하는 것으로 일상 속에서는 용납될 수 없다. 따라서 그러한 욕망은 본래의 모습을 감추려고 가면으로 위장하게 되는데, 그 위장된 모습이 바로 환상적인 이미지와 수수께끼 같은 구조라는 것이다. 프로이트는, 인간은 저마다 신화와 꿈을 통하여 죄의식을 느끼지 않고서도 억제된 숨은 욕망을 해소할 수 있다고 주장한다.

프로이트의 제자였던 융은 신화를 꿈과 같은 억압된 개인적 욕망의 표현이라는 차원을 넘어 초개인적인 진실의 영적 체험으로 확장시킨다. 그는 신화를 "집단 무의식에 기반을 둔 원형의 객관화"로 풀이한다. '원형(Archetypus)'이란 세계의 여러 신화에서 공통적이고도 반복적으로 등장하는 위대한 어머니, 무서운 아버지, 끔찍스러운 괴물 등과 같은 인물, 그리고 신과 인간의 갈등이나 영웅의 탐험과 같은 상황이나 사건을 일컫는다. 융은 모든 종족의 집단 무의식 속에 내재된 동일한 모델이나 패턴이 원형이며, 이는 곧 신화의 원천이자 토대라고 주장한다. "신화는 공적인 꿈이요, 꿈은 사적인 신화" 라고 갈파한 조지프 캠벨(J. Campbell)과, 미르치아 엘리아데(M. Eliade) 그리고 카알 케레니(K. Kerenyi) 등과 같은 현대의 신화학자들도 프로이트와 융이 선도한 심리학적 해석의 맥을 잇고 있다.

프랑스의 언어학자이자 인류학자인 레비-스트로스(C. Levi-Strauss)는 신화를 구조주의 방식으로 해석한다. 인류학과 신화에 관심을 두면서 그가 주목한 것은 신화적인 이야기가 비록 변덕스럽고, 무의미하며, 불합리하긴 하지만 그런 이야기들이 전 세계적으로 반복해서 나타나고 있다는 사실이었다. 그리하여 그는 겉으로 보기에는 무질서한 현상의 이면에 어떠한 형태의 질서가 존재하는지 알아내려는 것을 지적 탐구의 과제로 삼는다. 레비-스트로스는 모든 현상의 이면에는 언어의 문법과 같은 보편적인 구조가 존재한다는 사실을 밝혀낸다. 대표적인 사례로 그는 세계각처의 결혼 규칙과 근친상간의 금기에서 원시문화와 언어의 구조적 상호 동일성을 제기한다. 언어가 단어의 교환이라면, 결혼 규칙은 여성의 교환이다. 그런데 남자는 다른 남자의 여자, 즉 그의 딸이나 누이와 교환할 수는 있지만 자기 아버지의 여자와는 교환할 수 없다. 이러한 여성교환 규칙으로 근친상간의 금기가 성립된다. 그리고 이것은 주어와 목적어를 상호 교환할 수 없다는 언어의 규칙, 즉 문법과 유사한 구조를 갖는다. 레비-스트로스는 선과 악, 문명과 자연, 이성과 본능, 밝음과 어두움,

아름다움과 추함 등과 같은 이항 대립적 긴장구조에서 신화가 기인하며, 신화란 다름 아닌 이러한 긴장구조를 인식하고 해소하려는 노력의 산물이라고 주장한다.

그리스 신화의 의의와 특성

각 민족마다 고유한 신화를 전승하고 있지만 '신화'하면 가장 먼저 떠오르는 건 그리스 신화일 것이다. 그리스 문명에 뿌리를 두고 있는 서양의 각 민족은 물론이거니와 언어와 문화적 바탕을 완전히 달리하는 동양 민족들에게서도 그리스 신화는 토속 신화를 밀어내고 주인 자리를 꿰차고 있다. 우리나라 사람들도 단군신화를 벗어나면 우리 신화에 대해 잘 모르면서도 제우스, 아폴론, 아프로디테, 헤라클레스 등의 인명과 '판도라의 상자', '오이디푸스 콤플렉스', '아킬레스 건(腱)' 등의 개념은 귀에 익숙한 편이다. 그리스 신화는 단연 신화의 대명사이다. 왜 그럴까?

그리스 신화는 세계의 어떤 신화보다도 양과 질에 있어서 앞선 것으로 평가 받는다. 여타 신화들과 비교할 수 없을 만큼 풍부한 내용과 높은 예술적 가치를 지니고 있다. 신화의 본령은 구전(口傳)에 있다. 신화는 문자 이전의, 역사 이전의, 문명 이전의 세상에 대한 인간의 체험담이다. 그래서 입에서 입으로 맥이 이어지는 자연의 소리다. 구전된 이야기는 자연의 싱싱한 생명의 에너지를 최대한 보존하기도 하지만 문자로 기록되어 전승되는 이야기에 비해 변형되고 유실될 가능성이 높은 것도 사실이다. 다행인지 불행인지 모르지만 그리스 신화는 일찍부터 문자의 옷을 입었다. 그것도 뛰어난 상상력과 문장력을 갖춘 시인들의 손으로 아름답게 치장되었다. 뿐만 아니라 철학자들의 비판과 성찰에 의해 끊임없이 단련되고 예술가들의 손길로 조각과 그림으로 형상화되었다. 또한 신화학자들에 의해 수집 정리되고 끊임없이 재해석되기도 했다. 이러한 작업은 그리스와 로마 시대를 넘어 르네상스 이후 근·현대 유럽문화와 맥을 같이하며 지속되었다. 따라서 그리스 신화는 '순수한 신화'라기 보다는 '가공된 신화'에 가깝다. 식품에 비유하자면 그것은 순수한 원료로만 이루어진 자연식품이 아니라 각종 조미료와 향신료가 첨가된 가공식품이라고 볼 수 있다.

문자로 기록되고 시인과 예술가의 손을 거치면서 그리스 신화는 풍부한 내용과 높은 예술적 가치를 지닌 신화의 베스트셀러로 자리매김할 수 있었다. 더불어 신화의 순수성이 퇴색되기도 하였다. 예술성을 높이는 대가로 원초적 생명의 에너지를 감소시킨 것이다. 이러한 과정에서 그리스 신화는 신화와 종교적 의미는 감소하고 문학과 예술적 의미는 증가했다. 언어와 정서를 달리하는 우리들이 이 먼 나라의 신화에 주목하는 이유도 바로 여기에 있다. 그리스 신화는 수천 년 동안의 가공 과정을 거치면서 서양의 어문학과 예술은 물론이거니와 철학, 심리학, 인류학, 역사학, 심지어 자연과학에 이르기까지 다양한 분야와 소통하면서 쌓아온 두터운 퇴적층을 지니고 있다. 그것은 서양문화의 본질을 캐볼 수 있는 광맥과 같은 것이다.

서양문화의 양대 뿌리는 기독교 사상과 그리스 문명으로 잘 알려져 있다. 그것은 헤브라이즘(Hebraism)과 헬레니즘(Hellenism)으로 불리어지기도 한다. 서양의 각 민족문화는 두 개의 상반된 사상의 흐름이 교차되면서 형성되어 왔다. 성서가 헤브라이즘의 기록이라면, 그리스 신화는 헬레니즘의 기록이다. 그러므로 성서와 더불어 신화에 담긴 내용은 서양문화를 이해하는 데 있어서 필수적인 요소들이다.

그리스 신화의 가장 두드러진 특성은 인본주의다. 헤브라이즘이 신 중심의 사상이라면, 헬레니즘은 인간 중심의 사상이다. "인간은 만물의 척도다"라는 그리스의 철학자 프로타고라스(Protagoras)의 명제처럼 그리스인은 인간을 세상과 우주의 중심에 두었다. 그들에게는 신이 창조주도 아니요 절대자도 아니다. 신화에서 그려지는 신들은 인간과 다름없는 피조물일 뿐이며 인간의 모습과 본성을 그대로 담고 있다. 기독교의 신과는 본질적으로 다르다. 전지전능하지도 않고 인간적 욕망으로부터 자유롭지도 않다. 죽음을 초월해 있다는 사실 외에는 인간과 다를 바 없는 존재들이다.

제우스는 인간 사회의 제왕처럼 탁월한 통치술과 화려한 여성편력을 보여준다. 헤라는 바람둥이 남편을 쫓아다니며 투기나 일삼는 이웃집 아줌마로 그려진다. 아프로디테는 사랑과 아름다움을 향한 인간의 욕망을 대변하며, 아레스는 인간의 증오심과 파괴 본능을 드러낸다. 심지어 도둑과 사기꾼을 닮은 헤르메스와 같은 신도 등장한다. 뿐만 아니라 신과 인간이 서로 사랑을 나누기도 하고 사랑의 결실로 영웅들이 태어나기도 한다. 신과 인간 사이의 경계가 명확하지 않다. 그리스인은 신적 존재에 인간의 본성을 투영시켰다. 신의 이름으로 인간을 경배한 것이다.

그리스인은 '인간적인 신' 앞에서 욕망을 숨기지도 않고 위축되지도 않았다. 인간의 욕망과 한계를 있는 그대로 받아들이고 삶의 모든 것을 자유롭게 누리려 했다. 그런가 하면 끝없는 욕망이 초래할 비극과 파멸을 경계하기도 했다. 탐욕과 오만에 빠진 신화 속의 인물들이 끝없는 나락으로 떨어지는 모습을 스스로의 거울로 삼았다. 절제와 중용, 그리고 조화와 균형은 으뜸으로 꼽는 덕목이었다. 그리스인은 자유와 절제 간의 팽팽한 긴장상태를 즐겼던 것으로 보인다.

다음은 현세중시다. 헤브라이즘이 내세를 바라본다면, 헬레니즘은 현세에 뿌리를 내리고 있다. 영웅 아킬레우스는 죽어 엘리시움에 이른다.

기독교의 천국과 같은 낙원이다. 그는 자신을 찾아온 오디세우스에게 말한다. "죽은 사람의 통치자가 되느니 산 사람의 머슴이 되는 게 낫다"라고. 엘리시움이 아무리 아름답고 영원하더라도 현세와 바꾸기 싫다는 말이다. 그리스인은 인간의 삶이 비록 유한하고 불완전할지라도 이를 소중히 받아들이고 사랑했다. 어쩌면 인생이 유한하고 불완전하기 때문에 더욱 애착을 가졌는지도 모른다.

불치병에 걸린 환자를 시한부 인생이라 한다. 의사로부터 잘 버텨야 몇 개월밖에 살지 못한다는 진단을 받았을 때 어떻게 삶을 마무리 하는가. 포기하는 사람이 많지 않을까. 얼마 남지 않은 인생, 공부는 해서 뭣하며 사랑은 해서 뭣하리. 아예 죽음을 스스로 앞당기는 극단적인 선택도 있으리라. 좀 더 아름답게 마무리하는 이도 있지 않을까. 남은 세월이 너무 소중해서 그야말로 금쪽같은 시간 나누고 쪼개어서 생을 멋지게 마무리하려는 애틋한 마음을 그려볼 수 있지 않을까.

따지고 보면 모두가 시한부 인생이 아닌가. 길고 짧아본들 '오십 보 백 보'인 셈이다. 인간 모두에게 숙명처럼 주어진 시한부 인생을 앞에 두고 그리스인은 후자의 길을 택하지 않았을까. 그리스의 명의 히포크라테스(Hippokrates)는 "인생은 짧고 예술을 길다"라는 말을 남긴다. 그의 말처럼 그리스인은 짧고 유한한 인생이지만 사는 동안 최선을 다해 남긴 작품(예술)으로 영원한 삶을 꿈꾼 게 아닐까. 히포크라테스는 수천 년 전에 태어나 유한한 생을 살다 갔다. 그러나 지금 이 순간 그는 이 자리에 살아 숨 쉬고 있다.

유일신을 섬기는 기독교와 달리 그리스 신화는 다신주의의 성격을 갖고 있다. 신화에는 수백 명의 신들이 등장한다. 올림포스 주신만 열두 명이다. 온 세상이 신들로 덮여 있다. 다신주의는 만물에 신이 깃들어 있다는 생각에서 비롯된 것이지만, 이방의 신을 배척하거나 거부하지 않는 개방적인 자세에서도 기인한다. 다신 사상은 개방성과 다양성을 살찌우는 자양분인지도 모른다.

일신주의는 구성원을 통합하는 기능은 탁월하지만, 독선적이고 배타적인 성격 또한 강하다. 유일신을 믿는 유대교, 기독교, 이슬람교 등이 보여준 강한 배타성은 종교의 순기능을 훼손시킬 만큼 역사의 구비마다 치명적인 상처를 남겨왔다. 사실 세 종교는 같은 아버지를 둔 자식과 다를 바 없는 사이인데, 원수처럼 서로 싸우고 있지 않는가. 이들 종교 간의 갈등은 인류의 평화를 위협할 불씨로 남아 있다.

그리스인은 새로운 신에 대하여 배타적인 자세를 보이지 않았다. 지역과 종족이 부침하고 명멸하는 과정에서 정복세력이 토착신앙을 억압하거나 소멸시키지 않고 그대로 흡수하는 경우가 많았다. 신화에 소개되는 신들 간에 벌어지는 다양한 에피소드는 대체로 새로운 신과 토착 신 사이의 관계정립 과정을 보여준다. 그리스 신화에 담긴 다신주의는 그리스인의 다양성과 개방성을 말해주고 있다.

전승과정

'그리스로마 신화'로 일반화 되어 전해지는 신화는 엄밀한 의미로 보면 '그리스 신화'이다. 신화의 주된 내용은 그리스인들 사이에서 구전되거나 기록되어 전승된 것이다. 신화를 지칭할 때 '로마'가 끼어들어 간 이유는 그리스 신화가 로마라는 징검다리를 거쳐 근대 유럽으로 건너갔고, 그 과정에서 로마의 신들이 그리스의 신들과 동일시되면서 그리스 신화의 신과 영웅들의 명칭이 로마식으로 바뀌기도 하고 거기에 순수한 로마 신화가 일부 섞여들기도 했기 때문이다. '로마'라는 명칭은 신화의 주역인 '그리스'를 운반해 간 전달자의 의미에 지나지 않는다. 로마인들은 무력으로는 그리스인들을 정복했지만 문화적으로는 이들에게 되레 정복당했다고 볼 수 있다. 로마 신화는 그리스 신화의 용광로 속에 용해되어 종속화 되었던 것이다.

고대 그리스인들의 활동무대는 오늘의 그리스 영토인 발칸 반도의 끝자락과 펠로폰네소스 반도, 크레타 섬 뿐만 아니라 터키 영토인 소아시아의 아나톨리아 반도의 서쪽 지방을 포괄했다. 그리스 신화는 미케네 전성기인 기원전 16~11세기경에 주된 내용이 형성되었다는 것이 정설이다. 이 시기는 흔히 '영웅시대'로 불리어진다. 크레타 문명에 이어 에게 문명의 한 축을 이루는 미케네 문명은 기원전 20세기경부터 발칸반도 북쪽으로부터 남하하여 원주민을 누르고 고대 그리스의 새로운 주인이 된 인도유럽어족 계통의 아카이아(Achaia)인과 이오니아(Ionia)인에 의해 건설되었다. 청동기 문명으로 무장한 이 호전적인 북방종족들은 원주민인 펠라스고스(Pelasgos)인을 제압하는 한편, 크레타 섬의 미노아(Minoa)인이 이룩한 화려한 크레타 미노아 문명을 받아들여 강성한 세력으로 성장했다. 그리스 신화는 바로 이 격변기를 무대로 구전된 영웅들의 이야기가 주축을 이루고 있다.

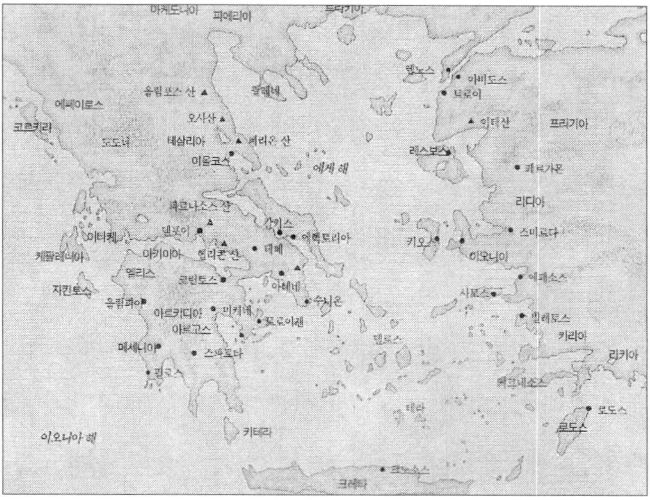

그리스 신화의 무대

그리스 신화가 형성되는 과정에는 이집트나 메소포타미아 등 주변의 선진 문화권의 영향이 직간접적으로 작용했다는 것이 정설이다. 특히 메소포타미아의 「길가메쉬 서사시」와 「에누마 엘리쉬」 등의 기록은 그리스의 영웅 서사시와 대홍수 이야기 그리고 천지창조 신화에 깊은 영향을 끼친 것으로 알려진다. 또한 그리스의 원주민인 미노아인과 펠라스고스인들 사이에서 구전되던 설화들도 그리스 신화에 흔적을 남기고 있다.

기원전 11세기 경 북방으로부터 철기 문명으로 무장한 도리아(Doria)인이 마지막으로 남하하여 미노아 문명과 미케네 문명을 잔인하게 짓밟고 종식시켰다. 이들에게 쫓긴 일부 미케네인들이 소아시아의 아나톨리아 반도로 이동하여 새로운 문명을 꽃피우기까지 고대 그리스 역사는 수백 년간 암흑시대를 이룬다. 오늘의 그리스인들의 뿌리는 북방으로부터 연이어 남하한 인도유럽어족 계통의 3대 종족인 것이다.

수백 년 동안 이어진 그리스 문명의 암흑기를 거치고 기원전 8세기 경 구전으로 떠돌던 그리스 신화가 최초로 문자로 기록된다. 호메로스의 영웅서사시 「일리아스」와 「오디세이아」는 영웅시대의 절정을 이루는 트로이 전쟁을 배경으로 전개되는 신과 영웅들의 이야기를 문학적 상상력으로 풀어낸다. 19세기 말 독일의 고고학자 슐리만(H. Schliemann)에 의한 트로이 유적의 발굴은 신화와 역사 간의 경계에 관한 본질적인 질문을 던진 바 있다. 그런가 하면 헤시오도스의 「신통기」와 「노동과 나날」은 우주의 기원과 신들의 전쟁, 인간의 출현 및 신들과의 갈등에 관한 이야기를 체계적으로 정리하고 있다. 또한 이들의 저작을 이어받아 기원전 6~7세기경에는 호메로스의 후예 내지는 아류 작가들로 추정되는 무명의 시인들에 의해 「호메로스 송가들」이 남겨지는데, 이것은 주로 올림포스 12신들의 면모를 다루고 있다.

그리스 신화가 문학적으로 채색되는 작업이 가장 활발했던 시기는 그리스 비극의 전성기인 기원전 5세기경이다. 그리스의 3대 비극작가로 꼽히는 아이스킬로스(Aischylos), 소포클레스(Sophokles), 에우리피데스(Euripides)와 희극작가 아리스토파네스(Aristophanes) 등은 구전되던 신화를 작품의 소재로 삼아 신과 인간의 문제에 관한 진지한 담론을 제기하는 한편, 구전 신화의 지평을 넓히는 데 크게 기여했다.

이 외에도 그리스 신화는 핀다로스(Pindaros), 사포(Sappho) 등의 서정 시인들의 작품과, 헤로도토스(Herodotos), 투키디데스(Thucydides) 등의 역사가들의 저술에서 인용되기도 하고, 플라톤(Platon)과 아리스토텔레스(Aristoteles)의 철학적 명제로 다루어지기도 했다. 한편 기원전 3세기의 작가 아폴로니오스(Apollonios)는 영웅 이아손과 아르고호 원정대의 모험담을 정리한 「아르고나우티카」를 남겼으며, 기원전 2세기의 아폴로도로스(Apollodoros)의 「신화 모음집」, 서기 1세기의 여행가 파우사니아스(Pausanias)의 「그리스 여행기」, 역사가이자 전기 작가인 플루타르코스(Plutarchos)의 「영웅전」 등의 저작들도 그리스 신화의 맥을 이어가는 데

일조했다.

로마시대로 넘어가면서 그리스 신화는 로마식으로 채색된다. 이 작업은 1세기 무렵에 활약한 세 명의 로마 작가들에 의해 주도되었다. 오비디우스(Ovidius)의 「변신 이야기」는 전래된 그리스 신화를 로마화한 명작으로 평가받는다. 르네상스 이후 유럽의 시인과 예술가들은 원조 그리스 신화보다는 오비디우스에 의해 변조된 신화에 창작적 빚을 지고 있다. 우리에게 친숙한 벌핀치(Th. Bulfinch)의 신화도 「변신 이야기」를 기초로 한 것이다. 또한 베르길리우스(Vergilius)는 영웅서사시 「아이네이아스」와 「농경시」를 통하여 호메로스와 헤시오도스의 흐름을 이어갔으며, 세네카(Seneca)는 그리스 비극의 전통을 계승했다.

그리스 신화는 기독교가 지배하던 중세 천 년 동안 '암흑' 속에 파묻히게 된다. 이 시기에 서양문화의 주도권은 헬레니즘에서 헤브라이즘으로 완전히 넘어갔다. 그런데 암흑 속에서 죽은 줄 알았던 그리스 신들은 14세기 경 르네상스(Renaissance) 운동으로 화려하게 부활한다. '재생'이라는 의미를 가진 르네상스는 신 중심의 헤브라이즘의 지배를 받으며 인간의 이성과 자유, 그리고 존엄성이 위축받던 중세의 암울한 분위기에서 헬레니즘이 비춰주는 빛을 바라보며 일으킨 문예부흥이요 인간혁명이었다. 르네상스를 이끈 인문주의자들에게 그리스 신화의 인본주의는 생명의 복음이었다. 그리스 신화는 기독교 사상과 함께 이후 근·현대 서양의 정신세계를 이끌어가는 쌍두마차의 역을 맡으며 서양문화 형성에 밑거름이 되었다.

제2장

세상의 기원과 신들의 전쟁

그리스 신화에서 '천지창조'는 없다. 세상의 기원과 생성에 관한 설명이 있을 뿐이다. 태초에 수많은 신들이 등장하지만 우주와 세상을 창조한 명백한 주체는 보이지 않는다. 신들 역시 인간이나 자연과 다를 바 없이 피조물의 범주를 벗어나지 못한다. 신화 속에서 신과 자연과 인간은 서로 유사한 본성을 보여준다. 모든 자연 속에는 신성이 내재되어 있으며, 모든 신들은 인성을 품고 있다. 그리스인의 세상의 기원에 관한 설화에는 인본주의가 깔려 있다.

우라노스-크로노스-제우스로 이어지는 신들의 전쟁은 원시제의의 흔적과 가부장제 하의 부자갈등의 단면을 드러낸다. 또한 이 과정에서 나타나는 대지의 여신 가이아의 끈질긴 견제와 반발은 쇠퇴해가는 모권의 저항을 시사한다. 티탄에서 올림포스로 넘어가는 신들의 세대교체는 자연신에서 인격신으로의 변화과정을 담고 있다. ❋

티탄 신족

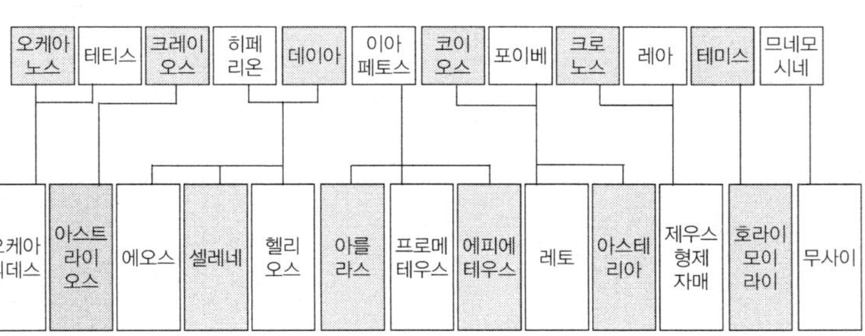

세상의 기원

그리스 신화가 전하는 세상의 기원에 관한 이야기는 여러 가지가 있다. 우선 호메로스의 「일리아스」 에서는 오케아노스(Okeanos)가 모든 신과 사물의 기원으로 그려진다. 오케아노스는 대지를 휘감고 둘러싼 대양강(大洋江)으로 샘, 개울, 강, 바다 등 지상의 모든 물이 흘러 들어가고 나오는 거대한 원천이다. 그것은 태초의 물의 여신 테티스(Tethys)와 결합하여 모든 것을 생성하고 순환시켰다. 한편 오르페우스 교도들은 오케아노스에 앞서 밤의 여신 닉스(Nyx)를 우주의 기원으로 내세운다. 이 설에 의하면 닉스는 어둠 속에서 은빛 알을 낳고 사랑의 신 에로스(Eros)를 부화시킨다. 만물의 번식을 주관하는 에로스는 깨어진 알의 위아래로 갈라져 있던 하늘과 땅을 결합시켜 오케아노스와 테티스를 출산케 하는데, 이들의 교합으로 모든 사물이 생겨난다.

세상의 기원에 관한 이야기 가운데 가장 널리 알려진 것은 헤시오도스의 「신통기」를 통해 전해진다. 여기에 소개되는 세상의 기원을 요약해 본다.

태초에 카오스(Chaos)가 있었고, 그 다음에는 넓은 젖가슴을 지닌 가이아(Gaia)가 있었다. 가이아는 올림포스(Olympos) 산과 칠흑같이 어두운 타르타로스(Tartaros)에 거하는 영생불사하는 모든 신들의 든든한 처소였다. 그 다음에 에로스가 생겼는데, 그는 모든 신들과 인간들의 이성과 사지의 힘을 마비시키는 신이다. 카오스에서 태초의 암흑 에레보스(Erebos)와 밤의 여신 닉스가 나왔으며, 이들이 결합하여 대기의 신 아이테르(Aither)와 낮의 신 헤메라(Hemera)를 낳는다.

대지의 여신 가이아는 자신과 비슷한 크기로 별이 총총한 우라노스(Ouranos), 요정들의 처소인 산맥 오레(Ore), 폭풍우가 이는 황량한 바다

폰토스(Pontos)를 낳는다. 그 후 가이아는 우라노스의 사랑을 받고 오케아노스와 테티스를 비롯한 12명의 티탄(Titan)들과 외눈박이 키클로페스(Kyklopes) 3형제, 그리고 100개의 팔에 50개의 머리가 돋아난 괴물 헤카톤케이레스(Hekatoncheires) 3형제를 생산한다.

한편 밤의 여신 닉스 혼자서 운명의 여신 모이라이(Moirai) 3자매, 복수의 여신 네메시스(Nemesis), 황금사과와 풍요의 나무를 지키는 헤스페리데스(Hesperides) 자매, 그리고 불화의 여신 에리스(Eris)를 낳는다. 그 외에도 닉스는 세상의 어두운 면을 대변하는 '죽음', '잠', '꿈', '재앙', '비난', '속임수', '애욕', '노쇠', '불행', '고뇌' 등을 생산한다.

「신통기」는 계속해서 하급 신들과 인간의 출현 그리고 신들의 전쟁, 신과 인간의 갈등에 관하여 기록하고 있다. 그리하여 제우스를 정점으로 하는 올림포스 신족시대가 정립하는 것으로 매듭짓는다. 이를 통하여 우리는 그리스 신화 속에 담긴 세상과 신 그리고 인간에 대한 그들의 사고를 엿볼 수 있다.

그리스 신화의 신들은 기독교의 신과 본질적으로 다르다. 기독교의 신은 창조자이지만 그리스 신들은 피조물일 뿐이다. 구약성서 「창세기」는 "태초에 하나님이 천지를 창조하시니라"라고 시작된다. 여기서 하나님은 명백한 창조의 주체로서 역사(役事)하고 있다. 즉 하나님과 세상은 창조자와 피조물로 엄격하고도 분명하게 나누어지고 있는 것이다. 하지만 그리스 신화에서는 이러한 명백한 창조의 주체가 존재하지 않는다. 태초에 카오스와 가이아 그리고 에로스가 모습을 드러내지만, '있었다', 혹은 '생겼다' 등과 같은 묘사에서 보듯이 그들은 단지 소극적이거나 피동적으로 행할 뿐이다. 그들로부터 기원하는 것들도 몸체로부터 생성되거나, 대부분 여느 피조물과 다름없이 성적 결합에 의해 태어나고 있다. 그리스 신들은 피조물의 범주를 벗어나지 못하고 있다. 그러므로 신화의 첫머리에 소개되는 이야기는 세상의 '창조'가 아니라 '기원'이나 '생성'에 관한 설명인 것이다.

하나님과 세상이 창조자와 피조물로 엄격하게 구분되는 기독교의 창세관과는 다르게 그리스 신화의 세상과 신과 인간은 같은 피조물로서 유(類)를 달리하지 않는다. 그리스 신화 속의 우주 삼라만상(森羅萬象)은 모두 신성과 인성을 공유한다. 하늘, 땅, 산, 바다, 밤, 낮, 해, 달, 별 등등 모든 우주와 자연은 신이다. 탄생, 죽음, 잠, 사랑, 미움 등 인간의 모든 심신상의 현상과 변화 또한 신성을 지닌다. 그리고 신성을 보유한 모든 신적 존재는 사랑하고, 미워하고, 질투하고, 다투는 인간의 모습을 그대로 닮고 있다. 그러므로 유일신을 섬기는 기독교와 달리 그리스 신화는 다신주의를 기반으로 하고 있다. 또한 신성과 인성을 동일시 한다는 점에서 신인동형동성론(神人同形同性論)으로 설명되기도 한다. 창조의 주체인 유일신 앞에서 객체로서 존재하는 '손님'이 아니라 우주와 세상의 '주인'으로서의 인간을 꿈꾸는 그리스인의 인본주의가 태동하고 있다.

태초의 우주 원상으로 설명되는 카오스는 흔히 '혼돈'으로 해석되는 말이다. 그런데 고대 그리스 어원으로 카오스는 '갈라진 틈'이라는 뜻이다. 그것은 깨어진 알의 틈 사이로 보이는 캄캄한 빈 공간을 지칭했다. 카오스를 '혼돈'으로 보면, 태초의 우주는 온갖 물질의 원료들이 일정한 형체와 질서 없이 꽉 차있는 상태로 풀이된다. 그러나 카오스를 '허공'으로 보면, 그것은 아무것도 없이 캄캄한 빈 공간이 된다. 「신통기」에서 설명되는 카오스는 후자에 가까운 것 같다. 카오스에 이어 모든 자연과 물질의 어머니로서 가이아가 별도로 존재하고 있으며, 카오스는 캄캄한 빈 허공을 나타내는 에레보스와 닉스를 생산하고 있을 뿐이다. 에레보스는 땅 속의 어둠을, 닉스는 빛이 없는 하늘의 어둠을 각각 상징한다. 그리스인은 하늘에서 청동모루를 떨어뜨리면 9일 만에 지상에 닿고, 땅 밑으로도 9일 동안 떨어져 타르타로스에 닿는다고 상상했다. 반면 로마시대의 작가 오비디우스의 「변신 이야기」에 묘사된 카오스는 전자 쪽이다. 여기서 카오스는 모든 물질의 질료가 형상도 질서도 없이 하나의 거대한 덩어리를 이루고 있는 상태로 설명된다. 즉 카오스는 '허공'이 아니라, '질서'와 대립되는 개념인 '혼돈'으로 해석되고 있는 것이다. 이렇듯 카오스가 '혼돈'이라는 개념으로 쓰이게 된 것은 헤시오도스 이후에 활약한 그리스 철학자들의 새로운 해석으로부터 기인한다는 것이 정설로 되어 있다.

대지의 여신 가이아가 만물의 터전으로 그려지고 있는 것은 여신이 생명의 모태로서 숭배 받던 원시 모계사회의 흔적을 엿볼 수 있는 대목이다. 인도유럽어족이 그리스 반도로 이주하기 이전에 그곳의 주인으로 살았던 원주민들의 신화인 펠라스고스 신화에서도 태초에 만물의 어머니인 에우리노메(Eurynome) 여신이 오피온(Ophion)이라는 뱀과 어우러져 우주의 알을 낳은 것으로 설명된다.

카오스, 가이아와 함께 태초에 나타나는 에로스는 올림포스 시대에 등장하는 사랑의 화살을 날리는 장난꾸러기 에로스와 다르다. 태초의 에로스는 우주 만물이 결합하여 번식하는 일을 돕는 보이지 않는 힘일 뿐이다. 닉스의 자식으로 설명되는 헤스페리데스는 후대의 신화에서는 프로메테우스(Prometheus)의 형 아틀라스(Atlas)의 딸들로 소개되기도 한다. 닉스의 또 다른 딸로 설명되는 운명의 여신 모이라이 3자매는 같은 「신통기」 안에서 제우스와 티탄 신 테미스(Themis) 사이에서 태어난 자식으로도 그려지는 모순을 드러낸다. 이와 같은 현상은 신화의 이야기들이 세월이 흐르면서 다른 이야기들과 만나고 섞이면서 변형되는 과정에서 비롯된 것으로 보인다.

신들의 전쟁

가이아와 우라노스가 몸을 섞어 낳은 자식들인 12명의 티탄들과 키클로페스 3형제 그리고 헤카톤케이레스 3형제는 하나같이 끔직하고 거대한 모습이었다. 이들의 몰골은 특히 아버지 우라노스를 소름끼치게 만들었다. 그래서 우라노스는 그들을 모두 어미인 가이아의 자궁 속 타르타로스에 가두어 빛을 보지 못하게 했다. 가이아는 오장육부가 뒤틀리는 고통을 맛보며 복수의 음모를 꾸민다. 여신은 회색빛 철의 원료를 추출해서 날카롭고 큰 낫을 만든 다음 자식들을 불러 모아 비장한 목소리로 말했다.

"이 극악무도한 아비의 자식들아, 너희들 중 누가 낫을 들어 이 어미의 한을 풀어주겠느냐!"

가이아의 말을 듣고 모두들 공포에 사로잡혀 몸을 낮추는데, 티탄의 막내 크로노스(Kronos)가 용기 있게 나선다.

"어머님, 제 손으로 부끄러운 아버지를 처단하겠습니다."

크로노스의 말을 듣고 가이아는 기뻐했다. 여신은 그를 은신처에 숨기고 그의 손에 낫을 쥐어주며 자신의 계략을 알려주었다. 이윽고 하늘 우라노스가 밤을 대동하고 와서 욕정에 불타 대지 가이아의 몸을 감싸며 덮쳐왔다. 그러자 크로노스가 은신처에서 나와 왼손으로는 아버지를 잡고 오른손으로는 크고 날카로운 낫을 들어 우라노스의 성기를 싹둑 잘라 등 뒤로 던져버렸다. 화들짝 놀란 우라노스는 몸을 일으켜 저 높은 곳으로 달아나 더 이상 대지에 가까이 오는 일이 없었다. 하늘과 땅의 영원한 분리가 이루어진 것이다.

그런데 잘려나간 성기에서 뚝뚝 떨어지는 핏방울이 대지 가이아의 몸속에 스며들어 복수의 여신 에리니에스(Erinyes) 3자매와 거인 족 기간테스(Gigantes) 그리고 멜리아이(Meliai)라고 부르는 요정들이 태어난다. 또한 우라노스의 성기는 바다에 떨어져 바다거품과 어우러지며 사랑의 여신 아프로디테를 생산한다. 아프로디테(Aphrodite)는 '거품에서 태어난 자'라는 뜻이다.

우라노스는 달아나면서 자신이 낳은 자식들을 비난하며 '티탄'이라고 불렀다. 그리스어로 티탄(Titan)은 '깡패' 혹은 '불한당'이라는 어원을 갖고 있다. 우라노스는 자신에게 반역한 크로노스에게 언젠가는 반드시 후회하게 될 것이라고 저주를 퍼부었다.

신들 간의 패권다툼에서 지도자의 성기를 자르는 행위는 다른 신화에서도 종종 소개된다. 히타이트 신화에서 하늘의 왕 알랄루(Alalu)는 아누(Anu)의 시중을 받다가 권좌에서 쫓겨나 지하세계로 도망간다. 그런데 아누는 다시 쿠마르비(Kumarbi)의 도전을 받고 패하여 도망친다. 쿠마르비는 달아나는 아누를 쫓아가 성기를 입으로 잘라 삼켜버린다.

종족번식의 상징인 성기를 절단하는 것은 족장의 패권을 효과적으로 탈취하는 행위다. 즉 패권다툼에서 반란세력들은 실각한 족장의 목숨 대신에 성기를 절단함으로써 도덕성과 정통성 시비를 최대한 억제하면서

우라노스의 거세

패권을 무력화 시키는 전략을 구사했으리라는 해석이다. 또한 거세당한 성기의 피가 땅에 스며들어 새 생명을 탄생시킨다는 설화에는 대지의 생명력을 높이기 위해 산 사람을 제물로 희생시켜 피로 땅을 적시는 원시 제의의 흔적이 남아 있다.

우라노스를 거세한 크로노스는 신들의 패권을 차지한다. 그러나 그는 가이아와 손을 잡고 거사하기 전에 여신과 맺었던 협약을 깨버린다. 그는 우라노스를 거세하면 타르타로스에 갇혀 있는 자식들을 해방시키기로 가이아에게 약속했었는데 마음이 변한 것이다. 배신감에 앙심을 품은 가이아가 크로노스를 저주한다.

"아비를 내친 자식 또한 그 아비의 뒤를 따르게 되리라!"

우라노스의 저주를 받은데 이어 가이아의 저주까지 받은 크로노스는 가장 확실하고 극악무도한 방식으로 저주를 피하려 한다. 그는 아내 레아(Rhea)가 잉태한 자식을 낳는 즉시 통째로 집어삼켰다. 그리하여 헤스티아(Hestia), 데메테르(Demeter), 헤라(Hera), 하데스(Hades), 포세이돈(Poseidon) 등 5명의 자식을 차례대로 먹어치웠다. 레아의 고통이 커갔다. 여신은 우라노스와 가이아에게 재앙을 피할 계책을 내려달라고 간청했다.

이들은 딸을 기꺼이 도와주었다. 레아는 크레타 섬의 풍요로운 지역인 릭토스로 보내졌다. 그곳에서 가이아는 넓은 가슴으로 그녀에게서 크로노스의 여섯 번째 아이를 받아냈다. 그가 바로 제우스(Zeus)다. 레아는 어두운 밤을 이용하여 제우스를 품에 안고 숲이 무성하게 우거진 아이가이온 산기슭의 동굴에 숨겼다. 그러고는 크로노스에게 강보로 싼 커다란 돌을 넘겨주었다. 그는 그 돌을 새로 태어난 자식으로 착각하고 꿀꺽 삼켰다.

제우스는 빠르게 성장하여 가이아와 손잡고 꾀를 써서 아비의 몸 안에 있던 동기들을 토해내게 한다. 크로노스는 맨 먼저 강보에 싸인 돌을 토했다. 제우스는 그 돌을 새 시대와 기적의 증표로 델포이의 파르나소스 산기슭에 세워 놓았다. 그는 또한 타르타로스에 갇혀 있는 키클로페스 3형제와 헤카톤케이레스 3형제를 해방시켰다. 키클로페스 3형제는 '천둥', '번개', '벼락'을 뜻하는 브론테스(Brontes), 스테로페스(Steropes), 아르게스(Arges)로 각각 불리어지며, 손재주가 뛰어나 제우스에게 천둥과 번개와 벼락을 만들어 주었다. 이들의 지원을 받은 제우스는 형제남매들과 손잡고 아버지 세대인 티탄 신족과 싸워 승리하여 우주와 세상의 패권을 차지한다.

자식들에 의해 권좌에서 쫓겨나리라는 저주를 피하기 위해 벌이는 신들의 엽기적인 행위는 히타이트 신화에서도 계속된다. 아누의 성기를 잘라 삼킨 쿠마르비는 그것으로 3명의 끔찍한 신들을 잉태하게 될 것이라는 저주를 듣고 성기를 토해내지만, 뱃속에 남아 있던 성기의 일부가 자라 '기후의 신'을 낳는다. 이 신이 쿠마르비를 축출하고 새로운 지배자로 등극한다.

아누 - 마르비 - 기후의 신으로 이어지는 신들의 전쟁은 우라노스 - 크로노스 - 제우스로 이어지는 패권다툼과 동일한 틀을 갖고 있다. 제우스도 올림포스 시대에 기후를 관장하는 하늘의 신으로 숭배되지 않는가. 신들 사이에서 벌어지는 세대 간의 투쟁은 가부장제 하의 부자갈등의 단면이 투영된 설화이기도 하다.

전쟁에서 승리한 제우스는 티탄들을 타르타로스에 가두어버린다. 그곳은 소름끼치고 퀴퀴한 냄새가 나서 신들조차도 전율을 느끼는 무지무지하게 깊은 심연이다. 타르타로스 주변에는 철로 만든 울타리가 쳐있고,

캄캄한 밤이 목도리처럼 삼중으로 감싸고 있어서 그 누구도 빠져나올 수 없다. 게다가 헤카톤케이레스가 충실한 보초로서 갇혀 있는 티탄들을 엄중히 감시했다.

이것이 또 가이아를 화나게 했다. 여신은 아프로디테의 소개로 타르타로스와 사랑을 하여 막내아들 티포에우스(Typhoeus)를 낳는다. 티폰(Typhon)이라고도 불리는 이 괴물의 어깨 위에는 백 개의 뱀의 머리들이 있었고 눈에서는 불꽃이 튀어나왔으며 입에서는 온갖 끔찍한 소리들이 쏟아졌다. 이 폭군이 걸으면 올림포스 산도 뿌리가 흔들렸고 대지는 신음소리를 내뱉었다. 이 맹수에게서 나오는 천둥소리와 타오르는 불줄기 때문에 열풍이 검푸른 바다를 에워 쌓다. 전 대지와 하늘과 바다가 부글부글 끓어올랐다.

제우스의 형제들은 한동안 수세에 몰리기도 했지만 최후의 승리는 결국 제우스의 몫이었다. 제우스는 올림포스 산에서 뛰어내리면서 온 힘을 모아 천둥과 번개와 연기 나는 섬광을 던져서 괴물의 끔찍한 머리들을 불태워버리고 최후의 일격을 가해 이 괴물을 드넓은 타르타로스에 내던졌다.

제우스와 거대한 뱀의 형상을 한 괴물 티포에우스의 싸움은 히타이트 신화에서 기후의 신이 거대한 용 일루얀카스(Ilujankas)와 벌이는 싸움을 연상케 한다. 수메르 신화에서도 세상의 최후 승자 마르둑(Marduk)이 만물의 어미 티아마트(Tiamat)의 부하인 용의 형상을 한 괴물들과 치열한 싸움을 벌이는 이야기가 나온다. 제우스의 아들 아폴론도 대홍수가 끝난 후 파르나소스의 산에서 거대한 뱀 피톤(Python)을 활로 처단하고 델포이 신탁소의 주인이 된다.

뱀[용]은 원시 모계사회에서 대지의 어머니 신을 상징하는 영물이었다는 것이 정설이다. 만물의 터전이자 생명의 모태인 땅과 어머니가 하나의 상징으로 어우러지듯이 온몸으로 땅의 정기를 받아들이는 뱀이 대지의 여신의 수족으로 그려지는 것은 자연스러운 일이다. 따라서 여신을 상징하는 뱀이 남신들에 의해 죽음을 당하는 설화 속에는 부권에 대하여 모권이 패퇴하는 사회적 변천과정이 담겨 있다고 볼 수 있다. 헤시오도스 후대의 신화에서는 제우스가 가이아의 부추김을 받은 기간테스의 공격을 받고 힘겨운 싸움을 벌이는 설화도 전해진다. 기간테스는 우라노스의 거세 시 흘러나온 피가 대지에 스며들어 가이아가 잉태한 거인 족이다. 기간테스는 '가이아의 자식들'이란 어원을 갖고 있다. 우라노스로부터 제우스로 이어지는 남신들의 패권다툼에서 대지의 여신 가이아가 끈질기게 끼어들어 반란을 부추기기도 하고 모반자를 다시 응징하기도 하는 모습을 보이는 것은 힘의 중심이 모권에서 부권으로 넘어가는 과정에서 모권의 견제와 반발이 만만치 않았음을 시사한다. 또한 가이아의 최후의 반격을 물리치고 정립된 제우스 체제는 모권에 대한 부권의 승리를 말해주고 있다.

신들의 전쟁에서 최후의 승자가 된 제우스는 형제들과 손잡고 올림포스 산을 거점으로 올림포스 신족시대를 열어간다. 그런데 티탄에서 올림포스로 넘어가는 신들의 세대교체는 자연과 신을 바라보는 인간의 시각변화를 반영한다. 이치의 여신 테미스, 기억의 여신 므네모시네(Mnemosyne)를 제외한 대부분의 티탄들은 '불한당'이라는 어원처럼 거칠고 우악스러운 존재다. 이들과 동기들인 키클로페스와 헤카톤케이레스도 마찬가지다. 또한 제우스 체제에 마지막으로 도전하는 거인 족 기간테스와 티포에우스도 거대하고 무시무시한 몰골들이다. 모두가 화산, 지진, 태풍과 같은 자연의 거친 모습을 연상케 한다. 이들에 비해 올림포스 세대는 한결 정제된 모습을 보여준다. 티탄과 비교하면 이들은 맑은 하늘과 평온한 대지와 잔잔한 호수에 가깝다. 인간에게 자연은 거칠고 낯선 존재만은 아니라는 변화가 태동한다. 자연은 이제 질서와 조화가 숨어 있는 친숙한 존재로 다가온다. 올림포스 세대는 티탄 세대와는 달리 덩치와 힘이 아니라 머리와 지략으로 다스린다. 이들은 자연의 야성보다는 인간의 이성을 닮은 신들이다. 티탄에서 올림포스로의 세대교체는 자연신에서 인격신으로의 진보를 반영하기도 한다.

제3장

올림포스의 라이벌

신들의 전쟁에서 승리한 올림포스 신족은 세상의 지배자이며 신화의 주역이 된다. 제우스를 비롯한 12명의 신들은 영역과 책무를 달리하며 각자 본업에 충실할 뿐 남의 일에 간섭하지 않는다. 올림포스는 철저한 분업체제로 작동된다.

티탄을 몰아낸 후 제우스는 형제인 포세이돈, 하데스와 더불어 천하를 3등분 한다. 제우스는 하늘을 맡고, 포세이돈과 하데스는 바다와 지하세계를 각각 차지한다. 땅은 공동 관리로 남겨둔다. 천하의 제우스이지만 바다와 지하세계에 대해서는 가타부타 할 수 없다. 자식들에 대해서도 마찬가지다. 제우스의 아들과 딸이지만, 태양과 달의 운행에 관해서는 아폴론과 아르테미스에게, 술에 대해서는 디오니소스에게 이래라 저래라 할 수 없다. 올림포스는 권력분립의 틀을 갖고 있다.

각자 개성을 달리하는 신들이지만 본성과 역할로 보아 색깔이 뚜렷이 대비되는 짝이 있다. 올림포스의 라이벌이다. **제우스**와 **헤라**는 부부 사이면서 '바람둥이 제왕'과 '질투의 화신'으로 갈등과 긴장 관계를 연출한다. 태양의 신 **아폴론**과 술의 신 **디오니소스**는 인간의 대립적 본성인 이성과 광기를 드러내며 라이벌 관계로 맞선다. ❁

올림포스 (Olympos) 신족

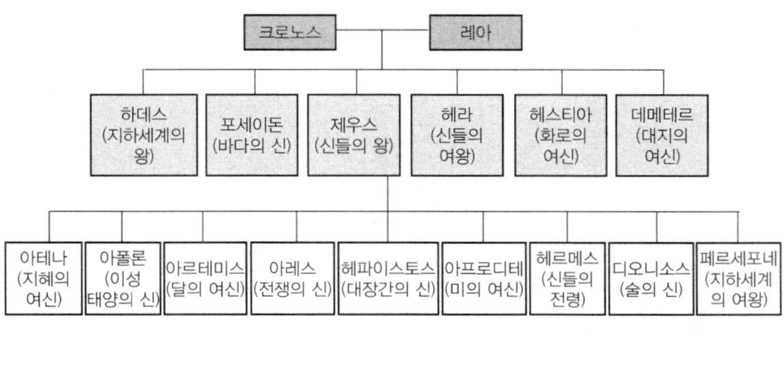

1. '바람둥이 제왕' 제우스 VS '질투의 화신' 헤라

제우스와 헤라는 올림포스의 바깥주인과 안주인이다. 남신과 여신을 대표한다. 부부로 인연을 맺기 전까지 크로노스와 레아 사이에서 태어난 남매였다. 사실 더 거슬러 올라가면 헤라는 만물을 주관하고 보살피는 위대한 어머니 신이었다. 그런데 세월의 흐름에 따라 제우스의 처로 변모하더니 바람둥이 남편 쫓아다니며 투기나 일삼는 속 좁은 아낙네로 전락한 것이다. 제우스와 헤라의 역학관계는 인간의 남녀관계를 살펴볼 수 있는 상징과도 같다. 헤라의 추락은 여성의 패배와 종속을 대변한다.

제왕과 여왕

하늘의 신 제우스는 올림포스의 1인자이며 신들의 제왕이다. 그 어떤 신도 제우스와 맞서지 못하고 복종한다. 「일리아스」에서 모든 신들 위에 군림하는 제우스의 막강한 권위가 잘 드러나고 있다. 인간들의 전쟁에 관여하지 말라는 제우스의 엄명에 여왕 헤라도, 경쟁자인 포세이돈도 심한 모욕을 느끼지만 순종할 수 밖에 없다.

그러나 최고의 신이기는 하지만 제우스는 기독교의 하나님과 같은 전지전능한 신은 아니다. 그리스 신들 중 전지전능한 신은 없다. 제우스는 올림포스의 12명의 신들 가운데 상대적으로 우월한 1인자일 뿐, 절대적인 존재는 아니다. 형제인 포세이돈, 하데스와 함께 지배 권력을 철저히 분할했다. 특히 포세이돈의 바다와 하데스의 지하세계는 제우스의 영향력에서 완전히 벗어나 있다.

또한 인간사회의 여느 지도자처럼 제우스도 경쟁자들의 도전을 극복해야 하는 운명의 소유자다. 제우스의 바람기에 화가 난 헤라가 포세이돈, 아폴론과 손을 잡고 그를 권좌에서 쫓아내려한 사건도 있다. 비록 바다의 여신 테티스의 도움으로 쿠데타가 실패로 돌아가긴 했지만 제왕의 권위가 땅에 떨어진 사건이 아닐 수 없다.

뿐만 아니라 올림포스의 다른 신들과 마찬가지로 제우스도 지하세계를 흐르는 스틱스 강을 걸고 한 맹세는 결코 어길 수 없다. 그는 헤라의 간계에 빠져 사랑하는 연인 세멜레를 재로 만들어버리기도 한다. 제우스의 사랑을 받고 있는 테베의 공주 세멜레를 변장한 헤라가 찾아와 묻는다. 신들의 제왕이 광채가 빛나는 갑옷을 입은 모습을 한 번이라도 본적이 있느냐고. 그런데 아무리 기억을 더듬어도 그런 일이 없었다. 세멜레의 부인하는 말에 헤라는 그녀의 가슴에 불을 지르고 돌아간다. 바람둥이가 아가씨를 진정으로 사랑하는 게 아니라 잠시 즐기는 대상으로 여길 뿐이라고 말이다. 세멜레의 가슴은 제우스에 대한 배신감과 증오심으로 불타오른다. 불길은 제우스에게로 옮겨 붙는다. 예기치 못한 연인의 격한 투정에 당황한 제우스는 앞뒤 가리지 않고 스틱스 강을 걸고 모든 소원을 다 들어주겠노라고 큰 소리 친다. 하지만 세멜레의 말을 듣는 순간 땅을 치며 후회한다. 도저히 들어줄 수 없는 청이기 때문이다. 그렇지만 스틱스 강을 걸고 맹세한 터라 어길 수가 없었다. 눈물을 머금고 광채가 빛나는 갑옷을 입고 나타난 제왕의 모습을 직면한 세멜레는 그 자리에서 불에 타 재로 변해버린다. 천상의 갑옷에서 뿜어져 나오는 빛과 열기를 인간의 몸으로는 견딜 수 없었던 까닭이다.

이처럼 제우스는 무소불위의 절대 권력이 아니라 다른 신들과 비교해서 상대적으로 최고 권력을 행사하는 1인자일 뿐이다. 따라서 경쟁자들의 도전에 맞서 권좌를 지키려면 뛰어난 리더십이 필요하다. 더구나 우라노스와 크로노스 그리고 제우스로 이어지는 신들의 전쟁에서 보듯이 그리스 신들의 세계는 끊임없는 권력다툼과 찬탈의 역사를 갖고 있다. 올림포스의 1인자 제우스는 탁월한 리더십이 요구되는 제왕이다. 그의 리더십을 분석해 보자.

첫째, 제우스는 결단력의 소유자다. 그는 결코 우유부단하지 않다. 제우스의 결단력은 그의 상징인 번개와 독수리의 속성을 통해 드러나고 있다. 그는 결심이 서면 우물쭈물 하지 않고 번개처럼 전격적으로 결행한다. 또한 독수리가 먹이를 찾아 허공을 맴돌다가 목표를 포착하는 순간 쏜살같이 먹이를 낚아채듯이 단호하고 결단력 넘치게 행동한다.

둘째, 제우스는 훌륭한 조직을 관리 운영한다. 똑똑한 아들과 딸인 아폴론과 아테나를 핵심 참모로 거느리며 자신의 지배체제를 보좌하는 쌍두마차로 활용한다. 올림포스는 제우스를 중심으로 '좌 아폴론', '우 아테나'의 굳건한 삼각체제를 기반으로 하고 있다.

번개를 든 제우스

여기에 탁월한 협상력과 술책의 소유자인 헤르메스를 측근에 두고 밀명을 맡긴다. 아폴론과 아테나가 제우스의 공적 과업을 보필하는 참모라면, 헤르메스는 제왕의 체통 상 공개적으로 처리하기 곤란한 문제를 막후에서 은밀하게 해결해 가는 밀사와 같다.

제우스는 자식이자 참모인 아폴론과 아테나의 힘과 위상을 강화해 주면서 이들을 통하여 경쟁자인 포세이돈과 하데스를 견제하고 약화시킨다. 아폴론에게는 하늘의 대표자 태양의 신이라는 지위를 부여하는 한편 자신의 뜻을 읽을 수 있는 신탁의 권위까지 맡김으로써 올림포스의 실질적인 2인자로 대우한다. 아테나는 제우스의 무기인 번개와 방패를 맡아서 관리할 정도로 두터운 신임을 받는 제왕의 분신이다. 여신은 제우스의 대표적 정적 포세이돈과 아테네 수호신 자리를 놓고 겨루어 승리한다. 제우스의 딸에게 패한 포세이돈은 제우스와 공동 통치하기로 한 땅에서 점차 밀려나 지배권이 바다로 제한되는 추락의 길을 걷는다.

그런데 제우스는 자신의 참모들에게 힘을 실어줌으로써 정적들을 견제하는 데 적극 활용하면서도 그들의 힘이 지나치게 커지는 것을 방치하지는 않는다. 2인자 아폴론이 제우스의 번개 제작자인 키클로페스를 활로 쏘아 죽이는 사건이 일어난다. 아폴론의 아들인 의술의 신 아스클레피오스가 죽은 사람을 살려내다가 하데스의 탄원을 받고 제우스의 번개에 희생되었기 때문이다. 제우스는 아들 아폴론에게 인간인 아드메토스왕 밑에서 1년 동안 머슴살이하는 처벌을 내린다. 또한 아폴론이 헤라, 포세이돈과 손잡고 자신을 거세하려고 하자 포세이돈과 함께 트로이로 유배시켜 성을 쌓는 노역에 처하기도 한다. 제우스는 참모에게 권한을 주되 일정한 선은 넘지 못하게 하는 탁월한 조직관리 능력을 보여준다.

셋째, 제우스는 정보력의 소유자다. 그는 예언의 신이다. 앞날을 읽어내는 예언은 풍부한 정보력에서 나온다. 델포이 신탁의 주인 아폴론이 예언의 신이기는 하지만 제우스의 대리인일 뿐이다. 도도나 지방은 제우스와 디오네의 성지로서 델포이 이전의 신탁소로 알려져 있다. 이곳에는 제우스의 성스러운 떡갈나무가 있었는데, 무녀들은 떡갈나무의 살랑거리는 소리에서 제우스의 예언인 신탁을 들었다고 전해진다.

넷째, 제우스는 고도의 정치 감각을 지닌 냉철한 현실주의자다. 이는 정치적 리더로서 갖추어야 할 필수불가결한 자질인지도 모른다. 최대 정적인 포세이돈과 뚜렷이 대비되는 점이기도 하다. 부모자식 간, 형제간에도 피비린내 나는 패권다툼을 벌이는 권력의 세계에서 격랑의 바다처럼 순간적인 감정에 휩쓸리고 속내를 쉽게 드러내는 순진한 감상주의는 통하지 않는다. 이러한 심성은 '인간적'이기는 하지만 권력과는 거리가 멀다.

제우스는 소름끼칠 정도로 냉철하다. 그는 권력 앞에서 혈연도, 사랑도, 우정도 단호히 팽개친다. 경쟁자인 하데스가 자신의 딸 페르세포네를 납치하여 유린하지만 제우스는 이를 못 본 척 묵인한다. 하데스를 자극하지 않는 것이 정치적으로 유리하다고 판단했기 때문이다. 그에게는 사랑하는 딸의 운명과 명예보다도 정치적 라이벌과의 관계가 더 소중하다.

제우스는 자신이 그토록 사랑했던 테티스가 아버지보다 더 위대한 아들을 낳을 운명이라는 사실을 알고 그녀에 대한 사랑을 미련 없이 포기하고 보잘 것 없는 인간 펠레우스와 인연을 맺어준다. 제우스에게는 사랑을 위하여 권좌를 포기하는 순애보는 상상조차 할 수 없는 일이다. 티탄 신족과의 전쟁에서 자신을 도와 승리하는 데 결정적인 역할을 한 절친한 친구 프로메테우스와의 우정도 자신의 앞길에 위협이 될 것으로 판단하는 순간 헌신짝처럼 내버린다.

제우스의 탁월한 정치 감각과 계산력은 여신 선발대회의 심판권을 처리하는 과정에서 적나라하게 드러난다. 불화의 여신 에리스의 황금사과

파리스의 심판

를 차지하기 위하여 헤라, 아테나, 아프로디테가 경합을 벌인다. 그 사과에는 '가장 아름다운 여신께'라는 글귀가 적혀 있었기 때문이다. 올림포스의 강력한 여신들 간의 물러설 수 없는 한판 승부에서 신들의 제왕이 심판권을 행사하는 것이 마땅하지만, 제우스는 영광스러운 권한을 트로이의 왕자 파리스에게 양도한다.

제우스의 판단으로는 그것이 제왕의 권위를 포기하는 것이 아니라 재앙의 싹을 아둔한 인간에게 슬쩍 미루는 것이다. 한 명의 승자와 두 명의 패자로 갈라지는 시합의 심판은 필연적으로 한 명은 친구로, 두 명은 적으로 만들 수밖에 없다는 계산이다. 아무리 달콤해도 밑지는 거래는 하지 않겠다는 심산이다. 결국 재앙의 심판권으로 아프로디테를 선택한 파리스는 헤라와 아테나의 집요한 보복을 받고 트로이 전쟁에서 자신과 조국을 파멸에 빠뜨리고 만다. 아프로디테의 열렬한 후원도 두 여신의 질투심을 막기에는 역부족이었던 것이다.

헤라는 제우스를 정점으로 하는 올림포스 신화가 정립되기 이전부터 그리스 반도에서 토착 신으로 숭배되던 대지모신(大地母神)으로 알려져 있다. 그리스의 아르골리스 지방과 보이오티아 지방, 그리고 에우보이아 섬과 사모스 섬을 중심으로 여신의 성지가 오랜 기간 널리 형성되어 왔으며, 특히 아르골리스 지방의 중심도시 아르고스와 사모스 섬에서는 오래된 대규모의 헤라 신전 헤라이온(Heraion)이 위용을 드러내고 있다. 헤라는 결코 초라한 신이 아니었다. 그는 제우스의 처이기에 앞서 신들의 여왕이었다.

헤라는 위대한 어머니 신, 대지모신이었다. 대지모신은 가부장제가 도래되기 이전의 원시 모계사회를 대표하는 여신이다. 생명의 원천인 땅은 항상 생명의 모체인 여성과 깊은 인연을 맺는다. 생명 탄생의 비밀이 밝혀지기 전까지 여성은 유일한 생명의 근원이었다. 고대인들은 땅에서 곡식과 열매가 열리듯이 여성의 몸에서 새 생명이 저절로 열린다고 생각했다. 따라서 '위대한 땅의 어머니 신'인 대지모신이 최고의 신으로 숭배된다. 그리스 신화 속의 우주의 기원에서도 태초의 우주 카오스로부터 가장 먼저 대지의 여신 가이아가 생겨났고 가이아의 몸에서 하늘의 신 우라노스가 태어나고 있다.

그런데 가이아의 위상은 자손들인 남신들에 의해 점차 약화되어 간다. 가이아를 상대로 한 우라노스, 크로노스, 제우스로 이어지는 남신들의 공격과 배신은 모권신화로부터 부권신화로 전환되는 과정을 설명하고 있다. 제우스를 정점으로 한 올림포스 신족체계는 부권신화의 정립단계를 보여준다. 이러한 과정에서 두드러지게 나타나는 현상은 바로 여신들의 위상변화다. 땅의 원초적 생명력을 상징하며 만물의 어머니로서 인간과 세상 위에 당당히 군림하던 대지의 여신들이 남신들의 처로, 정부로, 딸로 역할이 축소되고 제한된다. 그 중에서도 헤라의 추락이 가장 두드러지게 나타난다.

헤라는 여왕이었다. 여신은 왕관을 쓰고 왕홀을 든 당당한 모습으로 묘사된다. 또한 제왕의 품격을 위엄 있게 펼쳐 보이는 공작이 여신의 신조(神鳥)다. 여신은 매년 봄 나우플리아의 카나토스 샘에서 목욕하여 처녀성을 회복한다. 헤라의 처녀성 회복은 대지모신의 원초적 생명력을 상징한다. 물은 생명의 원천이며 치유의 상징이다. 모든 생명의 모태로서 몸과 마음의 허물을 말끔히 씻어 내린다. 기독교의 세례의식도 물로써 원죄를 씻어 내리는 의식이 아닌가.

헤라가 샘가에서 육체적 허물을 벗어버리는 행위는 물가에 서식하는 뱀이 허물을 벗는 모습을 연상시킨다. 뱀은 온몸으로 땅의 정기를 받아들이는 영물로 대지의 여신과 인연이 깊다. '헤스페리데스의 사과'로 알려진 황금사과가 열리는 나무는 가이아가 헤라의 결혼을 축하하기 위해 선물한 것으로 헤라는 라돈이라는 거대한 뱀을 파수꾼으로 지명하여 이 나무를 지키게 한다. 제우스를 공격한 뱀 티폰도 헤라가 앙심을 품고 낳은 자식이라는 설이 있다. 여신은 제우스가 바람피워 낳은 어린 헤라클레스의 요람에 뱀 두 마리를 넣어 죽이려 한 적도 있다. 아홉 개의 머리를 가진 뱀 히드라도 헤라의 수족이다.

왕관을 쓰고 왕홀을 든 헤라

헤라는 만물의 어머니, 위대한 땅의 여신이었다. 여왕 헤라는 남신과의 관계에서도 밀리지 않는 모습을 보여준다. 여신은 포세이돈과 아르고스 지방의 지배권을 놓고 한판 승부를 벌인 바 있다. 승부는 헤라의 완승으로 끝나고, 아르고스는 여신의 성지가 된다. 또한 제우스의 독주를 못마땅한 마음으로 지켜보던 헤라는 아폴론, 포세이돈과 손잡고 제우스를 결박시켜버리는 반역도 감행한다. 비록 실패로 끝나기는 했지만 동맹 체제를 구축하는 전략과, 최고의 신에게 굴하지 않고 당당히 맞서는 여신의 강단을 엿볼 수 있다.

트로이 전쟁에서 여신은, 중립의무를 저버리고 트로이 편을 드는 제우스를 견제하기 위하여 아프로디테에게 마법의 띠를 빌려 제우스를 사랑의 힘으로 꽁꽁 묶어놓기도 한다. 자식을 먹는 애비 크로노스로부터 동생 제우스를 빼돌려 크레타 섬으로 피신시킨 인물이 헤라라는 설도 있다. 이렇듯 위풍당당하던 여왕 헤라가 제우스의 처가 되면서 남편의 바람기에 철저히 농락당하는 질투의 화신으로 추락하게 된다.

바람둥이 남편과 질투하는 아내

「일리아스」에서 제우스는 '신과 인간의 아버지'로 묘사된다. 그는 정실부인 헤라 이외에 수많은 여신들, 여인들과 관계하여 수많은 신들과 인간들을 자식으로 거느린다. 올림포스 2세대 신 모두와 영웅들 대부분이 그의 자식이다. 그는 대표적 난봉꾼이요 바람둥이 신이다.

제우스가 지혜의 여신 메티스와 관계를 맺어 임신시킨다. 하지만 그녀가 낳을 아들이 자신의 권좌를 빼앗을 것이라는 예언을 듣고 제우스는 메티스를 작게 만들어 삼켜버린다. 달이 차서 아버지의 머리를 뚫고 완전무장한 모습으로 지혜와 전쟁의 여신 아테나가 탄생한다. 제우스는 또한 이치의 여신 테미스와 관계하여 계절의 여신 호라이(Horai) 세 자매를 낳고, 기억의 여신 므네모시네와 결합하여 음악과 예술의 여신들인 아홉 명의 무사이(Musai)를 낳는다. 이어서 티탄 신 오케아노스의 딸 에우리노메와 관계하여 우미의 여신들인 카리테스(Charites) 세 자매를 낳는다. 제우스는 누이 데메테르를 겁탈하여 딸 페르세포네(Persephone)를 낳았으며, 티탄 신족인 레토(Leto)와 관계하여 아폴론과 아르테미스 쌍둥이를, 마이아(Maia)를 건드려 헤르메스(Hermes)를, 인간 세멜레(Semele)에게서는 디오니소스를 낳는다. 또한 바다거품에서 태어난 것으로 알려진 아프로디테가 제우스와 바다의 정령 디오네(Dione) 사이의 소생이라는 설도 있다.

이와 같이 제우스가 바람피워서 낳은 자식들은 대개가 똑똑하고, 유능하고, 잘 생긴 신들이다. 심지어 인간 세멜레의 아들인 디오니소스도 높이 숭배되는 신이다. 그런데 정작 헤라와의 사이에서는 전쟁의 신 아레스(Ares)와 절름발이 대장장이 신 헤파이스토스(Hephaistos)를 낳는다. 한 명은 '싸움꾼'이고, 다른 한 명은 '불구자'인 셈이다. 헤라의 투기심을 능히 헤아릴 만하다. 제우스는 헤라의 몸에서 청춘의 여신 헤베(Hebe)와 산파의 여신 에일레이티이아(Eileithyia)를 낳기도 한다.

제우스의 바람기는 여인과의 관계에서 더욱 화려하게 전개된다. 그는 욕망의 대상을 유혹하면서 다양한 변신능력을 보여준다. 제우스는 소아시아의 공주 에우로페가 소를 좋아한다는 사실을 간파하고 멋진 황소로 변신하여 접근한다. 그는 장난삼아 잔등에 올라탄 에우로페를 낚아채고 에게 해를 건너 크레타 섬으로 날아가 욕망을 채운다. 이들 사이에서 크레타의 시조 미노스(Minos) 왕이 태어난다.

테베의 공주 안티오페(Antiope)는 온실 속의 화초처럼 자라나 깨끗한 환경을 즐기면서도 마음 한구석에는 이러한 세계에 권태를 느끼며 은근히 거칠고 더러운 것을 꿈꾸고 있었다. 이를 간파한 제우스는 흉측한 몰

에우로페를 납치하는 황소 제우스

골의 사티로스로 변신하여 안티오페를 품는다. 둘 사이에서 테베의 영웅 암피온과 제토스 쌍둥이가 태어난다.

아르고스의 왕 아크리시오스는 딸 다나에(Danae)가 낳을 손자의 손에 죽음을 당할 것이라는 예언을 듣고 딸을 남정네들의 손길을 피해 지하 감옥에 가두어버린다. 그러자 제우스는 황금비로 변신하여 지하로 스며들어 다나에를 수태시킨다. 그녀의 몸에서 영웅 페르세우스(Perseus)가 태어난다.

바람둥이 제우스의 욕망 앞에서는 유부녀도 안전하지 않다. 스파르타의 왕비 레다(Leda)는 백조를 좋아했다. 제우스는 백조의 모습으로 레다를 유혹하여 헬레네와 클리타임네스트라, 그리고 쌍둥이 형제 디오스쿠로이를 낳는다. 테베의 왕 암피트리온의 처 알크메네는 정절의식이 투철한 여인이다. 제우스는 궁리 끝에 그녀의 남편 암피트리온으로 변신하여 알크메네를 품는다. 알크메네는 하룻밤에 제우스, 암피트리온과 잇달아

관계하여 헤라클레스와 이피클레스 쌍둥이를 낳는다. 물론 영웅 헤라클레스는 제우스의 자식이고, 평범한 인간 이피클레스는 암피트리온의 자식이다.

그렇다면 올림포스 최고의 신 제우스의 지칠 줄 모르는 바람기는 무엇으로 설명할 수 있을까. 우선 인본주의를 바탕으로 한 그리스 신들의 일반적인 성격에 비추어 그의 바람기를 생각해 볼 수 있다. 그리스 신들은 기독교의 유일신과는 달리 전지전능하지도, 윤리적이지도 않다. 결함과 허점투성이인 인간과 별로 다를 게 없는 존재다. '영웅호색'이란 말이 있듯이 신들 사회의 제왕인 제우스가 인간 사회의 제왕을 흉내 낸다.

태조 왕건의 부인이 스물이 넘었다던가. 왕건이 수많은 여인과 관계한 배경에는 권력의 역학 관계, 즉 혼인을 통해 지방호족과의 결속과 협력을 구축한다는 정치적 계산이 깔려 있듯이 신들의 제왕 제우스가 수많은 여신과 관계를 맺는 사실에서도 신들 간의 역학 관계를 유추해 볼 수 있다. 이를테면 제우스와 여신들 간의 결합은 신흥종교와 토착종교 간의 결속과 협력 관계를 설명하는 것으로 풀이될 수 있다.

제우스의 다양한 여성편력은 혈통을 최고의 신과 애써 연결시키려는 인간의 욕망이 만들어 낸 러브 스토리라는 해석도 있다. 제우스가 뿌린 씨앗을 보면 하나같이 힘깨나 쓰는 가문이 아닌가. 제우스는 자신도 모르게 수많은 여인들과 관계하여 수많은 자식들을 두게 되었다는 말이다. 그가 알면 겉으로는 화내고 속으로는 웃을 일이다. 아무튼 진정한 의미는 다양하게 해석될 여지가 있지만, 제우스의 화려한 바람기는 그리스 신화가 풍부한 예술적 소재로 자리 잡는 데 크게 기여한 것만은 부인할 수 없다. 또한 노골적인 부도덕성으로 인하여 기독교의 엄격한 도덕성 앞에서 그리스 신들이 철저하게 배척당하게 되는 결정적인 요인으로 작용한 것도 사실이다.

아르골리스 지방에 높은 산이 있다. 원래 '옥좌 산'을 의미하는 트로낙스(Thronax)로 불리다가 '뻐꾸기 산'을 뜻하는 코키기온(Kokkygion)으로 명칭이 바뀐 산이다. 이 산의 명칭변경 과정 속에 제우스와 헤라의 혼인 설화가 숨어 있다.

제우스는 어느 날 아름다운 헤라가 산에 홀로 있는 것을 발견한다. 하늘의 신 제우스는 비를 내리게 한 후 뻐꾸기로 변신하여 여신의 무릎에 내려앉는다. 빗속의 작은 새를 가엾게 여긴 헤라가 뻐꾸기를 가슴에 품자 제우스는 본색을 드러내고 여신을 덮친다. 헤라는 완강히 반항하다가 자신을 정실부인으로 받아들이겠다는 약속을 얻어내고서 제우스와 몸을 섞는다. 신화는 그들이 300년간 밀월을 즐겼다고 허풍을 떤다. 긴 밀월이기는 하지만 끝에는 헤라의 추락이 기다리고 있다. 제우스와의 운명적인 결합이 이루어진 곳이 옥좌 산에서 뻐꾸기 산으로 바뀌었듯이 헤라는 여왕의 근엄한 옥좌에서 물러나 비에 젖은 초라한 뻐꾸기 신세로 전락한다. 헤라를 유혹하기 위한 제우스의 변신은 여신의 앞날을 예고한 것인지 모른다. 신혼의 달콤함이 사라지면서 제우스의 화려한 바람기가 시작된다. 더불어 여신의 여왕으로서의 위엄도 사라져 간다. 헤라는 질투의 화신으로 추락한다.

그런데 남편의 외도를 견제하는 헤라의 투기는 엄격한 가부장제 하에서 남성들에게 철저히 종속된 삶을 살아간 여인네들의 소극적인 저항의 몸짓을 연상시킨다. 헤라는 바람을 피운 제우스를 직접 공격하지 않는다. 여신의 투기는 제우스의 연인이나 그 자식들을 겨냥한다. 배우자에 대한 직접적인 공격은 가정을 해체해 버릴 수 있기 때문이다. 대신 부부관계를 위협하는 남편의 연인과 자식들을 공격함으로써 가정을 수호하려 한다. 헤라가 결혼과 가정의 수호신으로 평가받는 배경이 여기에 있다. 헤라가 얻은 그럴듯한 타이틀에는 남성중심의 가부장제 이데올로기가 도사리고 있다. 제우스의 바람기와 더불어 헤라는 만물의 위대한 어머니에서 남성에게 철저히 종속된 여성상의 표본으로 변질된다.

여신의 투기는 우선 제우스의 연인에게 집중된다. 아르카디아 지방의 요정 칼리스토(Kalisto)는 순결의 처녀 신 아르테미스를 추종하여 남성을 멀리한다. 제우스는 아르테미스의 모습으로 변신하여 칼리스토를 정복한다. 헤라는 연적 칼리스토를 곰으로 만들어버린다. 졸지에 흉측한 몰골이 된 칼리스토는 아르카디아의 숲을 헤매는 신세가 된다. 훗날 아들 아르카스(Arkas)가 사냥을 나섰다가 곰으로 변한 어미를 표적으로 삼으려 한다. 골육상쟁의 절박한 순간이 온 것이다. 위기의 순간에 제우스가 아르카스를 곰으로 변신시켜 두 모자를 하늘의 별자리로 박아준다. 어미는 큰곰자리, 아들은 작은곰자리가 되어 밤하늘을 맴돌게 된다. 큰곰자리의 엉덩이에서 꼬리로 이어지는 부분이 북두칠성이다. 그리고 작은곰자리에는 북극성이 빛나고 있다. 분이 풀리지 않은 헤라는 대양의 신 오케아노스에게 곰자리들을 절대 대양의 품속에 받아들이지 말라고 탄원한다. 그리하여 지금까지 이 별자리들은 바다 밑으로 가라앉지 못한 채 하늘에만 머물고 있다.

강의 신 이나코스의 딸 이오(Io)의 운명은 더욱 가련하다. 제우스가 이오를 희롱하고 있다는 걸 눈치 챈 헤라가 간통 현장을 덮친다. 그러자 제우스는 황급히 연인을 암소로 만들어버린다. 제우스의 술수를 간파한 헤라는 암소를 자신에게 선물로 달라고 조른다. 거절할 핑계를 찾지 못한 제우스는 눈물을 머금고 암소를 헤라에게 건네준다. 헤라는 심복인 괴물 아르고스를 시켜 24시간 감시체제를 가동한다. 아르고스(Argos)는 백 개의 눈을 가진 타고난 감시꾼이었던 것이다. 이오의 고난을 보다 못한 제우스는 전령 헤르메스를 시켜 암소를 구출한다. 헤르메스는 최면 지팡이로 아르고스의 눈을 모두 감게 한 후, 준비한 칼로 괴물의 목을 치고 이오를 구출한다. 헤라는 아르고스의 떨어진 목에서 백 개의 눈을 수습하여 공작 꼬리에 붙여준다.

헤라의 박해는 이것으로 그치지 않는다. 여신은 풀려난 암소에게 한 마리의 쇠파리를 보내 물어뜯게 한다. 이오는 보스포루스 해협을 건너 이집트까지 쫓겨 가서야 비로소 헤라의 공격에서 벗어난다. 유럽과 아시아 대륙을 가르는 좁은 폭의 해협인 보스포루스(Bosporous)는 '암소의 나루'라는 뜻이다.

헤라의 공격은 제우스가 바람피워 낳은 자식들에게도 치열하게 전개된다. 헤라의 간계에 빠져 불에 타 재로 변한 여인 세멜레의 몸에서 태어난 디오니소스는 이모인 이노와 그녀의 남편 아타마스 손에 맡겨지지만 헤라는 이들을 광기에 빠뜨려 바다에 빠져죽게 하고 디오니소스에게도 저주를 내려 여러 지방을 정처 없이 떠돌게 한다.

헤라의 박해를 가장 혹독하게 받은 자식은 헤라클레스다. 헤라는 헤라클레스의 탄생을 지연시켜 테베의 왕위를 잃게 하고, 요람 속에 뱀 두 마리를 집어넣어 어린 영웅을 죽이려 했을 뿐만 아니라 헤라클레스를 미치

괴물의 눈으로 공작의 꼬리를 장식하는 헤라

게 만들어 처자식을 죽이게 하는 시련을 겪게 한다. 헤라클레스가 겪는 열두 가지 어려운 일도 헤라의 응징이었다.

그러나 헤라의 집요한 박해에도 불구하고 인간의 몸에서 태어난 디오니소스와 헤라클레스는 당당히 신의 반열에 오르면서 여신의 투기를 비웃는다. 디오니소스는 헤라의 자매인 헤스티아를 밀어내고 올림포스 12신 자리를 차지했으며, 헤라클레스 역시 신의 지위를 획득한다. 한술 더 떠서 헤라클레스는 헤라의 딸인 헤베와 결혼하여 여신의 사위 자리까지 꿰차는 쾌거를 이룬다. 헤라클레스는 죽어가면서 자신의 몸을 불태운다. 죽은 육신이 어머니의 품인 땅 속으로 들어가지 않고 아버지 곁인 하늘로 올라간 것이다.

헤라클레스는 헤라의 강력한 적이었다. 헤라의 총공격을 견뎌내고 승리한 헤라클레스는 모권신화를 종식시키고 부권신화를 확고히 정립시킨 순교자로 평가된다. 헤라클레스의 모진 고난은 모권신화로부터 부권신화로의 전이가 오랜 세월을 두고 어렵게 이루어졌음을 보여준다. 헤라는 패배했다. 여왕의 추락과 패배는 원시 모계사회의 종말을 뜻하는 것이기도 하다.

2. '이성의 빛' 아폴론 VS '광기의 술' 디오니소스

아폴론과 디오니소스는 인간의 대립적 본성인 이성과 광기를 대변하는 신이다. 전자가 차가운 신이라면, 후자는 뜨거운 신이다. 아폴론이 냉철한 이성으로 완성, 절제, 중용, 질서, 평정의 길로 인도한다면, 디오니소스는 불같은 광기로 해체, 자유, 격정, 혼돈, 충동의 세계로 유혹한다.

아폴론은 제우스가 가장 총애하는 아들로서 올림포스 체제를 이끌어가는 '제도권의 핵심'이다. 디오니소스는 방랑과 일탈을 일삼는 '나그네'요 '자유인'이다. 전자는 귀족풍이다. 세련되고, 깔끔하고, 고고하다. 후자는 민초류다. 거칠고, 끈끈하고, 역동적이다. 아폴론이 발산하는 에너지의 파동은 과도하지 않다. 항상 절제와 균형감각을 유지한다. 안온함과 평정함을 잃지 않는다. 디오니소스의 에너지는 폭발적이다. 천국과 지옥을 오간다. 창조적이기도 하고 파괴적이기도 하다. 생명의 약이 될 수도 있고 치명적인 독이 될 수도 있다.

이성의 빛과 광기의 술

아폴론(Apllon)의 별명은 포이보스(Phoibos), 즉 '빛나는 자'라는 뜻으로 태양의 밝은 빛을 상징한다. 티탄 신족시대의 태양신은 히페리온(Hyperion)과 그의 아들 헬리오스(Helios)였는데 올림포스 시대가 열리면서 아폴론이 그 지위를 이어받는다. 고대 그리스인은 태양이 동쪽 하늘에서부터 서쪽 하늘까지 운행하는 모습을 보며 태양의 신을 떠올렸다.

동틀 무렵 아폴론은 입에서 불을 뿜는 4마리 말이 끄는 황금빛 태양마차를 몰고 동쪽 지방을 출발하여 하루 종일 하늘 높이 달리다가 저녁 무렵 도착지인 서쪽 지방으로 내려간다. 밤새 태양마차는 대지의 둘레를 휘감고 흐르는 대양 강 오케아노스(Okeanos)를 통해 출발지점인 동쪽 지방으로 다시 이동한다. 고대 그리스인은 아폴론의 태양마차를 바라보면서 자신도 한 번쯤 금빛마차를 타고 하늘을 나는 꿈을 품었을 것이다. 그런데 이러한 꿈을 현실로 만들어 보려는 욕망 때문에 파멸한 인물이 있다.

아폴론의 아들 파에톤(Phaeton)은 자신이 진정한 태양신의 아들이라는 것을 입증하고 싶은 마음으로 아버지를 졸라 태양마차를 몰다가 파멸하는 비운의 인물이다. 입에서 불을 뿜는 말이 모는 금빛마차를 타고 하늘 높이 치닫던 초보운전자 파에톤은 운전미숙으로 궤도를 벗어나 산천초목을 다 태워버린다. 아프리카 대륙엔 벌거벗은 사하라 사막이 생기고, 사람들은 검게 타서 흑인이 되어버린다. 자신의 영역이 초토화되는 모습에 놀란 대지의 여신 데메테르가 제우스에게 탄원한다. 파에톤은 결국 제우스의 벼락을 맞고 마차에서 떨어져 죽음을 맞는다.

파에톤의 비극은 태양의 궤도를 벗어남으로써 초래되고 있다. 태양은 지구와 적절한 거리를 두고 있기 때문에 생명의 빛이 된다. 너무 멀어도 안 되고, 너무 가까워도 안 된다. 지금 거리가 딱 좋다. 태양마차를 넘겨주면서 아폴론은 파에톤에게 경고한다. 고도를 너무 높이지도 너무 낮추지도 말라고, 중간 길이 가장 안전하고 좋은 길이라고 말이다. 중용, 절제, 균형이라는 아폴론적 덕목이 강조되고 있는 것이다.

태양의 밝은 빛을 상징하는 아폴론의 이미지는 이성으로 통한다. 이성은 밝고 명확한 것을 존중하는 그리스인의 최고 덕목이기도 하다. 아폴론은 암흑의 세계를 밝혀주는 빛처럼 어둡고 컴컴한 세상이치에 섬광처럼 예리하게 파고들어 그 본질을 밝혀내는 이성을 대변한다. 그러므로 아폴론은 합리주의를 근본으로 하는 헬레니즘을 대표하는 '가장 그리스적인 신'으로 평가된다.

아폴론은 얼음 같이 찬 이성으로 마음속에서 일어나는 어떠한 흔들림도 허용치 않는 이성의 신이다. 그는 어떤 경우에도 평정심을 잃지 않고 균형감각을 유지한다. 흥분, 도취, 충동, 전율, 격정과 같은 감정은 정확하고 객관적인 판단을 하는 데 장애가 되므로 철저히 배척된다. 델포이 아폴론 신전에는 "지나쳐서는 안 된다", "너의 영혼을 다스려라", "절제가 으뜸가는 덕이노라" 등의 경구가 적혀 있다. 소크라테스(Sokrates)의 "너 자신을 알라"라는 금언도 이곳에 기록되어 있던 것이다.

어둠을 밝히는 태양 빛과 무지몽매함을 밝히는 이성의 힘은 알 수 없는 미래를 밝혀주는 예언의 능력으로 통한다. 그리스인은 태양의 신이며 이성의 신인 아폴론에게 예언의 신이라는 지위를 부여한다. 델포이는 신탁으로 유명한 아폴론 신전이 있는 성지다. 그리스인은 델포이를 우주와 세상의 중심으로 믿었다. 신화에 의하면 제우스가 두 마리 독수리를 반대 방향으로 날려 보낸 후 다시 만난 지점이 델포이라는 것이다. 이곳에는 '우주의 배꼽'을 뜻하는 옴팔로스(Omphalos)라는 돌이 보존되어 있다.

델포이는 원래 대지의 여신 가이아가 주관하던 성소였으며 거대한 뱀 피톤(Python)이 여신을 대신하여 이곳을 관장하고 있었다. 그런데 대홍수가 끝난 후 아폴론이 피톤을 활로 쏘아 죽이고 델포이의 새로운 주인으로 등극한다. 아폴론은 피티아(Pythia)라는 여사제를 통하여 제우스의 뜻인 신탁을 인간에게 내려준다. 피티아는 월계수와 보릿가루를 태운 후 지하로 내려가 트리푸스(Tripous)라는 삼각의자 위에 앉아서 땅 속 깊숙한 곳에서 솟아오르는 증기를 들이마시고 방문자에게 수수께끼 같은 말로 신탁을 내려주는데, 질문은 절대 받지 않는 것으로 알려진다. 신화에서는 아폴론 신탁에 관한 얘기가 많이 등장하는데, 아버지를 죽이고 어머니와 혼인한 비극의 주인공 오이디푸스에게 내려진 숙명적인 신탁이 잘 알려져 있다.

신탁과 예언의 신 아폴론이 이루지 못한 사랑 때문에 심통이 나서 한 여인을 비극으로 몰아간 일화가 있다. 트로이의 공주 카산드라는 아폴론의 사랑을 거부한다. 신과의 사랑이 부담스러웠기 때문이다. 아폴론은 사랑의 대가로 그녀에게 예언의 능력을 부여한다. 예언의 능력을 선물로 받고서도 사랑을 거부하자 아폴론은 그녀에게 작별키스를 한다. 그 순간 입술에서 설득력을 앗아간다. 설득력을 상실한 예언의 능력을 소유한 카산드라는 조국 트로이의 멸망과 자신의 죽음을 주변 사람들에게 경고하지만 끝내 설득하지 못한다.

카산드라는 트로이의 목마가 조국의 멸망을 초래하리라고 예언한다. 그러나 트로이 시민들은 믿지 않았고, 트로이는 목마 속에 숨어 들어온 그리스 복병들에 의해 유린당한다. 조국이 멸망한 후 그녀는 적장 아가멤논의 전리품으로 미케네로 끌려간다. 그곳에서 카산드라는 자신과 아가멤논 앞으로 다가오는 죽음의 그림자를 보고 사람들에게 예언하지만 먹혀들지 않는다. 두 사람은 결국 아가멤논의 처와 정부의 손에 처참하게 살해된다. 현실을 변화시킬 수 없는 통찰력이라면 차라리 없는 게 나은 것인가. 설득력이 결여된 예언의 능력은 카산드라를 더욱 불행하게 했을 뿐이다. '아는 게 병, 모르는 게 약'이라는 말처럼 그녀는 '쓸데없이' 재앙을 미리 알아서 고통만 가중되었다.

아폴론은 활의 명수다. 쌍둥이 남매 아르테미스와 함께 화살 통을 둘러메고 산야를 누비며 목표물에 활을 한 치의 오차 없이 적중시킨다. 마치 이성의 날카로움으로 사물의 이치를 정확히 꿰뚫듯이. 활을 목표에 정확하게 적중시키기 위해서는 흥분과 동요는 금물이다. 평정과 냉정이 필수적이다.

원거리의 목표를 겨냥하는 아폴론의 활은 그의 장점과 단점을 동시에 설명해주는 상징이기도 하다. 아폴론은 대상을 가까이 두지 않고 항상 멀리 둔다. 대상과 거리를 둔다는 것은 주관성을 배제하고 객관성을 높인다는 의미와 통한다. 감정에 쉽사리 휩쓸리지 않는 이성의 신으로서의 면모를 보여준다. 그러나 이 같은 태도에는 숲은 보되 나무는 보지 못하는 맹점이 따른다. 아폴론은 사물을 냉철하고 객관적인 눈으로 바라보는 능력은 탁월하지만 사물을 애정 어린 마음으로 살피는 따스한 힘이 부족하다. 그는 차가운 신이다.

아폴론이 어느 날 활을 메고 숲을 거닐다가 사랑의 활을 날리는 에로스를 만난다. 아폴론은 에로스에게 시비를 건다. 어린 아이가 위험한 물건을 가지고 놀면 안 된다고 말이다. 자존심이 상한 에로스가 궁술의 신에게 활로 복수를 한다. 에로스는 두 가지 종류의 화살을 쏘는데, 그 중 하나는 맞으면 사랑의 열병에 빠지는 황금 화살이고 다른 하나는 미움을 낳는 납 화살이다. 에로스는 아폴론의 가슴에는 황금 화살을, 곁에 있던 요정 다프네(Daphne)에게는 납 화살을 날린다. 그러자 아폴론은 사랑의

월계수로 변하는 다프네를 끌어안는 아폴론

열병에 빠지고, 다프네는 미움의 덫에 걸린다. 아폴론의 추격과 다프네의 도망이 시작된다. 아폴론에게 잡히기 직전 다프네가 하늘에 소원을 빌어 자신의 몸을 나무로 변신시킨다. 아폴론은 나무로 변한 다프네를 부둥켜 안고 통곡하며 말한다.

"나의 영원한 연인 다프네여, 그대의 잎사귀로 승리자의 머리를 장식하리라!"

다프네가 변신한 나무는 월계수이며, 그리스인은 아폴론을 기리며 올림픽 경기의 승리자에게 월계관을 씌어준다.

남성으로서 완벽한 용모와 재능을 지닌 아폴론이지만 사랑에는 약했다. 카산드라, 다프네와의 사랑에서 확인했듯이 그의 사랑은 대개가 결실을 맺지 못한다. 궁술의 신으로 목표를 어김없이 꿰뚫는 아폴론이지만 사랑의 화살은 번번이 빗나갔다. 그는 차가운 신이다. 냉철한 이성도 차갑고, 원거리의 목표를 겨냥하는 화살도 서늘하기만 하다. 사랑을 위해서는 뜨거운 가슴이 필요하다. 멀리서 숲만 바라보는 것이 아니라 가까이 다가가서 나무 한 그루, 풀 한 포기를 세심하게 살펴보는 정겨운 눈빛과 따스한 손길에서 사랑이 싹트는 게 아닌가.

디오니소스(Dionysos)는 술의 신이다. 헤라의 박해를 피해 소아시아의 니사에서 성장한 그는 사람들에게 포도 생산법과 포도주 제조법을 전수하며 자신의 신앙을 전파하면서 그리스 본토로 귀환한다. 디오니소스가 니사로부터 트라키아를 거쳐 펠로폰네소스 반도로 이동하는 경로는 포도와 포도주의 전승 경로와 일치한다. 디오니소스는 인간에게 술을 선물한 신이며 또한 술의 기능을 상징하는 신이다. 인간에게 술은 어떤 의미가 있는가? 한겨울 어두운 밤에 거행되던 디오니소스 축제에서 술의 기능을 엿볼 수 있다.

첫째, 술은 이성을 마비시키고 도취와 광기에 빠지게 한다. 술의 기능 중 으뜸은 취하게 하는 것이다. 누구나 취하기 위하여 술을 마신다. 취하는 목적은 해방되기 위함이다. 술은 현실의 고통과 번뇌를 잠시나마 벗어나게 하는 고마운 벗이다.

초창기 디오니소스를 추종하는 신도는 주로 여성이었다. 당시 여성은 사회적 약자로서 노예나 다를 바 없었다. 그래서 그들은 현실의 고통을 잊게 하는 디오니소스를 삶의 은인으로 여기고 열렬히 추종했던 것이다. 디오니소스 여신도는 마이나데스(Mainades)라고 불리었는데 '미친 여자들'이란 뜻이다. '광기'를 뜻하는 영어 'madness'의 어원이기도 하다. 그들은 집을 버리고 무리를 지어 산과 들을 누비고 다녔다. 또한 술을 마시고 도취의 상태에서 야간 집회를 가지는데, 이때 횃불과 디오니소스의 지팡이 티르소스(Thyrsos)를 광적으로 흔들고 팀파논(Tympanon)이라는 작은 북을 열정적으로 쳐댄다. 그리고 마음속의 모든 한을 토해내듯 발악을 하고 광란의 춤을 춘다. 극단적인 광기의 폭발이다. 디오니소스의 별명 브로미오스(Bromios)는 '미쳐 날뛰는 자'라는 뜻이다.

본능의 상징 사티로스

둘째, 술은 본능과 정욕을 자극시킨다. 술을 마시면 이성의 통제력은 약해지고 숨겨진 동물적인 욕망이 꿈틀거린다. 술과 육체적 본능은 뗄 수 없는 관계다. 술에 취하면 성적 유혹에 빠져 파탄에 이르는 경우가 많지 않은가. 광란의 디오니소스 축제 때 신도들은 가면을 썼다. 가면 뒤에 숨은 인간에게는 모든 금기가 사라진다. 평소에는 생각지도 못했던 것을 대담하게 해치울 수 있다. 축제는 난잡한 집단 성행위로 끝을 맺는다. 술의 신 디오니소스의 추종자 가운데 사티로스(Satyros)라는 무리가 있는데, 머리와 몸은 젊은 남자이고, 머리에 달린 뿔과 하반신은 염소의 모습을 한 괴물이다. 사티로스는 성적 대담성으로 유명하다. 그들은 뻔뻔스러울 정도로 음란한 존재여서 요정이나 여성들을 쫓아다니는 일로 소일한다. 술은 이성의 가면 뒤에 숨겨진 인간의 야수성을 드러내게 한다.

술의 신 디오니소스가 뜻하는 바는 단지 도취에 빠지고 동물적 본능이나 분출시키는 것으로 그치지는 않는다. 참된 의미는 창조성에 있다. 창조력이 결여된 도취는 광기가 아니라 객기, 자유가 아니라 방종으로 흘러갈 뿐이다. 술은 파괴력과 창조력을 한 몸에 담고 있는 야누스적 존재다. 잘 쓰면 약이 되고 잘못 쓰면 독이 된다. 디오니소스 신도가 빠지는 도취와 광기는 일상과 상식의 장막을 걷어내고 망아의 상태로 돌아간 뒤, 그 정점에서 모든 의식과 인식의 한계를 벗어버리게 한다. 자신의 존재를 완전히 잊어버리는 망아는 자신을 에워싸고 구속하는 모든 한계를 벗어버리는 전제조건이다.

마이나데스는 축제의 막바지에 이르러 황홀경(엑스터시)에 빠져서 대지에서 젖과 꿀이 흐르는 환상을 보게 되고 산 짐승을 갈기갈기 찢어 미친 듯이 살과 피를 먹어치운다. 때로는 소년이 제물로 바쳐지기도 한다. 그러고는 무아경의 절정에서 탈진상태에 이르도록 춤을 추다가 쓰러진다. 이들이 맛보려는 것은 죽음이요 탈 한계다. 죽음은 자연으로부터 이탈한 개체로서의 한계를 극복하고 대자연의 도도한 흐름에 동참하는 것이다. 무한창조와 영원의 세계로 통하는 길이기도 하다. 이런 까닭으로 술이 시인과 예술가의 영원한 벗인지도 모른다.

디오니소스 축제가 한겨울의 밤에 거행된 것은 디오니소스의 본질이 밝음이 아니라 어둠에 있다는 것을 말해준다. 겨울과 밤은 태양[아폴론]의 힘이 약해지는 때다. 아폴론의 밝음이 자리를 비운 사이 디오니소스의 어둠이 다가온다. 아폴론의 이성이 약화되는 틈을 타 디오니소스의 광기가 꿈틀거리는 것이다. 디오니소스는 아폴론과 극명하게 대비되는 신이다. 아폴론의 이성은 조형의지다. 늘 일정한 형식과 틀을 형성한다. 과도함을 거부한다. 무엇이든 너무 넘쳐서도 안 되고 너무 부족해서도 안 된다. 아폴론의 이성은 항상 절제된 세계를 지향한다. 디오니소스의 광기는 해체의지요 자유의지다. 아폴론의 이성이 형성한 형식과 틀을 깨뜨리고 찢어버린다. 무한과 극한의 세계로 휘몰아친다. 그리하여 아폴론의 이성이 빠져들 수 있는 박제화와 도식화를 거칠게 무너뜨린다.

인간은 아폴론과 디오니소스 간의 긴장과 대립 속에 던져진 존재인지도 모른다. 이성이 강한 통제력을 발휘하는 동안 저 밑바닥에서는 광기가 꿈틀거리고, 광기가 뜨겁게 폭발하는 순간 어느덧 이성이 가까이 다가와 차가운 물을 퍼붓는다. 델포이 신탁소의 주인은 물론 아폴론이다. 그러나 겨울 한 철(태양의 힘이 약해질 때) 아폴론이 북쪽 지방으로 떠나 있는 동안 디오니소스가 신탁소를 대신 주관한다. 이성과 광기 간의 절묘한 조화와 결탁이 아닐 수 없다.

합리주의를 신봉하는 그리스인이 숭상하는 대표적인 신은 이성과 절제의 신 아폴론이다. 도취와 광기의 신 디오니소스는 그리스인에게는 낯선 신이었으며 더구나 인간의 몸에서 태어난 특이한 신분 탓으로 가장

늦게 올림포스 12신의 반열에 오른다.

에우리피데스의 비극 「바코스의 여신도들」에서는 소아시아의 니사에서 태어난 디오니소스가 자신의 신앙을 전파하면서 고향인 그리스 본토의 테베로 돌아오는 과정에서 겪는 박해와 극복 과정을 그리고 있다. 이성과 절제의 나라 테베를 통치하는 펜테우스는 도취와 광기의 전도사 디오니소스와 신도들을 가혹하게 박해하다가 파멸을 맞는다. 디오니소스와 여신도들은 펜테우스의 어머니 아가우에를 광기에 빠뜨려 아들 펜테우스를 디오니소스 축제의 제물로 바쳐진 짐승처럼 갈가리 찢어죽이게 함으로써 처절하게 복수한다.

비극의 신, 음악의 신

라이벌 아폴론과 디오니소스는 비극과 음악에서도 대비되는 성향을 보여준다. 비극은 겨울에 개최된 디오니소스 축제, 즉 '디오니시아(Dionysia)'에서 유래된 것이다. 디오니소스 여신도가 가면을 쓰고 광란의 파티를 벌이던 전통에서 연극이 비롯되었다는 것이 정설이다. 가면은 주로 동물의 탈이었는데 디오니소스를 추종하는 사티로스의 가면이 애용되었다. 비극을 뜻하는 영어 'tragedy'의 어원은 그리스어 'tragodia'이다. 즉 '양(trago)의 노래(dia)'라는 뜻이다. 초창기 그리스 비극은 배우와 합창단이 양(염소)의 탈을 쓰고 노래를 부르고 춤을 추는 형식이었다고 한다.

독일의 철학자 니체(F. Nietzsche)는 「비극의 탄생」에서 조형예술로 대표되는 아폴론적 예술과, 음악으로 대표되는 디오니소스적 예술의 대립과 투쟁, 균형과 조화 속에서 예술의 정수인 그리스 비극이 탄생했다고 주장한다. 이를테면 자연으로부터 이탈하여 개체화된 인간으로서는 견딜 수 없는 대자연의 엄청난 공포와 전율 그리고 엑스터시[디오니소스적 내용]가, 아름다운 가상을 만들어내는 조형의지[아폴론적 형식]로 표현된 것이 그리스 비극의 본질이라는 것이다.

「비극의 탄생」에서 니체가 주목한 것은 그리스 비극 속에 나타난 두 가지 예술적 충동이다. 니체는 이를 '아폴론적인 것'과 '디오니소스적인 것'으로 풀이하며, 이 두 충동이 다투는 듯 화합하는 듯 형성해 가는 것이 바로 그리스 비극이라고 해석한다. 마치 한 쌍의 남녀가 서로 다투는 듯 화합하는 듯 뒤엉켜 한 생명을 탄생시키듯이.

세계의 원상(原像)은 대자연으로부터 이탈되어 개체화된 인간에게는 너무나 벅찬 공포와 전율의 형상이다. 장엄한 대자연의 파노라마 앞에서 가슴이 터질 듯한 감흥을 느껴본 적이 있는가. 세계의 원상은 이와는 비교할 수 없는 너무나 벅찬 형상이다. 대우주가 역사하는 엄청난 굉음, 별들이 뿜어내는 원초적인 강렬한 빛과 열기, 그리고 차원을 가늠할 수 없는 대자연의 미스테리 등 인간이 감당하지 못할 세계가 도처에 산재해 있다. 그러므로 이러한 원상 앞에서 삶을 가능케 하기 위해서는 일종의 보호막이 필요하다.

니체는 아폴론을 이러한 보호막으로 해석한다. 태양의 신 아폴론은 '빛을 발하는 자'로서 마음속에 있는 환상세계의 아름다운 가상(假像)도 지배한다. 독일어 '샤인(Schein)'은 '빛'이라는 의미와 '가상'이라는 의미를 포괄한다. 가시덩굴에서 장미꽃을 피우듯이 아폴론은 공포와 전율의 원초적 카오스로부터 환희에 찬 코스모스를 창출한다. 따라서 개개 인간은 아폴론이 조형해주는 가상을 조용히 관조함으로써 질풍노도의 바다 한가운데 떠있는 조각배 안에서도 태연히 앉아 있을 수 있게 된다.

그런데 니체는 아폴론이 조형하는 아름다운 가상이 깨어지지 않기 위해서는 넘어서는 안 될 미묘한 선이 있다고 말한다. 개체의 한계를 지켜주는 절제와 중용, 그리고 예지에 찬 평정이다. 이 선을 넘어 과도함의 상태로 들어가면 개체의 한계는 허물어지고 가상은 사라지고 만다.

예기치 않은 과오와 이탈에 의해 개체의 원리가 깨어질 때 디오니소스적 충동이 솟아난다. '디오니소스적인 것'의 마력 하에서는 개인과 개인 간의 벽뿐만 아니라 인간과 자연 간의 벽 또한 허물어지고 서로 화해하는 대향연이 일어난다. 자연의 가장 내밀한 곳으로부터 공포와 전율이 환희에 넘치는 엑스터시와 함께 솟아오른다. 제우스가 입은 갑옷에서 내뿜는 빛과 열기를 견디지 못해 재로 변한 세멜레의 몸에서 태어난 디오니소스는 타고난 본성이 세계의 원상과 밀착되어 있음을 말해준다. 이제 인간은 개체들 사이에 놓인 일체의 제한성이 파괴되어 대자연의 도도한 흐름에 동참한다. 인간 스스로가 자연이 되는 것이다. 니체에게 디오니소스는 초인(超人)이요 짜라투스트라(Zarathustra)였다.

인간의 귀와 눈은 한계가 있다. 너무 큰 소리나 지나치게 밝은 빛은 감당할 수 없다. 인간의 몸은 너무 뜨겁거나 차가운 기운을 견디지 못한다. 마찬가지로 우리는 과도한 기쁨이나 슬픔도 감내하기 어렵다. 기쁨이나 슬픔과 같은 감정이 지나치면 미칠 지경이 되거나 미쳐버린다. 심하면 죽음에 이르기도 한다. 아폴론의 절제와 중용이 이를 방지해준다. 그러나 아폴론의 보호막은 우리를 평안하게 지켜주기도 하지만 약동하는 생명력을 앗아가기도 한다. 그리하여 디오니소스는 아폴론의 보호막을 확 찢어버리고 시들어가는 몸체에 - 매우 위험스럽긴 하지만 - 원초적인 생명의 에너지를 쏟아 붓는다.

니체에게 그리스 비극은 '아폴론적인 것'과 '디오니소스적인 것' 간의 투쟁과 화해의 산물이다. 그러나 비극의 궁극적인 본질은 아폴론의 가상을 넘어선 디오니소스의 찬양, 곧 디티람보스(Dithyrambos)다. 합리주의에 뿌리를 둔 유럽 시민사회의 편협함과 고루함에 질식할 것 같았던 생(生)의 철학자 니체에게 산소 같은 바람을 불어준 것은 '아폴론적인 것'에 대비되는 '디오니소스적인 것'이었다.

아폴론은 예술의 여신들인 무사이(Mousai)를 관장하는 음악의 신이다. 그는 전령의 신 헤르메스가 선물한 악기 리라를 연주하면서 인간의 영혼을 정화시킨다. 아폴론의 리라는 현악기의 일종으로 질서정연한 리듬과 짜임새 있는 멜로디 그리고 균형 잡힌 하모니를 창조한다. 그의 음악은 카오스가 아니라 코스모스의 세계이며, 디오니소스의 광적인 음악과 대비된다.

음악의 신 아폴론과 디티람보스의 신 디오니소스는 공히 음악을 관장한다. 그러나 두 신의 음악은 본질적으로 다르다. 아폴론의 음악은 조형적이다. 그의 악기 리라(칠현금)는 현악기다. 현악기로 연주하는 서양 고전음악을 들어보자. 잔잔하고 부드럽게 영혼을 진정시키는 아름다운 선율이다. 아폴론은 질서정연한 리듬과 짜임새 있는 멜로디 그리고 균형 잡힌 하모니로 코스모스의 세계를 창출한다.

디오니소스의 음악은 엑스터시다. 그의 악기는 탬버린처럼 생긴 팀파논이라는 타악기다. 우리의 사물놀이는 타악기로만 구성되어 있다. 사

아폴론과 무사이

물놀이는 흥분과 엑스터시의 세계로 몰아간다. 굿판에서 사용되는 것도 모두 타악기가 아닌가. 술의 신 디오니소스를 찬양하는 디티람보스는 사티로스와 마이나데스가 횃불과 티르소스 지팡이를 어지럽게 흔들고 팀파논을 미친 듯이 쳐대며 광란의 몸짓으로 춤을 추는 것으로 이루어진다. 니체의 표현대로 "모든 상징력의 전면적인 해방"이 일어나면서 자아해탈의 길이 열린다.

타악기를 좋아하는 우리 민족은 아폴론보다 디오니소스를 닮은 것 같다. 그러나 유념하자. 창조력이 결여된 디오니소스는 객기와 방종과 무질서를 낳을 뿐이다. 우리에겐 이성과 절제와 질서의 신 아폴론이 아쉽다. 그리고 아폴론을 넘어선 진정한 디오니소스도.

제4장

개성파 여신들

올림포스 12신에는 5명의 여신이 있다. 그런데 부모세대 여신은 전통 여성상을, 자식세대 여신은 현대 여성상을 각각 보여준다. 제우스의 처로 바람둥이 남편에게 투기를 부리면서도 정작 가정이 깨질까 두려워하는 헤라는 끝내 남편 그늘을 벗어나지 못하는 아내의 모습을, 제우스의 정부로 페르세포네를 낳은 데메테르는 모성의 이름으로 자신의 모든 것을 버리고 자식에게 지나치게 얽매이는 어머니의 모습을 지니고 있다. 두 여신의 삶의 방식에는 가부장제가 드리운 비독립적 여성의 그늘이 짙게 깔려 있다.

신세대 여신은 다르다. 이들 역시 독자적인 위상을 상실하고 제우스의 딸로 편입되는 추락을 겪지만, 보여주는 행태는 헤라나 데메테르와는 확연히 구별된다. **아프로디테**는 헤파이스토스와 혼인한 몸이지만 남편에게 예속되지 않고 분방한 애정행각을 벌인다. **아테나**는 가부장 이념을 인정하면서도 가부장제의 틀은 거부하는 지극히 계산적이고 현실적인 삶을 선보인다. 그런가 하면 **아르테미스**는 철저히 나 홀로 삶을 즐기는 무한 자유, 무한 독립의 길을 고수한다. ❋

1. '자유 부인' 아프로디테

아름다움의 대명사

아프로디테가 상징하는 이미지는 여체의 아름다움이다. 예로부터 벌거벗은 여인의 몸은 예술가의 혼을 일깨우는 아름다움의 상징이다. 여신 아프로디테의 전형적인 캐릭터는 벌거벗은 몸이다. 밀로의 비너스 상은 균형 잡힌 팔등신의 완벽한 여체의 아름다움을 보여준다. 여신은 모든 남성의 애인이며 모든 여성의 롤 모델이다. 뭇 화가와 조각가가 으뜸으로 꼽는 누드모델이기도 하다. 여신은 단연 신화의 주연이다. 아테나가 차갑고 이지적인 지성미를 드러낸다면, 아프로디테는 뇌쇄적이고 육감적인 관능미를 자랑한다.

미술사에는 수많은 '아프로디테'와 '비너스(Venus)'가 등장한다. 그 중에는 물론 실제로 신화 속의 여신을 모델로 한 작품도 많지만 대개는 여신의 이름을 빌어 아름다운 여체를 형상화 한 것이다. 이런 경우 작품 속의 '아프로디테', 혹은 '비너스'는 '아름다운 여인'이라는 뜻이다. 시대를 달리하며 탄생한 다양한 '아프로디테(비너스)'를 살펴보면 아름다움의 척도가 끊임없이 변했다는 것을 알 수 있다. 밀로의 비너스처럼 팔등신의 완벽한 균형미를 나타내는 것으로부터 풍만한 육체파에 이르기까지 실로 다양한 모습을 보여준다.

유럽의 빌렌도르프에서 발견된 비너스 상은 상식적으로 볼 때 아름다움과는 너무나 거리가 멀다. 가슴은 혐오스러울 정도로 크고, 배와 허리는 일본의 스모 선수를 연상케 하는 몰골이다. 미술사가들의 비평에 따르자면 이러한 극도의 불균형한 미는 여성이 생식의 원천으로만 여겨졌던 시대의 산물이라는 것이다. 이를테면 자식을 많이 낳을 수 있는 우람한 허리와, 낳은 자식을 잘 먹일 수 있는 용량이 큰 젖가슴을 소유한 여성이 최고로 꼽히던 시대의 아름다운 여성상이라는 해석이다.

우리의 전통적인 미인상은 이목구비가 작고 가슴도 작은 아담 사이즈의 여성이었던 것 같다. 단지 다산을 상징하는 엉덩이는 큰 것이 대접받았을 뿐이다. 그런데 가치관이 서구화 되면서 아름다움의 기준도 서구화되는 경향을 보여준다. 모두가 이목구비가 뚜렷하고 몸매도 날씬한 서구미인을 꿈꾼다. 미의 기준이 시대와 장소에 따라 다른 것이라면 남의 기준에 무작정 따라 맞추기보다는 각자의 개성미를 잘 가꾸는 게 현명하지 않을까. 보다 현명한 길은 물거품처럼 스러져가는 외형의 아름다움이 아니라 갈수록 강한 빛을 뿜어내고 진한 맛을 우려내는 내면의 아름다움을 가꾸는 것이리라.

빌렌도르프의 비너스

사랑은 자유!

아프로디테는 사랑의 여신이다. 그녀의 곁에는 사랑의 신 에로스가 늘 동행한다. 아름다움과 사랑은 뗄 수 없는 관계다. 여성의 아름다움은 남성의 가슴에 사랑의 불을 지른다. 여신 앞에만 서면 얼음 같이 찬 이성도 봄볕에 눈 녹듯 맥없이 허물어지고 만다. 아프로디테는 뜨거운 여신으로 차가운 여신 아테나나 아르테미스와 대비된다.

사랑의 여신으로서 아프로디테는 스스로 자유분방한 애정행각을 벌인다. 신과 인간을 가리지 않고 화려한 애정행각에 빠져든다. 바람둥이 제우스에 결코 뒤지지 않는다. 여신은 가슴 주위에 케스토스 비마스(Kestos bimas)라는 띠를 두르고 있다. 누구든 즉시 사랑의 포로로 만드는 마법의 띠다. 최고 미녀 신이면서 가슴에 불같은 사랑의 욕정을 품고 있는 아프로디테가 가장 못생긴데다 신체마저 불구인 헤파이스토스를 남편으로 맞이한 것은 불가사의한 일이다. 이를 두고 혹자는'아름다움과 추함의 조화'로, 혹자는 '미와 기능의 만남으로 이루어진 예술'로 해석한다. 어쩌면 바람둥이 여신이 안고 있는 숙명이었는지도 모른다.

애정행각의 대표적인 상대는 전쟁의 신 아레스다. 여신은 남편 헤파이스토스를 제쳐두고 수시로 아레스와 욕정을 나눈다. 시뻘건 대낮에 낯뜨거운 장면을 연출하던 불륜 남녀가 태양의 신에게 발각되어 남편에게 고발된다. 헤파이스토스는 어느 날 집을 나서기 전에 침대에 보이지 않는 황금 그물을 쳐둔다. 사실을 모른 채 침대 위에서 사랑을 불태우던 아프로디테와 아레스가 벌거벗은 몸으로 그물에 갇혀 올림포스 신들에게 톡톡히 망신을 당한다.

불륜의 결실로 포보스(Phobos:공포), 데이모스(Deimos:걱정), 하르모니아(Harmonia:조화)가 태어난다. 에로스도 둘 사이의 자식이라는 설이 있다. 언제 발각될까 늘 전전긍긍하며 나눈 사랑의 결과로 '공포'와 '걱정'이 태어난 것일까? 하르모니아의 탄생은 인간의 가장 강력한 두 열정인 사랑과 증오[전쟁] 간의 조화를 꾀하려는 바램으로 읽혀진다. 아프로디테의 기원으로 추정되는 셈족의 아스타르테(Astarte)는 사랑과 전쟁을 모두 관장하는 여신이다. 바빌로니아의 이시타르(Ischtar)도 사랑과 전쟁, 풍요를 함께 관장한다.

아프로디테는 전령의 신 헤르메스와도 관계하여 남녀 양성의 헤르마프로디토스(Hermaphroditos)를 낳는다. 두 신의 이름이 합성된 호칭이다. 여신은 또한 디오니소스와 관계하여 엄청나게 큰 성기를 자랑하는 생식력의 신 프리아포스(Priapos)를 낳는다. 본능과 애욕이 결합된 지극히 당연한 소산이다.

아프로디테는 인간과도 서슴없이 사랑을 나눈다. 아도니스는 잘 생긴 목동으로 아프로디테의 연인이 된다. 하루는 아프로디테가 아도니스의 곁을 잠시 떠난 사이에 목동은 여신의 당부를 무시하고 위험한 사냥에 나섰다가 멧돼지(변신한 아레스라는 설이 있다)의 뿔에 받혀 즉사한다.

대장간에서 연인과 밀애를 나누는 아프로디테

돌아온 아프로디테가 눈물을 흘리며 아도니스가 흘린 피에 신주 넥타르를 뿌려주니 거품이 일며 한 송이의 핏빛 꽃이 피어난다. 바람처럼 피었다가 바람처럼 시들어버리는 바람꽃 아네모네다. 아도니스는 키프로스 왕의 딸인 스미르나가 낳은 자식이다.

스미르나는 아프로디테의 미움을 받아 아버지를 사랑하는 재앙에 빠진다. 그녀는 잘못된 사랑의 감정을 이기지 못해 아버지를 술에 취하게 한 후 동침하여 임신한다. 격분한 아버지가 딸을 죽이려 하자 스미르나는 신께 기원하여 향나무로 변한다. 스미르나(Smyrna)는 '향나무'라는 뜻이다. 그녀의 아버지가 나무를 칼로 두 동강내자 거기서 아도니스가 튀어나왔다. 아도니스는 아프로디테와 페르세포네로부터 동시에 사랑을 받으며 지상과 지하 세계를 오가는 애정행각을 보여주기도 한다.

목동 앙키세스(Anchises)와의 밀애도 유명하다. 아프로디테는 목동을 좋아했던 모양이다. 너무나 몸매가 좋은 앙키세스를 보고 반한 아프로디테가 그를 유혹하여 욕정을 나눈다. 꿈같은 순간을 보내고 떠나면서 여신은 당부한다. 자신과의 동침을 절대 입 밖에 내어서는 안 된다고 말이다. 앙키세스는 한동안 비밀을 잘 지켰으나 술자리에서 친구들에게 자랑삼아 여신과의 무용담을 털어놓다가 제우스의 벼락을 맞아 불구의 몸이 되어버린다. 두 사람 사이에서 로마의 전설적인 건국시조인 아이네이아스(Aineias)가 태어난다.

아도니스와 앙키세스 모두 동방 출신이다. 아도니스(Adonis)는 셈어로 '식물의 주인'을 뜻하는 이름으로 소아시아 지방의 꽃과 식물의 순환과정을 관장하는 신으로 알려지며, 앙키세스는 트로이의 영웅 아이네이아스의 아버지다. 동방 출신의 목동들과의 인연은 여신의 기원이 동방에 있음을 말해준다. 그리고 '식물의 주인'을 뜻하는 아도니스와의 각별한 사랑은 만물의 생식을 주관하는 여신의 성격을 드러내준다.

같은 바람둥이지만 아프로디테는 제우스와 차원이 다르다. 두 신 모두 감정이 동하면 신이건 인간이건 가리지 않고 적극적으로 공략한다. 그런데 제우스의 애정행각에는 정치적 계산이 끼어들기도 한다. 그는 자신의 권좌를 위태롭게 할 자식을 낳게 된다는 이유로 테티스를 버리고, 메티스를 먹어치운다. 그에게는 사랑보다는 권력이 앞선다. 그러나 아프로디테는 언제나 사랑의 감정에만 충실할 뿐이다. 바람기에 있어서는 아프로디테가 제우스보다 한 수 위다. 여신이야말로 '순수한 바람둥이'며 '프로 사랑꾼'이다. 그래서 아프로디테는 사랑의 여신이다.

아프로디테는 인간의 마음속에 사랑의 감정을 심어주기도 한다. 여신이 주관하는 사랑의 속성에는 양면성이 있다. 아프로디테의 사랑은 인간의 영혼에 창조적 에너지를 불어넣기도 하고 영육을 파멸시키기도 한다. 그것은 불과 같다. 같은 불이면서도, 쇠는 달구어 강하게 단련시키지만, 종이는 태워 재로 만들어버린다.

피그말리온이 자신의 조각상에게 바치는 사랑은 창조적인 사랑이다. 그는 상아로 여인상을 조각한다. 그것은 완벽한 아름다움이었다. 피그말리온은 여인상에게 사랑을 느낀다. 그는 조각상을 애인처럼 아끼고 쓰다듬고 입맞춤한다.

아프로디테의 섬 키프로스에서 여신을 봉헌하는 축제가 열린다. 피그말리온은 여신의 신전에 정성들여 제물을 바치고 경배한다. 그러고는 성심껏 빌었다. '저 조각상을 아내로 주소서'라고 말하고 싶었으나 차마 그러지는 못하고 대신 '저 조각상 같은 여성을 아내로 주소서'라고 간구한다. 기도를 마친 피그말리온이 집으로 돌아와 늘 했던 것처럼 조각상을 포옹하고 키스한다. 그러자 싸늘하던 입술에 온기가 돌며 조각상이 사람의 몸으로 바뀐다. 아프로디테가 피그말리온의 사랑을 어여삐 여겨 소원을 들어준 것이다. 피그말리온의 사랑이 무생명체에 생명이 깃드는 창조의 기적을 낳았다.

영웅 테세우스의 후처 파이드라가 의붓아들 히폴리토스에게 품는 사랑은 파괴적이다. 파이드라는 히폴리토스에게 눈이 멀어 사련의 감정을 숨기지 못하고 유모를 통해 위험한 거래를 제의한다. 사랑의 여신 아프로디테를 혐오하고 순결의 여신 아르테미스를 숭배하는 히폴리토스는 이를 단호히 거부한다. 파이드라는 치욕감을 못 이겨 자결한다. 히폴리토스가 자신을 범하려 했다는 거짓 편지를 남편에게 남긴 채. 히폴리토스는 아버지의 저주를 받고 죽음을 당한다.

에우리피데스의 비극 「히폴리토스」에서는 두 사람의 잘못된 만남이 아프로디테의 농간에서 비롯된 것으로 그려지고 있다. 여기서 아프로디테는 자신을 혐오하는 히폴리토스를 처벌하기 위하여 파이드라의 가슴속에 사련의 감정을 불어넣는 원흉으로 지목된다. 여신은 사랑 앞에서 지나친 순결의식과 죄책감은 자칫 위선에 빠져 비뚤어진 사랑을 낳을 수 있다고 경고한다. 집착과 소유욕 역시 파괴적 사랑으로 가는 지름길임을 암시한다. 여신은 사랑의 감정에 자연스럽게 몸과 마음을 맡기라고 말한다. "사랑은 자유다"라고 말이다.

동방에서 유래된 사랑의 신 아프로디테는 만물의 종족보존과 번식을 관장하는 풍요와 다산의 여신이었다. 그리고 성(sex) 행위는 그녀의 자연스러운 책무였다. 대자연의 종족번식은 자연의 법칙에 따라 자연스럽게 이루어진다. 그러나 이성을 소유한 인간은 항상 이러한 자연의 흐름에 역행하려 한다. 그래서 때로는 과도하게 성을 탐하기도 하고, 때로는 지나치게 성을 억압하고 금기시 한다. 특히 가부장 사회가 도래하면서 자연스러운 성 행위는 억압되고 왜곡된다.

아프로디테는 자유 부인이다. 여신은 성의 해방과 자유를 외친다. 여신 앞에서 사랑이 정신적이니, 육체적이니 하는 이분법적 분류는 무의미하다. 여신의 사랑은 계산적이지도, 관습과 도덕에 얽매이지도 않는다. 여신은 내면에서 우러나오는 감정의 흐름에 자연스럽게 몸과 마음을 맡기라고 말한다. 아프로디테는 성의 자유를 외치며 가부장제의 억압되고 뒤틀린 성문화에 온몸으로 저항한다.

불같은 에너지를 지닌 아프로디테의 사랑은 언제나 강력한 견제와 통제의 대상이었다. 상대는 이성과 윤리도덕이다. 여신의 자유분방함은 가부장 사회와 엄격한 기독교 윤리 하에서 철저히 비하되고 무장 해제된다. 아프로디테는 위대한 여신의 지위를 박탈당하고 마녀, 사탄, 탕녀로 단죄되는 운명에 처해질 수밖에 없다. 자유분방한 그리스 문화에서 사랑받던 아프로디테는 기독교의 도덕성 앞에서 끝없는 추락을 맛보게 된다. 그리하여 여신은 아프로디테 포르네(Aphrodite Porne), 즉 '음탕한 아프로디테'라는 새로운 별명을 얻게 되고 음란과 외설의 상징으로 비하된다. 여신은 기독교 최대의 적이다. 중세의 마녀재판에서 아프로디테가 최후의 진술을 한다.

"그래도 사랑은 자유다!"

2. '독신 커리어우먼' 아테나

지혜와 정의의 수호자

지혜의 여신 메티스(Metis)가 잉태하고 제우스의 머리에서 태어난 아테나(Athena)는 인간의 지혜를 상징한다. 지혜는 무지와 야만과 어리석음을 퇴치하는 무기다. 아테나는 무지와 야만을 상징하는 거인 족 기간테스와의 전쟁에서 가장 뛰어난 활약을 보여준다. 여신은 엥켈라도스를 시실리 섬으로 깔아 죽였고 팔라스를 돌로 쳐 죽여 가죽을 벗겨 자신의 방패에 씌웠다. 여신은 야만의 상징인 괴물을 퇴치하는 영웅의 수호신이기도 하다.

지혜의 여신 아테나는 서양의 근대 철학가들의 이상형으로 평가되어 왔다. 철학(philosophy)이란 '지혜(sophia)'를 '사랑한다(philos)'는 뜻이다. 아테나의 상징 올빼미는 부리부리한 두 눈으로 어둠을 밝힌다. 인간의 지혜가 무지의 어둠을 환하게 밝히듯이. 독일의 철학자 헤겔(F. Hegel)은 "미네르바의 올빼미는 황혼녘에서야 날개 짓을 시작한다"라고 말한 바 있다. 지혜는 시간이 지난 후에야 찾아든다는 뜻이다. 경험과 사색과 반성이 겹겹이 퇴적된 후에야 비로소 인생을 깊이 있게 바라보는 혜안을 갖게 되리라. 광기의 철학자 니체가 광기의 신 디오니소스에게 미친 듯이 몰입했다면, 관념 철학자 헤겔은 지혜의 여신 아테나를 사려 깊게 관조했다. 여신의 로마식 이름 '미네르바(Minerva)'는 오늘날에도 지혜로움과 총명함을 일컫는 의미로 쓰인다. 아테나는 사려 깊고 냉철한 지혜의 여신이다.

지혜의 여신 아테나는 문명의 기초가 되는 기술을 관장하는 공예의 여신이기도 하다. 기술은 지혜로부터 나온다. 아테나는 인간에게 목공예, 금속공예, 직조공예 등 공예기술과 각종 제도와 규범을 제공해준 신으로 알려진다. 호메로스의 서사시에서 여신은 공예기술을 뜻하는 에어가네(Ergane)로 불리어진다. 그리스인은 합리주의를 바탕으로 서양의 과학과 기술 문명의 선구자 역할을 담당했다. 아테나는 그리스의 도시국가 아테네의 수호신이기도 하다. 찬란한 그리스 문명을 일으킨 주역은 아테네 시민이다. 지혜를 사랑하고 기술과 문명을 발전시킨 아테네인이 아테나를 자신들의 수호신으로 숭상한 것은 당연한 일이다.

아테나는 포세이돈과의 치열한 경쟁을 거쳐서 아테네의 수호신 지위를 획득한다. 아테나와 포세이돈이 아테네를 두고 신경전을 벌이자 시민들은 자신들에게 더 유용한 선물을 제시하는 신을 수호신으로 삼겠다고 했다. 포세이돈은 삼지창으로 땅을 찔러 샘이 솟게 한다. 아테나는 그 옆에 올리브 나무를 심어준다. 아테네인은 올리브 열매가 샘물보다 더 유용하다고 판결했고, 아테나는 포세이돈을 물리치고 아테네의 수호신이 된다. 아테네인의 실용주의적 사고를 읽을 수 있는 대목이다.

인간은 능력이 아무리 뛰어나더라도 신의 경지를 엿볼 수 없다. 길쌈과 자수에 빼어난 솜씨를 가진 아라크네라는 처녀가 오만함에 빠져 아테나에게 도전장을 낸다. 여신의 점잖은 만류에도 불구하고 아라크네가 오만함을 버리지 않자 신과 인간 간의 자수 대결이 벌어진다. 치열한 대결을 벌이던 중 아라크네의 오만함이 극에 달하여 올림포스 신들의 부도덕한 행위를 자수에 그려 넣자 아테나는 더 이상 참지 못하고 자수를 찢어버린다. 그러고는 아라크네를 거미로 만들어버린다. 평생 허공에 매달려 실을 잣고 옷감을 짜는 신세에 처하게 한 것이다. 아라크네(Arachne)는 그리스어로 '거미'라는 뜻이다.

공예의 여신 아테나는 인간에게 필요한 여러 제도를 만들어준다. 그 중의 하나가 재판제도다. 전쟁의 신 아레스가 자신의 딸을 겁탈하려던 포세이돈의 아들을 죽여서 두 신들 사이에 큰 싸움이 벌어지게 되었을 때, 아테나는 아레이오스 파고스에서 최초의 재판을 주관한다. 이 재판에서 아레스는 정당방위를 인정받아 무죄를 선고받는다. 오늘날까지도 그리스에서는 대법원을 아레이오스 파고스(Areios Pagos)라고 부른다. 어머니 클리타임네스트라를 살해한 오레스테스에 대한 재판도 여기서 이루어졌으며, 아테나가 재판장을 맡은 바 있다.

아테나는 아버지 제우스의 머리를 뚫고 완전무장한 전사의 모습으로 태어난다. 그녀가 전쟁의 여신이라는 것을 암시하는 대목이다. 호메로스의 작품에서 여신은 '선봉장'이라는 의미의 프로마코스(Promachos)로 불리어진다.

올림포스 신족에는 전쟁을 주관하는 두 명의 신이 있다. 아레스와 아테나다. 그러나 두 신이 주관하는 전쟁의 의미는 다르다. 아레스가 맹목적이고 파괴적인, 즉 공격적인 전쟁을 주관한다면, 아테나는 지혜와 기술의 산물인 문명과 도시를 수호하는 방어적인 전쟁을 주관한다. 아레스의 주 무기는 공격적인 창이고, 아테나의 주 무기는 방어적인 방패다. 여신의 또 다른 별명 폴리아스(Polias)는 '도시의 수호자'라는 뜻이다. 전쟁의 신을 이렇게 이원화 하려는 것은 파괴본능과 지배욕에 빠진 인간의 아전인수 격의 명분 쌓기인지도 모를 일이다.

아테나는 의롭고 용맹스러운 영웅들의 후견인이며, 전쟁의 승리를 상징하는 승리의 여신 니케(Nike)를 늘 동반한다. 여신은 페르세우스, 벨레로폰, 헤라클레스, 아킬레우스, 오디세우스 등과 같은 영웅들의 든든한 후견인이다. 영웅들이 위기에 처하면 아테나가 어김없이 나타나 구원의 손을 건넨다.

영웅 페르세우스는 아테나의 도움으로, 보는 이를 즉시 돌로 만들어 버리는 괴물 메두사(Medusa)의 머리를 자른다. 메두사는 아리따운 처녀였으나 자신의 미모를 지나치게 뽐내다가 여신의 미움을 받고 머리카락 한 올 한 올이 뱀의 형상을 한 흉측한 몰골로 변한다. 페르세우스는 메두사의 머리를 아테나의 방패에 박아준다. 아테나의 가장 강력한 무기는 모든 공격자를 즉시 돌로 만들어 버리는 메두사의 머리가 박힌 방패이며, 이것은 방어적인 전쟁을 주관하는 여신의 성격을 대변하기도 한다.

아테나의 별명 중의 하나가 팔라스(Pallas)다. 팔라스는 어린 시절 아테나의 절친한 친구다. 그런데 아테나가 사소한 다툼 끝에 실수로 그녀를 죽이고 만다. 아테나는 자신의 과오로 죽은 팔라스의 모습을 조각해 제우스의 방패인 아이기스에 아로새긴다. 언젠가 제우스가 이 조각상을 땅으로 던진다. 이 조각상이 바로 전쟁의 위협으로부터 도시를 지켜준다는 팔라디온(Palladion)인데, 트로이 전쟁에서 이 조각상이 트로이 성을 오랫

완전무장한 아테나

동안 지켰다는 설이 있다. 트로이는 오디세우스에게 팔라디온을 도난당한 후 패망한다.

차가운 처녀 신

아버지의 몸에서 태어난 아테나는 아폴론과 더불어 올림포스 부권 신화를 지탱하는 쌍두마차다. 여신의 또 다른 별명 오브리모파트레(Obrimopatre)는 '강력한 아버지의 딸'이라는 뜻이다. 아테나가 여성을 비하하고 남성의 손을 들어준 대표적인 사례로 어머니를 살해한 오레스테스에게 무죄를 선고한 사실을 꼽을 수 있다. 오레스테스의 죄를 묻는 재판이 아레이오스 파고스에서 벌어진다. 복수의 여신들이 원고를 맡고 아폴론이 변호인을 맡아서 팽팽한 설전이 전개된다. 아테네 시민으로 구성된 배심원의 투표결과는 유죄와 무죄 동수였다. 그런데 재판장 아테나가 캐스팅 보트를 행사하여 무죄를 선고한다.

아테나는 처녀 신이다. 비록 모권에 맞서 부권의 우위를 인정하기는 했지만, 그것은 지혜의 여신인 아테나의 현실적인 판단일 뿐이다. 여신은 처녀의 정절을 끝까지 고집함으로써 자신이 결코 남성에게 종속적인 존재가 아님을 온몸으로 항변한다. 여신이 처녀의 신분을 고수하려는 것은 다름 아닌 철저한 독립성 때문이다.

그리스 문명 최고의 걸작 파르테논(Parthenon) 신전은 '처녀의 집'이라는 뜻으로 처녀 신 아테나 파르테노스(Parthenos)에게 바쳐진 것이다. 파르테논은 아테네의 지도자 페리클레스(Perikles)가 페르시아와의 전쟁에서 승리한 것을 기념하여 축조한 것으로 당대 최고의 건축가 페이디아스(Pheidias)의 작품으로 알려진다. 파르테논은 기하학적 지식과 예술적 감각이 어우러진 인류문명의 최고 걸작 중의 하나로 손꼽힌다. 모든 기둥이 안쪽으로 조금씩 기울어져 일정한 상공에서 한 점으로 모이도록 설계한 사실이라든지, 보는 이의 시각적 안정감을 위하여 각 기둥의 굵기와 간격을 달리한 사실 등 불가사의한 건축술이 명작을 빛내고 있다.

순결한 처녀를 고집하는 아테나의 정절의식을 읽을 수 있는 이야기가 있다. 어느 날 헤파이스토스가 대장간을 찾아온 아테나에게 반하여 그녀를 범하려고 덮친다. 그러나 아테나가 너무나 완강히 거부하는 바람에, 열이 오를 대로 오른 헤파이스토스는 그녀의 허벅지에 사정을 한다. 아테나가 정액을 양털로 닦아 땅에 버리자 흙에서 아이가 태어났으니 그가 바로 '양털과 대지'라는 뜻의 에릭토니오스(Erichthonios)다. 그는 도시국가 아테네의 전설적인 시조로 알려져 있다.

머리가 좋으면 가슴이 냉랭한 것인가. 이성의 아폴론이 그랬듯이 지혜의 아테나 역시 차가운 처녀 신이다. 여신은 남성을 사랑한 적도 없고 육체관계도 관심이 없다. 철저한 독신주의자다. 방패에 박힌 메두사의 머리는 보는 이를 즉시 돌로 만들어버린다. 여신은 석녀다.

그러나 아테나는 페미니스트가 아니다. 가부장제를 옹호하는 부권신화의 수호신이다. 남성의 권위를 적극 인정한다. 그렇지만 남성에게 종속되기는 싫어한다. 철저히 독립적이다. 그것은 여신이 현실주의자이기 때문이다. 부권을 인정하는 것은 남성의 힘을 현실로 받아들이고 제도권 속으로 편입되어 그들과 대등하게 경쟁하려는 마음에서 비롯된다. 여신은 여권을 위해 싸우기에는 재능과 시간이 아깝다고 생각하는 에고이스트다. 그러므로 여신은 '남성적 여성'으로 평가될 수 있다. 몸은 여성이지만 마음은 남성이다. 아테나는 남성 본위의 사회에서 지극히 현실적이고 개인주의적인 독신 전문여성의 표본이다. 여신은 똑똑하고 차가운 커리어우먼의 이미지를 갖고 있다.

3. '나 홀로 자유인' 아르테미스

달의 여신

태양의 신 아폴론의 누이 아르테미스(Artemis)는 달의 여신이다. 티탄 신족의 태양의 신 헬리오스와 달의 여신 셀레네(Selene)도 남매지간이다. 우리의 민담에서도 '해님'과 '달님'은 호랑이를 피해 밧줄을 타고 하늘로 올라간 오누이라고 얘기한다. '누이 먼저 아우 먼저'하며 밤낮을 교대로 하늘 높이 뜨는 해와 달이 옛 사람들에게는 사이좋은 오누이로 여겨진 것 같다. 태양은 남성을, 달은 여성을 각각 상징한다는 점도 보편적인 현상이다. 강력한 불빛을 뿜어내는 태양이 남성의 강인한 이미지를 갖고 있다면, 은근한 빛을 비춰주는 달은 여성의 부드러운 이미지를 보여준다. 태양이 아버지의 엄한 눈빛이라면, 달은 어머니의 자애로운 눈길이다.

고대인은 달이 대지와 같이 생명의 근원으로서의 여성, 즉 만물의 위대한 어머니의 본성을 지니고 있다고 믿었다. 주기적으로 모습을 바꿔가는 달의 형상은 생명을 잉태한 여성의 몸을 연상케 한다. 또한 달의 공전주기는 여성의 생리주기와 일치한다. '월경'이라는 영어 'menses'는 달의 여신 셀레네의 별명 'Mene'와 깊은 연관을 갖고 있다. 여성과 달의 이 같은 속성으로 미루어 옛 사람들은 달이 여성의 수태와 출산에 직접적인 영향을 끼친다고 믿기도 했다. 달의 여신 아르테미스가 해산의 여신으로도 숭배된 이유가 여기에 있을 것이다.

생명의 모태인 여성을 닮은, 한 걸음 더 나아가 여성에게 생명을 잉태시키는 달은 풍요와 다산을 베풀어주는 신성으로 숭배 받는다. 달빛은 생명의 빛이다. 달은 온 세상에 적당한 빛을 내려서 씨앗을 싹트게 하고 가축과 초목을 살찌운다. 특히 날이 갈수록 몸집을 부풀려 가는 초승달은 풍요의 은총을 베푸는 상징이며, 달의 여신 아르테미스의 상징이기도 하다. 아르테미스의 사랑과 은총을 한 몸에 받은 소아시아의 목동 엔디미온(Endymion)의 일화에서 생명의 빛을 내리는 달의 모습이 잘 드러난다. 아르테미스(셀레네라는 설도 있다)가 어느 조용한 밤 세상을 굽어보다가 미남 청년 엔디미온이 잠들어 있는 모습에 마음을 빼앗긴다. 여신은 청년에게 다가가 입 맞추고 곁에서 지켜준다. 여신은 잠꾸러기 엔디미온을 염려하여 초목과 양떼를 돌봐준다.

소아시아의 에페소스에서 숭배된 아르테미스 상은 여신이 풍요와 다산을 관장한다는 것을 말해준다. 가슴에 주렁주렁 매달린 유방과 온갖 동물들의 형상으로 화려하게 꾸며진 치장들은 아르테미스가 생명의 모태로서의 '위대한 어머니'라는 것을 생생하게 보여주고 있다.

달의 여신 아르테미스는 생명을 베푸는 자애로운 천사일 뿐 아니라 만물에게서 생명을 빼앗는 무자비한 악마이기도 하다. 여신은 두 얼굴을 가진 야누스적 존재다. 창조적이면서 파괴적이다. 초승달은 날이 갈수록 몸을 살찌우지만 보름달은 갈수록 몸을 갉아 먹는다. 종국에는 온몸을 해체시킨다. 죽음이다. 아르테미스는 영문도 모를 급작스러운 죽음을 내리는 섬뜩한 여신이다. 깊은 산중에 구름 사이를 스치는 서늘한 달빛을 바라본 적이 있는가. 늑대 울음소리가 들리며 머리를 풀어헤친 소복차림의 여인을 만난다면 그게 바로 죽음의 순간일 것이다.

고대인은 출산의 고통이 아르테미스의 심술 때문이라고 생각했다. 아기를 낳다가 목숨을 잃는 산모들도 아르테미스의 처벌을 받는 것으로 믿었다. 제우스의 사랑을 받고 임신한 칼리스토를 아르테미스가 활로 쏘아 죽였다는 설도 있다. 자신을 따르는 요정들에게 철저하게 처녀성을 지킬 것을 명령했기 때문이다. 여신은 사냥 길에 자신이 아끼는 사슴을 죽인 아가멤논에게는 딸의 희생을 강요한다. 트로이의 총사령관인 아가멤논은, 출항을 방해하려 바람을 멎게 한 여신의 노여움을 풀기 위해 사랑하는 이피게네이아를 제물로 바칠 수밖에 없었다. 1남 1녀밖에 두지 못한 레토를 비웃으며 자신은 7남 7녀를 가졌다고 오만함을 떨던 니오베도 아폴론과 아르테미스의 화살에 자녀 모두를 잃고 돌덩이로 변하는 파멸에 빠지고 만다. 아르테미스의 잔혹한 복수를 면하기 위하여 델로스의 여인들은 헌신의 증표로 머리카락을 잘라 여신께 제물로 바쳤다고 전해진다.

나 홀로 자유를 누리는 야생녀

산천초목에 생명의 빛을 비치는 달의 여신 아르테미스는 올림포스 시대에 이르러 '위대한 어머니'로서의 위상이 약해지고 동식물의 보호자 내지 친구의 이미지만 부각되는 숲과 사냥의 여신으로 자리 잡는다. 「일리아스」에서 여신은 "황금 화살을 가진 떠들썩한 사냥꾼"으로 묘사된다. 아르테미스는 남동생 아폴론처럼 활의 명수다. 여신은 화려한 올림포스 궁전을 마다하고 화살 통을 둘러메고 처녀 요정들과 사슴을 대동하고 산과 숲, 계곡과 들판을 자유롭게 누비고 다니며 사냥에 심취한다.

아르테미스는 문명을 박차버린 야생녀다. 여신은 사슴, 사자, 멧돼지, 새 등 야생동물과 늘 함께하는 모습으로 그려진다. 때 묻지 않은 자연이 여신의 세계다. 무공해 청정지역에서 자유를 마시며 살아가는 것이 여신의 꿈이다. 여신은 강물을 힘차게 거슬러 오르는 연어와 같다. 이에 비하면 온갖 화장술과 성형술로 상품성을 높이려고 혈안이 된 현대 여성은 비싼 값이 매겨진 채 백화점 진열대 위에 널브러진 굴비 꾸러미다.

사냥의 여신 아르테미스

아르테미스는 자연주의자요 자유주의자다. 여신은 모든 인위적인 것을 거추장스럽게 생각한다. 관계와 관계 속에 얽혀 있는 삶은 죽음보다 못하다고 여긴다. 여신에게는 독립성이 곧 생명이다. 그래서 처녀를 고집한다. 아르테미스는 처녀 신이다. 자신뿐만 아니라 따르는 무리에게도 처녀성을 강조한다. 이를 어긴 칼리스토가 여신의 가혹한 처벌을 받지 않았는가. 여신은 처녀성을 유린하는 강간 행위에도 단호히 맞선다. 요정 아레투사를 강간 위기에서 구해 샘으로 변하게 해주고, 어머니 레토를 겁탈하려는 거인 티티오스를 활을 쏘아 일격에 쓰러뜨린다.

순결한 처녀성을 고집하는 아르테미스는, 애욕의 포로가 되어 남성편력을 일삼는 사랑의 여신 아프로디테와는 상극관계다. 반면에 계모 파이드라의 욕정을 냉정히 뿌리친 히폴리토스에게는 든든한 후원자 역을 자임한다. 아프로디테에게서 욕정을 품은 요부의 끈적끈적한 색기가 느껴진다면, 아르테미스에게서는 선머슴 같은 처녀의 야멸친 냉기가 스친다.

'자유부인' 아프로디테는 사랑의 자유를 추구한다. 여신은 사랑의 감정이 이끄는 대로 거리낌 없이 몸과 마음을 맡긴다. 그러나 자유롭게 처신하는 것 같지만 여신은 결국 감정의 포로일 수밖에 없다. 아르테미스는 이러한 감정으로부터도 자유로움을 꿈꾼다. 여신이 갈망하는 것은 감정의 진공상태다. 무한 자유다.

같은 처녀 신이면서도 아르테미스는 아테나와도 성격이 다르다. 아테나는 처녀를 고수함으로써 남성으로부터 독립과 자유를 추구하지만 문명과 사회를 등지지는 않는다. 여신은 올림포스에서 제우스의 훌륭한 참모로 맹렬히 활약한다. 그러나 아르테미스는 올림포스를 떠나 문명과 사회를 등지고 산과 들판을 누비며 무한 자유를 누린다. 아테나가 처녀의 독립성을 유지하면서도 관계 속에서 살아간다면, 아르테미스는 처녀의 독립성은 물론이거니와 모든 관계를 벗어나 철저한 '나 홀로' 삶을 고집한다. 여신은 아웃사이더다. 아테나가 조직과 함께하는 독신 커리어우먼이라면, 아르테미스는 프리랜서 형 독신녀에 비유될 수 있을 것이다.

자신만의 독립된 영역을 고집하는 아르테미스의 성격을 잘 드러내 주는 일화는 악타이온의 처단이다. 테베의 왕자 악타이온(Aktaion)이 사냥개들을 대동하고 숲 속으로 사냥을 나선다. 그런데 그는 숲 속 연못에서 예기치 않은 행운(사실은 불행)을 만난다. 그곳에서 아르테미스 여신이 요정들과 벌거벗은 채 목욕을 즐기고 있었던 것이다. 갑작스러운 남정네의 침입에 깜짝 놀란 여신이 물을 끼얹으며 저주한다. 악타이온은 그 자리에서 사슴으로 변해버린다. 그리고 자신이 데리고 다니던 사냥개들에게 온몸이 갈기갈기 찢겨져 처참한 최후를 맞는다. 아르테미스는 벗은 몸을 보였다는 수치심보다는 무단 침입자에 의해 자유를 빼앗겼다는 사실을 참을 수 없었던 것이다. 여신은 '선녀와 나무꾼의 로맨스'를 기대하기에는 너무나 차가운 가슴을 가졌다.

사슴으로 변하는 악타이온

아폴론처럼 여신은 활을 즐겨 쏜다. 활은 먼 거리의 대상을 목표로 한다. 아르테미스도 대상을 멀리 두는 여신이다. 따라서 대상에 대한 특별한 감정을 두지 않는다. 끈끈하고 질퍽한 관계는 생리에 맞지 않는다. 담백하고 깔끔한 걸 좋아한다. 여신의 약점은 숲은 보되 나무는 보지 못하는 본성이다. 이러한 속성 때문에 여신은 어렵사리 마음을 주었던 연인 오리온(Orion)을 활로 쏴서 죽이는 과오를 범하기도 한다.

아폴론이 누이의 연정에 심통이 난다. 어느 날 수평선 근처에서 바다를 거니는 거인 오리온을 발견한 아폴론은 아르테미스에게 누이의 실력으로는 결코 저 멀리 있는 괴물을 맞히지 못할 거라고 약을 올린다. 자존심이 상한 아르테미스는 즉각 활을 뽑아 멀리 괴물을 향해 시위를 당긴다. 아르테미스의 냉혹한 화살은 어김없이 목표를 꿰뚫는다. 괴물의 심장이 아니라 연인의 심장을.

제5장

태초의 휴머니스트 프로메테우스

인간에게 주어진 한계를 뛰어넘으려는 행위는 신의 질서에 대한 도전이요 반항이다. 신들의 독점물인 불을 인간에게 훔쳐 준 프로메테우스의 도전과 반항은, 정해진 틀을 깨뜨리고 삶을 끝없이 확장시키려는 인간의 의지를 드러낸다.

프로메테우스는 제우스의 명을 거역하고 신의 불을 훔쳐 인간의 손에 넘겨준 불 도둑이다. 불로 인해 인간은 원시적인 삶을 극복하고 문명의 길로 들어선다. 그는 '인간사랑'의 대명사이며 자유와 인권의 상징이다. 인간에게 휴머니즘의 길을 제시한 태초의 휴머니스트다.

1. 불 도둑의 반란

티탄 신 이아페토스(Iapetos)와, 오케아노스의 딸을 부모로 둔 프로메테우스는 에피메테우스와 형제간이다. 프로메테우스(Prometheus)는 '미리 생각하는 자'라는 뜻이고, 에피메테우스(Epimetheus)는 '뒤늦게 생각하는 자'라는 뜻이다. 두 형제 모두 '생각'과 관련되어 '형님 먼저, 아우 먼저' 하는 식의 우애와 겸양의 덕을 실천하는 것처럼 보일지 모르지만, 실상은 그런 게 아니다.

프로메테우스는 일이 닥치기 전에 여러 정황을 깊고 넓게 헤아려보는, '미리 생각하는 자'인 반면, 에피메테우스는 일이 벌어질 때까지 '아무 생각 없이' 살다가 발등에 불이 떨어진 후에야 '뒤늦게 생각하는 자'인 것이다. 프로메테우스는 '생각하는 신'이고 에피메테우스는 '생각 없는 신'인 셈이다. 프로메테우스는 생각의 신이다. 세상의 패권을 놓고 티탄 신족과 올림포스 신족 간에 전쟁이 일어났을 때 그는 티탄의 아들임에도 불구하고 제우스를 도와 올림포스 시대를 여는 일에 크게 공헌한다. 앞을 내다보는 능력으로 시대의 흐름을 간파했기 때문이다. 세상은 이제 힘의 지배에서 머리의 지배로 넘어가리라는 예견이었다. 생각의 신으로서 힘을 쓰는 능력보다 생각하는 능력의 손을 들어주고 싶은 마음도 있었으리라. 전쟁이 끝난 후 프로메테우스 형제의 운명이 갈린다. 티탄 편에서 싸웠던 맏형 아틀라스(Atlas)는 어깨로 하늘을 떠받치는 벌을 받는다. 둘째인 메노이티오스(Menoitios) 역시 제우스의 벼락을 맞고 지하의 암흑세계 에레보스로 내던져진다. 그러나 프로메테우스와, 얼떨결에 형을 따라 나섰던 에피메테우스는 공을 인정받아 제우스로부터 주요 임무를 부여받는다. 프로메테우스는 신을 공경할 인간과 짐승을 창조하고, 에피메테우스는 피조물에게 살아가는 데 필요한 선물을 배분하기로 한다. 그런데 에피메테우스는 생각 없이 일을 처리한다. 여러 피조물을 상대로 닥치는 대로 이것저것 나누어준다. 새에게는 날개, 사자에게는 날카로운 이빨과 발톱, 거북에게는 딱딱한 등판이 배분된다. 저마다 험난한 세상을 버텨낼 수 있는 방책이 마련된 것이다.

아무 생각 없이 퍼 돌리다 보니 인간에게는 줄 것이 없었다. 뒤늦게 사태를 깨달은 그는 형에게 구원을 요청한다. 자신이 창조한 어떤 피조물보다 인간을 사랑한 프로메테우스는 고민 끝에 금지된 불을 훔쳐 주기로 결심한다. 제우스는 인간의 손에 불이 넘어가면 위험한 상황이 초래될 것을 염려하여 이를 엄격히 금하고 있었다. 프로메테우스는 속이 빈 회향나무에 불을 숨겨 인간에게 건네준다.

헤시오도스는 「신통기」에서 불 도둑 사건을 다르게 전해준다. 그것은 인간이 신께 드리는 소 제사에서 비롯된다. 소를 제사 드리는 일로 인간이 신과 협정을 맺을 때 프로메테우스는 인간 편을 들기 위하여 제우스를 속인다. 살코기와 기름진 내장은 뻣뻣한 소가죽으로 싸고 뼈다귀는

제우스의 번개에서 불을 훔치는 프로메테우스

윤기 나는 기름덩어리로 싸서 제단에 올려놓고 제우스가 선택하도록 한다. 제우스는 술책을 꿰뚫어 보았지만 인간에게 재앙을 내릴 생각으로 뼈다귀 쪽을 택한다. 기름덩어리에 싸인 뼈다귀를 확인한 제우스는 분노하여 인간에게 불을 금하는 벌을 내린다. 그러자 프로메테우스는 제우스 몰래 인간에게 불을 훔쳐다 준다. 이 일이 있은 후 인간은 제단 위에서 뼈를 태워 신께 바친다. 하지만 제우스의 징벌은 피할 길이 없게 된다.

프로메테우스가 인간의 손에 넘겨준 불은 문명을 상징한다. 문명은 자연을 거스르는 행위요 자연으로부터 이탈하는 길이다. 불을 소유하기 전까지 인간은 해가 뜨면 일어나고 해가 지면 잠자리에 들었다. 자연의 섭리에 순응했다. 그런데 어둠을 밝히는 불은 이러한 삶을 역행하는 길을 터주었다. 먹는 것도 변했다. 자연에 순응하여 자연 그대로인 날것으로 먹던 인간이 불로 익혀서 조리된 음식을 취하면서 자연 상태로부터 이탈한다. 자연의 순리에 역행하는 길로 들어선 것이다.

뿐만 아니라 불은 인간의 빈손에 도구를 쥐어준다. 인간은 불을 이용하여 갖가지 생활 도구와 무기를 만든다. 칼과 창과 활을 손에 쥔 인간은 새의 날개도, 사자의 이빨과 발톱도, 거북의 등판도 두렵지 않게 된다. 만물의 영장으로 발돋움하게 된 것이다. 불을 훔쳐 준 프로메테우스는 문명의 신이다. 생각이 문명을 낳는다는 말인가. 생각의 신 프로메테우스가 문명의 신의 역할을 떠맡는다. 프로메테우스의 도움으로 인간은 문자와 숫자를 터득하고 농사짓는 법, 집짓는 법, 질병 고치는 법, 바퀴로 운반하는 법, 별을 보며 항해하는 법, 들짐승을 가축으로 부리는 법, 땅 속의 보물을 캐는 법 등을 익히게 된다.

제우스는 자신의 명을 어긴 프로메테우스를 가혹하게 처벌한다. 힘의 신 크라토스(Kratos)와 폭력의 신 비아(Bia)를 시켜 프로메테우스를 잡아들인 다음 대장장이 신 헤파이스토스가 만든 견고한 쇠사슬로 카우카수스 산 절벽에 묶어 놓는다. 그런 다음 독수리를 보내어 프로메테우스의 간을 파먹게 한다. 하루 종일 파 먹힌 간은 밤새 회복되어 다음날 또 다시 독수리에게 공략 당한다. 신화는 프로메테우스가 겪는 고통이 3천 년이나 지속된다고 전한다. 그동안 제우스는 전령 헤르메스를 통해 협박하기도 하고 회유하기도 한다. 앞을 내다보는 프로메테우스가 자신의 앞날에 드리워진 액운을 알고 있었기 때문이다. 프로메테우스는 협박과 회유에 굴복하지 않는다. 그는 불의와 억압에 무릎 꿇지 않는 저항정신의 상징으로 자리 잡는다.

사슬에 묶인 프로메테우스

신화는 프로메테우스와 제우스 간에 화해의 길도 열어 놓는다. 오랜 세월이 지나 제우스의 아들 헤라클레스가 활로 독수리를 쏴 죽임으로써 프로메테우스는 사슬에서 풀려난다. 제우스는 헤라클레스의 영광을 위해 이를 묵인한다. 그제야 프로메테우스는 제우스의 운명에 얽힌 비밀을 밝히고 갈등을 해소한다. 제우스에 대한 프로메테우스의 반역은 어느 한 편의 일방적인 패배나 굴복으로 끝나지 않고 타협으로 매듭짓는다.

프로메테우스가 밝힌 제우스의 운명은 테티스와의 사랑에 관한 것이다. 즉 테티스가 낳을 아들이 아버지를 능가하는 위대한 인물이라는 예언이다. 이를 두려워한 제우스는 테티스에 대한 사랑을 포기하고 그녀를 보잘 것 없는 인간 펠레우스에게 시집보낸다. 그리고 둘 사이에서 위대한 영웅 아킬레우스가 태어난다. 제우스로서는 가슴을 쓸어내릴 순간이다. 보잘 것 없는 인간의 씨로 위대한 영웅을 잉태한 테티스였으니 최고의 신인 자신의 씨를 받았다면 어떻게 되었을까! 제우스는 프로메테우스의 도움으로 다시 한 번 운명을 바꿀 수 있었다. 이후로 프로메테우스는 쇠로 만든 반지를 끼고 살았다고 한다. 제우스가 스틱스 강을 걸고 한 맹세 때문이다. 제우스는 프로메테우스를 절대로 쇠사슬에서 풀어주지 않으리라 맹세했는데, 스틱스 강을 걸고 맹세를 하면 그 어떤 신이라도 어길 수 없었던 것이다.

인간에게 불을 훔쳐 준 사건으로 불거진 프로메테우스와 제우스의 대립을 바라보는 시각은 다양하다. 이를 심도 있게 다룬 작가로는 헤시오도스와 아이스킬로스를 꼽을 수 있다. 헤시오도스는 「신통기」에서, 아이스킬로스는 프로메테우스 3부작으로 평가되는 「사슬에 묶인 프로메테우스」, 「해방된 프로메테우스」, 「불의 운반자 프로메테우스」 등의 비극에서 각각 이 문제를 다루고 있는데, 아이스킬로스의 작품은 「사슬에 묶인 프로메테우스」만 전해진다.

헤시오도스는 제우스에 반기를 든 프로메테우스를 못마땅하게 생각한다. 그의 저작에서 프로메테우스는 술책과 속임수에 능한 협잡꾼으로 그려진다. 그는 "교활한" 생각을 품은 "사악한" 인물일 뿐이다. 프로메테우스에 대한 헤시오도스의 부정적인 평가에는 그의 가치관과 역사관이 깔려 있다. 농부 시인으로 평생을 땅과 더불어 소박하게 살았던 그는 친자연적이고 반문명적인 시각으로 세상과 인간을 바라본다. 문명은 인간의 삶을 보다 안락하고 윤택하게 한다. 그러나 그 이면에는 자연의 순수함으로부터 멀어지는 상실과 아픔이 도사리고 있다. 인간성은 파괴되고 세상은 점점 각박하고 험악해진다.

헤시오도스는 인간이 문명화될수록 역사는 퇴보하는 것으로 본다. 그의 또 다른 저작 「노동과 나날」에서 기술되고 있는 '인류의 다섯 시대'가 이러한 역사관을 반영한다. 인류가 황금의 종족에서부터 철의 종족으로 이어지면서 문명은 발전하지만 인간의 심성은 악해진다. 종국에는 신의 심판이 기다리고 있다. 따라서 '문명의 불'을 인간에게 건네준 프로메테우스는 인간에게 멍에를 씌우고 역사를 퇴보시킨 원흉일 수밖에 없다.

아이스킬로스는 프로메테우스와 제우스의 대립을 인간과 신, 약자와 강자, 정의와 불의의 대립으로 바라본다. 그리고 이러한 구도는 이 작품이 아이스킬로스가 창작한 것이 아닐 수도 있다는 의심을 받는 요인이 되고 있다. 아이스킬로스는 대부분의 비극에서 제우스를 우주와 인간세상의 정의를 주재하는 신으로 그리고 있기 때문이다. 어쨌든 이 작품에서 프로메테우스는 '인간사랑'의 대명사로 그려진다. 그는 위압적인 신 제우스에 맞서 연약한 인간을 사랑하고 동정하는 자애로운 순교자다.

이러한 대립구도는 작품 속의 등장인물들이 두 신을 상대로 한 언행을 통해 잘 드러나고 있다. 즉 '힘'과 '폭력'을 뜻하는 크라토스와 비아가 제우스의 뜻을 대변하여 프로메테우스를 억압하는 반면에, 불구의 장인 헤파이스토스는 그에 대한 끓어오르는 연민과 애정을 감추지 못한다. 또한 간교와 술책에 능한 헤르메스가 제우스 편에 서 있는데 반해, 코러스는 제우스를 비난하며 프로메테우스를 동정한다. 고대 비극에 등장하는 코러스는 대체로 작가의 의중이나 민심을 반영한다. 헤시오도스와 달리 아이스킬로스는 프로메테우스에게 마음이 기운 것 같다. 첨단 문명사회에서 살고 있는 우리들은 과연 프로메테우스를 어떻게 평가할 것인가.

2. 금지된 상자를 연 판도라

인간 역시 제우스의 처벌에서 벗어나지 못한다. 인간의 손에서 타오르는 불빛을 바라보는 제우스의 마음은 분노로 끓어오른다. 불을 훔친 프로메테우스를 사슬에 묶은 제우스는 인간들도 혼내기로 마음먹는다. 자신이 금지한 불을 사양치 않고 넙죽 받은 소행이 괘씸하다는 생각이다. 그는 호기심 많은 판도라를 최초의 여성으로 만들어 재앙의 씨앗으로 삼기로 한다. 그녀는 신들에 의해 완벽한 아름다움을 갖추어 태어난다. 기술의 신 헤파이스토스의 손길로 더 이상의 '칼질'이 필요 없을 정도로 '얼짱'이자 '몸짱'으로 빚어졌으니 외모 자체가 명품이다. 게다가 베 짜기와 세공술이 뛰어난 아테나가 명품 족이 눈을 뒤집고 코를 벌렁거리고 침을 흘릴 만큼 '럭셔리한 컬렉션'으로 치장하고, 음악의 신 아폴론이 뼈와 살을 녹일 솜사탕 같은 목소리를 불어넣고, 애욕의 여신 아프로디테가 애간장을 태우는 눈물과 한숨과 애교를 심어주었으니 세상에 버틸 남자 어디 있겠는가.

이렇듯 많은 선물을 받은 판도라(Pandora)는 '모든 선물을 받은 자'라는 뜻의 이름이라 한다. 그런데 따지고 보면 '모든 선물'이 아니라 '반쪽 선물'이 아닌가. 열거된 선물 목록에는 '속'을 채우는 것은 없고 '겉'만 번지르르한 깡통뿐이다. 헤파이스토스의 예술혼, 아테나의 지혜, 아폴론의 이성과 균형감각, 그리고 조각상에게 생명의 혼을 불어넣은 '피그말리온의 기적'을 낳은 아프로디테의 창조적 사랑은 보이지 않는다. 그야말로 속은 관심 없고 겉에만 눈이 먼 '아무 생각 없는' 족속들에게 딱 들어맞는 선물이 아닌가. 제우스의 기획력은 놀라웠다. 그는 판도라를 '뒤늦게 생각하는 자' 에피메테우스에게 보낸다.

'생각 없는 신' 에피메테우스는 '생각하는 신' 프로메테우스가 제우스의 선물은 어떤 것이라도 받지 말라고 신신당부했음에도 불구하고 눈을 뒤집고 코를 벌렁거리고 침을 흘리며 판도라를 덥석 품에 안는다. 그만큼 그녀는 저항할 수 없는 유혹이었다. 그러나 사실은 재앙의 씨앗이었다. 판도라는 제우스가 준 '열어서는 안 되는 상자'를 호기심을 못 이기고 열어버린다. 그러자 상자 안에 있던 온갖 나쁜 것들이 쏟아져 나온다. 질병, 고통, 근심, 슬픔, 다툼, 탐욕, 이기심 등등 인간 세상은 만 악으로 가득 차게 된다. 낙원 같은 세상이 끝난 것이다. 깜짝 놀란 판도라가 황급히 뚜껑을 닫아 맨 아래에 있던 '희망'만 빠져나오지 못했다고 한다. 인간의 삶이 아무리 힘들고 고통스럽더라도 상자에 남은 희망을 붙들고 버텨낸다는 이야기다. 이로써 제우스의 복수가 완결된다. 복수극의 구도는 간단하다. 인간이 '생각의 신'의 도움으로 '생각하는 존재'가 된 죄로 낙원에서 쫓겨나는 벌을 받는다는 도식이다.

판도라 이야기는 헤시오도스 이후의 신화 이야기꾼들에 의해 여러 가지 형태로 변형되고 보완된다. 우선 판도라가 뚜껑을 연 '항아리'는 '상자'로 바뀐 이야기가 널리 애용된다. '판도라의 상자'는 온갖 죄악이 들끓는 집단이나 행위 혹은 개념을 상징하는 고사성어로 쓰이고 있다. 항아리가 옳으니, 상자가 옳으니 하는 논쟁은 본질이 아닌 것 같다. 헤시오도스의 이야기에는 항아리의 출처가 명확히 나타나 있지 않다. 후대의 신화는 이와 관련하여 두 가지 설을 전해준다. 그 중 하나는 제우스가 판도라에게 상자를 주었다는 설이다. 제우스는 판도라에게 상자를 건네주며 집 안에 고이 모셔두고 절대로 열어보지 말라고 주의를 준다. 그런데 이는 인간의 호기심을 이용한 술책이었다. 하지 말라고 하면 괜히 더 하고 싶은 게 인간의 속성이 아니던가. 다른 하나는 에피메테우스 집에 보관되어 있던 상자를 판도라가 실수로 열었다는 설이다. 즉 두 형제 신이 인간과 동물을 창조하면서 나쁜 것들을 따로 모아 상자 속에 숨겨 놓았다는 이야기다. 두 가지 설 가운데 제우스의 속임수를 보다 극적으로 그리고 있는 것은 첫 번째 이야기인 것 같다.

판도라 이야기에서 제기되는 또 하나의 문제는 '희망'에 관한 것이다. 판도라가 열었던 뚜껑을 황급히 다시 닫는 바람에 희망만 빠져나오지 못하고 갇힌다는 이야기다. 혹자는 이 사실을 두고 상자 속에는 나쁜 것들이 들어 있었던 것이 아니라 좋은 것들만 들어 있었다고 주장한다. 어떻게 희망이 나쁜 것들과 한 곳에 섞여 있을 수 있겠느냐는 항변이다. 그래서 희망을 제외한 모든 좋은 것들은 허공으로 날아가 버리고 지상에는 좋지 않은 것들만 남게 되었다는 것이다. 그러나 이러한 주장은 판도라를 인간에게 보낸 제우스의 의도를 생각해 보면 설득력이 떨어지는 것으로 드러난다. 제우스의 계략이 낙원과 같이 행복한 인간사회를 불행하게

상자를 여는 판도라

만드는 것이지, 나쁜 것들로 넘치는 사회에 좋은 것들을 가져다주려는 것이 아니지 않은가.

아무튼 희망은 상자 속에 갇혀 있다. 삶이 아무리 고통스럽더라도 상자에 남아 있는 희망 때문에 우리는 좌절하지 않고 살아가는지 모른다. 그러나 희망은 무지개나 신기루 같은 게 아닐까. 잡힐듯하면서 다가가면 그만큼 또 멀어지는 무지개처럼 희망은 언제나 희망으로 남는다. 희망이 실현되는 순간 그것은 이미 희망이 아니라 현실일 뿐이다. 희망이 갇혀 있는 상자는 여전히 닫혀 있고, 판도라는 보이지 않는다. 닫힌 상자를 다시 여는 것은 각자의 몫으로 남아 있다.

인간을 벌하기 위해 여성을 창조했다는 설은 가부장 사회의 여성비하 이데올로기를 반영한다. 성서의 최초 여성 이브도 아담을 유혹하여 원죄를 범하는 원흉으로 그려지고 있지 않은가. 헤시오도스는 「신통기」에서 여성을 비하하고 경멸하는 자신의 생각을 노골적으로 드러낸다. 그는 여자를 수벌에 비유한다. 즉 여자란, 일벌이 하루 종일 뼈 빠지게 일해서 모은 양식을 벌집에 편안히 앉아서 배 안에 쑤셔 넣기만 하는 수벌과 같은 족속이라는 말이다. 헤시오도스는 판도라로부터 이러한 "인간에게 커다란 고통이자 지극히 사악한 종족인 여자의 무리"가 유래했다고 강변한다. 남존여비 사상으로 똘똘 뭉친 촌로의 입김이 물씬 풍겨난다.

프로메테우스와 판도라의 이야기는 성서에 나오는 '아담과 이브의 낙원 추방'에 비유된다. 태초의 낙원 에덴동산에서 고통과 번민 없이 평화롭게 살던 아담과 이브는 금지된 열매 선악과를 따먹는 죄를 짓고 낙원에서 쫓겨난다. 이후 인간은 생존을 염려하여 노동을 하고 출산의 고통을 짊어진다. 또한 탐욕과 이기심으로 도둑질과 살인을 일삼으며 죄악의 늪으로 점점 깊이 빠져든다.

에덴의 '금지된 선악과'는 프로메테우스의 '금지된 불'과 같다. 선악과는 말 그대로 선과 악을 분별하는 능력을 주는 열매다. 인식의 열매요 자각의 열매다. 선악과를 따먹은 아담과 이브에게 일어나는 최초의 변화는 부끄러움을 의식하는 일이다. 그들은 벌거벗은 몸에 수치심을 느끼며 나뭇잎으로 치부를 가린다. 선악과가 '생각하는 존재'로 변화시킨 것이다. 이에 대한 신의 처벌은 '판도라의 상자'와 유사하게 진행된다. 생각하는 인간은 문명을 일으키고 만물의 영장으로 발돋움한다. 그러나 불을 훔친 대가로 판도라의 상자에서 죄악이 쏟아져 나왔듯이 선악과를 훔친 인간은 에덴에서 추방되어 죄악의 늪에 빠지게 된다. 두 이야기는 생각하는 능력이 인간에게 문명의 길과 죄악의 길을 동시에 열어주었다는 공통된 구도를 갖고 있다.

이브를 유혹하는 뱀

그러나 자세히 들여다보면 두 이야기의 차별성이 드러난다. 윤곽은 비슷하지만 뜯어보면 다른 얼굴이다. 두 이야기 모두 신의 뜻을 거역한 인간의 운명을 다루고 있지만 프로메테우스의 이야기가 보다 도발적이고, 역동적이고, 주체적이다. 우선 금지된 것을 취하는 행태가 다르다. 아담과 이브는 사탄인 뱀의 유혹을 받아 망설임 끝에 선악과를 따먹는다. 피동적인 모습이다. 죄의식을 머금은 두려운 눈빛이 어른거린다. 떨리는 마음으로 과일밭을 서리하는 아이들을 보는 것 같다. 들키면 언제라도 남이 부추겨서 어쩔 수 없이 끌려들었다고 발뺌하려는 속셈이 서려 있다. 주인이 호통 치니까 짹 소리도 못하고 쫓겨난다.

프로메테우스의 행동은 도발적이다. 반역자의 불꽃같은 눈빛을 내뿜는다. 적반하장 식으로 강도로 돌변해 주인에게 덤벼드는 도둑의 발칙함을 드러낸다. 형장으로 끌려가 벌을 받으면서도 머리를 빳빳이 쳐들고 거칠게 저항한다. 비록 온몸으로 고통을 겪고 헤어날 길 없는 질곡에 빠지더라도 결코 패배를 인정하거나 굴복하지 않는다. 그 어디에도 후회하는 기색이나 죄의식을 찾아볼 수 없다. 끝까지 저항의지를 굽히지 않고 반역의 정당성을 굳건히 지켜나간다.

생각하는 인간의 길은 아무리 힘들고 어렵더라도 스스로 삶의 주체가 되는 '자유의 길'이다. 배부른 돼지보다 고뇌하는 철인(哲人)의 길을 택한다. 주인에게 모든 것을 맡기고 속 편하게 살아가는 노예보다 스스로 주인이 되어 인생의 온갖 가시밭길을 주체적으로 헤쳐 나가는 자유인이 되고 싶다. 이게 바로 프로메테우스가 걸어가는 길이다.

보다 본질적인 차별성은 '생각'을 이원화한 사실에 있다. 우리는 '미리 생각하는 자' 프로메테우스와 함께 '뒤늦게 생각하는 자' 에피메테우스를 주목한다. '생각 없는 신'의 행태를 보여주면서 그는 인간의 '짧은 생각',

‘그릇된 생각’, ‘허황된 생각’ 등 부정적인 생각을 대변한다. 단순화시키면 프로메테우스는 ‘현명한 생각’이고, 에피메테우스는 ‘어리석은 생각’이다.

그런데 신화는 두 신의 역할을 분명하게 구분하려 한다. 즉 프로메테우스가 제우스에 맞서 끝까지 저항하면서 불 도둑의 정당성을 지켜내는 동안 에피메테우스는 제우스의 술책에 넘어가 인간 세상에 악을 퍼뜨리는 원흉이 된다. 금지된 상자를 열어 제친 판도라 이전에 형의 경고를 무시하고 ‘반쪽 선물’을 덥석 품에 안은 에피메테우스의 과오가 악의 근원으로 자리 잡고 있다. 에피메테우스를 희생양으로 삼아 프로메테우스를 지키려는 의도가 엿보이지 않은가. 문명이 초래한 악을 ‘어리석은 생각’ 탓으로 돌리고 ‘현명한 생각’을 변함없이 사랑하겠다는 의지가 돋보이지 않은가. ‘인간사랑’의 대명사 프로메테우스를 향한 그리스인의 경의와 애정이 듬뿍 담긴 이야기로 읽혀지지 않은가.

프로메테우스는 자유와 인권으로 상징되는 그리스 정신을 온몸으로 표현한, 그래서 ‘가장 그리스적인 신’으로 평가된다. 그리스인은 남들보다 먼저 ‘생각하는 인간’에 눈뜨고 생각의 주체로서 인간과 세상을 탐구했다. 인간과 세상의 비밀을 밝히는 철학과 과학 그리고 비극이 그리스에 뿌리를 두고 있음은 결코 우연한 결과가 아니다.

3. 문명의 옷을 입은 휴머니즘

불 도둑 프로메테우스의 반항은 인간과 신, 그리고 인간과 문명의 문제를 던져준다. 생각하는 주체로 발돋움하면서 인간은 영원성과 초월성을 지닌 신과 어떻게 만나야 하는가. 그리고 생각하는 인간이 걸어가는 문명의 길은 어디로 향하며, 문명의 옷을 입은 휴머니즘은 어떤 모습인가. 「노동과 나날」에서 헤시오도스는 제우스의 입을 통해 프로메테우스와 인간의 앞날에 고통과 불행과 재앙이 내려지리라 예언한다.

> *그 누구보다도 영리한 이아페토스의 아들이여, 너는 나의 불을 훔쳐 내 뜻을 거역하고도 기뻐하고 있구나. 그러나 그 불은 너 자신이나 이후에 태어나게 될 인간에게 큰 고통이 되리라. 인간들 모두가 불을 얻어 기쁨에 겨워하겠지만, 나는 그 불에 대한 대가로 인간에게 평생 불행을 껴안고 살아가게 만들 재앙을 내릴 것이기 때문이노라.*

헤시오도스의 예언이 적중한 것인가. 인간이 걸어온 문명의 길은 순탄치만은 않았던 것 같다. 고통과 불행과 재앙의 연속이었다. 생각의 힘으로 문명의 옷을 입은 인간의 모습은 자연 속에서 벌거벗고 살았던 옛 모습보다 결코 아름답지 않다. 프로메테우스와 에피메테우스 둘 다 생각과 관련 있는 신이다. 그런데 두 신의 역할은 판이하다. 프로메테우스는 '현명한 생각'이고 에피메테우스는 '어리석은 생각'이다. 프로메테우스는 인간에게 자유를 주려 했지만 에피메테우스는 인간을 재앙에 빠뜨렸다. 프로메테우스는 신들의 독점물인 불을 인간에게 넘겨줘 종의 신분에서 해방시키려 했다. 그러나 에피메테우스는 판도라를 통해 인간 세상에 모든 악을 퍼뜨리게 했다. 인간을 질곡 속에 빠뜨린 원흉은 문명의 불을 건네준 프로메테우스가 아니라 판도라의 겉모습에 홀린 에피메테우스라고 본다.

생각하는 힘을 갖지 못한 인간은 동물과 다름없는 존재였다. 배고프면 먹이를 찾고 목마르면 물을 구했다. 추위를 피해 굴속을 헤맸으며 더위에 못 이겨 강으로 뛰어들었다. 먹이가 부족하다 싶으면 서로 먼저 차지하려고 싸움질했으며 덩치 크고 힘센 놈이 약골들을 누르고 배가 터지도록 먹었다. 성적 욕망도 비슷한 방식으로 처리했을 것이다. 그야말로 약육강식과 적자생존이 지배하는 '정글'이었다. 그런데 생각의 힘은 이러한 인간의 동물적 본능에 날개를 달아주었다. '생각하는 인간'은 동물보다 더욱 '교활한' 방식으로 '정글의 법칙'을 준수했다. 그리하여 동물보다 더욱 '사악한' 존재로 '진화' 되었다. 프로메테우스보다 에피메테우스를 먼저 받아들인 것이다.

인간이 생각의 힘을 가지고 먼저 행한 일은 탐욕과 이기심의 확대 재생산이었다. 동물은 배가 차면 사냥을 멈춘다. 그러나 인간은 숨이 가쁘도록 차올랐던 배도 시간이 지나면 다시 꺼진다는 사실을 생각해낸다. 그래서 배가 터질 만큼 불러도 사냥은 계속된다. 그런데 문제가 생겼다. 배부른 몸으로는 '헝그리 정신'을 발휘하기가 어려웠고 거동도 민첩하지 못해 사냥감을 놓치기 일쑤였다. '생각'이 이렇듯 난감한 과제도 해결해준다. 노예와 종이 탄생했다. 이제는 거북한 육신을 이끌고 '몸소' 사냥을 하지 않아도 약골들이 다 알아서 창고를 채워준다. 이 얼마나 멋진 신세계인가! 프로메테우스, 아니 에피메테우스께 영광을!

머리는 쓸수록 발달한다고 했던가. 인간은 무기와 조직을 만들어 소수가 절대 다수를 손쉽게 지배하는 길을 터놓는다. 강자가 약자를 억압하고 수탈하는 수법은 날로 교활해지고 사악해진다. 더욱 많은 노예와 먹이를 찾아 지배세력 간에 전쟁이 일어난다. 물론 죽고 죽이는 살육의 첨병은 노예들 몫이다. 인간의 폭력과 야만 행위는 같은 인간만을 억압하고 수탈하는 것으로 만족하지 않고 삶의 터전인 자연과 환경마저 짓밟는다. 인간의 역사는 폭력과 야만이 극을 향해 치닫는 과정을 담고 있다. 프로메테우스는 사슬에 묶인 채 고통에 빠져 있고 에피메테우스만 판도라를 옆에 끼고 광란의 파티를 벌인다. 아이스킬로스의 '사슬에 묶인 프로메테우스' 역시 "수많은 질곡과 고통으로 굽혀진 연후에야 나는 여기이 사슬에서 벗어나게 될 것이요"라고 예언한다. 인간은 언제쯤 프로메테우스를 사슬에서 해방시킬 것인가.

프로메테우스가 훔쳐 준 불은 인간을 자연의 위협과 공포로부터 벗어나게 한다. 그러나 인간은 불이 가져다준 문명으로 인해 새로운 굴레 속에 다시 갇히게 된다. 사슬에 묶여 있는 프로메테우스는 여전히 고통에서 벗어나지 못하고 있다. 그렇다고 문명의 옷을 모두 벗어버리고 자연으로 돌아갈 수는 없다. 문명을 입은 인간은 호랑이 등에 올라탄 신세와 다름없다. 두려움 때문에 무작정 등에서 내리면 그대로 맹수의 먹이가 되어버린다. 어느 날 갑자기 모든 걸 벗어버리고 알몸으로 돌아가기에는 수천 년 간 걸쳐온 문명의 옷이 너무 두텁다. 그렇다고 마냥 이대로 머물러 있을 수도 없다. 어느 날 갑자기 거북하게 느낀 호랑이가 날뛰고 뒤틀어서 등에서 떨어뜨릴지 모르기 때문이다. 답은 간단하다. 호랑이를 온순하게 길들이는 방법밖에 없다.

사나운 호랑이를 온순하게 길들이는 해법은 무엇인가. 결자해지(結者解之)라는 말이 있던가. 프로메테우스에게로 돌아가야 한다. 사슬에 묶인 프로메테우스를 해방시켜 길길이 날뛰는 호랑이를 양같이 순하게 만드는 수밖에 없다. '생각'에서 해법을 찾아야 한다. 에피메테우스의 생각이 유도한 길을 프로메테우스의 생각으로 바로 잡아야 한다. 문명의 옷을 입은 인간은 사슬에 묶인 프로메테우스 대신 에피메테우스를 먼저 찾았다. 그리하여 어리석음의 길을 택했다. 에피메테우스는 어리석음을 먹고 자란다. 다수가 어리석음에 빠져 있을 때 에피메테우스가 활개 친다.

다수의 어리석음은 소수의 생각마저 에피메테우스의 길로 유혹한다. 그리고 이 길에 들어선 소수는 다수의 어리석음을 즐기며 이를 더욱 조장한다. 그리하여 문명의 옷을 입은 인간은 점점 더 교활하고 사악한 세계로 향하게 된다. 다수가 깨어나야 한다. 운동 경기에서도 심판이 많을수록 오심과 부정이 줄어들듯이 '생각하는 인간'이 늘어날수록 소수의 생각이 빠질 수 있는 오류와 불의를 최소화 할 수 있다.

'생각'이 프로메테우스의 길로 갈 것인지, 에피메테우스의 길로 갈 것인지는 개인적 선택이기 보다는 사회적 선택의 성격이 강하다. 이를테면 각 개인의 도덕성과 양식을 고취시키는 노력도 중요하지만, 보다 결정적인 것은 다수의 생각이 서로 견제하고 비판하고 감시하며 조화와 균형을 이루어나가게 하는 사회적 체제의 확립이다. 그러므로 무엇보다 생각의 보편화와 평등화가 긴요하다. 여기서 말하는 생각이란 지식이 아니라 '자각'임은 말할 나위 없는 일이다.

프로메테우스의 '생각'은 무엇인가. 신화와 문학 속에 모습을 드러낸 프로메테우스의 정신은 휴머니즘이다. 인간사랑이요 인본주의다. 그리고 이를 뒷받침하는 이념은 '자유'와 '창조'라고 할 수 있다. 그가 인간에게 건네준 불은 신에 대한 예속과 자연에 대한 무지로부터 벗어나는 자유의 길을 밝힌다. 또한 신의 고유한 영역인 창조의 영역에 도전하도록 한다. 에피메테우스로 인해 뒤틀린 문명의 길을 바로잡는 것도 자유와 창조의 정신에서 찾을 수 있으리라 기대한다.

문명의 옷을 입은 휴머니즘이 갖춰야할 첫 번째 조건은 모든 인간이 자유를 소유하는 것이다. 다수의 인간이 자유에서 벗어나 있을수록 그 사회는 에피메테우스의 먹이가 될 가능성이 높다. 모든 인간이 자유를 누리며 서로 견제하고 비판하고 감시하는 세상에서는 에피메테우스가 맥을 못 춘다. 여기서 말하는 자유란 관념적 자유가 아니라 현실적 자유임은 말할 나위없다.

우선 경제적 자유가 보장되어야 한다. 먹고사는 문제가 해결되어야 한다. 인간으로서의 존엄성을 지킬 수 있는 기본적인 의식주가 갖추어져야 한다. 생존의 위협을 받게 되면 대다수 인간은 동물의 수준을 벗어나기 어렵다. 생존을 위해 영혼을 팔아야 한다. 노예나 종으로 전락하기 쉽다. 빵을 위해 자유를 포기할 수밖에 없다. 그래서 '사흘만 굶어봐라, 어떻게 되나!'라는 식의 자조 섞인 말이 나오게 된다.

다음으로 정치·사회적 자유가 보장되어야 한다. 인간과 인간 사이에 가로놓인 모든 차별과 불평등이 해소되어야 한다. 고대의 노예제도, 봉건체제, 절대왕정체제, 민주의 가면을 쓴 현대의 독재체제 등과 같은, 인간이 인간을 지배하고 억압하는 모든 정치·사회적 틀이 해체되어야 한다. 모든 인간이 신하나 종이 아닌 주인으로 살아가는 제도가 확립되어야 한다. 더불어 인종, 민족, 성별, 계층, 종교, 이념과 사상 간의 적대감과 차별의식이 철폐되고, '다름'에 대한 개방적이고 포용적인 자세가 자리 잡아야 한다.

마지막으로 문화·예술적 자유가 보장되어야 한다. 먹고 입는 문제가 해결되고 정치·사회적 억압과 차별이 해소된 인간에게는 이제 동물과 뚜렷이 구별되는 규범과 양식을 갖추어야 할 책무가 주어진다. '왜 개와 소가 아니라 인간으로 태어났나?'라는 질문에 자신 있게 답할 수 있는

'존재의 이유'가 있어야 한다. 그럴 때 인간은 신과 자연 그리고 역사 앞에 당당할 수 있다. 이러한 인간으로서의 기본적인 소양을 갖출 수 있는 문화 · 예술적 체험과 수련의 기회가 모두에게 열려 있어야 한다.

문명의 옷을 입은 휴머니즘이 갖추어야할 보다 중요한 조건은 창조 정신이다. 자유가 인간으로서의 권리라면, 창조는 인간으로서의 책무다. 프로메테우스의 불을 건네받은 인간은 권리뿐만 아니라 책무 또한 넘겨받았다. 불을 소유한 인간은 만물의 영장이요 세상과 역사의 주인 자리를 차지하게 되었다. 말하자면 세상의 '어른'이 된 것이다. 높은 지위와 신분에는 반드시 막중한 책무가 따른다는 '노블레스 오블리주'는 세상의 주인이요 어른이 된 인간 모두에게 해당되는 준엄한 명령이다. 문명의 옷을 입은 휴머니즘은 '휴먼 오블리주'를 숙명으로 받아들였다.

생각하는 능력이 선물한 과학기술과 기계문명은 인간의 삶을 풍요롭고 편리하게 하는 데 결정적으로 기여했다. 더불어 만물의 영장으로 세상의 지배자로 살아가게 했다. 그런데 역설적이게도 과학기술과 기계문명이 인간의 생각하는 능력을 감퇴시키고 있다. 불편함과 부족함을 최소화하는 첨단기기의 등장은 사색의 공간과 성찰의 시간을 앗아버린다. 텔레비전, 컴퓨터, 휴대폰이 안겨주는 즐거움과 편리함은 '정신없이' 문명세계에 몰입하게 한다. 현대인은 자연으로 돌아가는 여가시간에도 매체를 끌어안고 산다. 산에 오르면서도 이어폰을 귀에 꽂고 팝뮤직이나 영어 테이프를 청취하며, 산책하거나 운전하면서도 텔레비전 뉴스나 드라마를 시청한다. 하루 24시간 눈과 귀를 매체에 고스란히 빼앗긴 채 살아가면서 '생각'을 점점 소멸시켜 간다.

물질문명의 발달은 삶의 여백을 메워가고, 여백의 상실은 사색과 성찰의 실종으로 이어진다. 감각적인 기능만 발달하고 이성적인 기능은 퇴화한다. '생각'이 잉태한 문명이 '생각'을 죽이는, 살모사의 운명 같은 기구한 현실이다. 이 길로 계속 나아가면 인간의 운명은 핵폭탄 뇌관을 갖고 노는 어린아이 신세가 될지 모른다.

세상에 공짜는 없는 법이다. 얻는 게 있으면 잃는 것도 있다. 누리는 게 있으면 당해야할 것도 생기기 마련이다. 편리함만 좇는 삶은 '인간'을 주고 '문명'을 받는 거래가 될 수도 있다. 내비게이션이라는 요물이 있다. 자동차에 장착하면 생판 모르는 길도 아무 걱정 없이 척척 찾아가게 도와준다. 이리저리 지시하는 대로 졸졸 좇아가기만 하면 그만이다. 편리하기 이를 데 없다. 하지만 장님이 된 느낌을 지울 수 없다. 앞을 보지 못한 채 도우미의 손에 이끌려가는 신세 같다. 전체적인 조감을 해보지도 못하고 캄캄한 암흑 속을 더듬어가는 것과 같다. 지도를 펼쳐보며 가는 길은 불편하기 짝이 없다. 그런 반면 매 순간 전체적인 조감을 그리게 하여 운전자의 공간개념을 확장시켜준다. 편리함만 좇는 삶은 생각의 영역을 점진적으로 축소시킬 개연성이 크다. 내비게이션의 단맛에 취해 마냥 빠져 살다보면 자신도 모르는 사이에 메커니즘의 노예가 될 수 있는 것처럼 기계의 편리함만 좇아 무작정 의지하다보면 기계를 부리는 입장에서 기계에 종속되는 입장으로 전락할 우려가 있다. 편리함을 추구하면서도 불편함의 가치를 되새기고, 풍요로움을 좇되 결핍의 소중함을 돌아보는 삶이 필요하지 않을까.

인간의 참된 '생각'은 창조적 열정이다. 세상에 태어나서 그저 먹고 싸고 잠자고 치장하는 일로만 소일하다가 간다면 동물과 무엇이 다른가. 단지 저들보다 좋은 것을 취한다는 이유로 해명될 수 있을까. 그렇다면 부자 집에서 길러지는 애완동물보다 나을 게 뭐가 있겠는가. 동물도 춥고 배고프다는 '생각'은 한다. 그러나 더 이상은 없다. 저들은 생존의 틀 속에서만 머물러 있을 뿐이다.

인간만이 생존의 틀을 뛰어넘어 창조의 영역으로 승화될 수 있다. 생존을 위한 기본적인 조건이 충족된 상황에서도 여전히 먹고 싸고 잠자고 치장하는 일에만 몰입하는 저급한 욕망에서 벗어나지 못한다면, 인간은 동물보다 나을 게 없다. 아니 동물보다 못하다. 동물은 창조의 영역에 이르지는 못하지만 생존하면서 자연을 더럽히고 환경을 파괴하지는 않는다. 세상에 태어나 최소한 '민폐'는 끼치지 않고 간다.

창조란 무엇인가. 무슨 대단하거나 거창한 것만이 창조의 영역에 속하는 게 아니다. 신의 고유한 권한도 아니고 시인이나 예술가 혹은 과학자의 손끝에서만 이루어지는 것도 아니다. 인간이면 누구나 창조의 영역에 도전할 수 있다. 매너리즘에 매몰되지 않고 끊임없이 새로움을 추구하며 변화와 발전을 꾀하는 의지와 노력이 창조적 열정이 아니겠는가. 운동선수는 '창조적 플레이'를 펼칠 수 있으며, 농민은 '창조적 영농'에 눈뜰 수 있다. 전업주부라고 못할 게 없다. '창조적 가사'와 '창조적 육아' 그리고 '창조적 자녀교육' 등이 널려 있다. 생각하는 인간이라면 누구나 창조의 주체가 될 수 있다.

인간은 욕망의 동물이다. 어쩌면 망막한 세상에서 삶을 포기하지 않는 이유는 이러한 욕망 때문인지도 모른다. 그러나 생존을 위한 기본적인 조건이 충족된 상황에서도 여전히 더 많은 것을 소유하려는 끝없는 욕망에 사로잡힌 '동물'은 인간밖에 없을 것이다. 분명한 사실은 인간과 자연을 멍들게 하는 맹독성 상업주의와 환경파괴 역시 소유에 대한 끝없는 욕망에서 비롯된다는 것이다. 소유를 향한 욕망이 창조를 위한 열정으로 되살아나야 한다. 명품을 소유하려는 욕망이 명작을 창조하려는 열정으로 승화되어야 한다. 인간과 자연의 미래는 '상업제국'이 아니라 '창조나라'의 건설에 달려 있다.

창조나라의 자유인은 일 자체의 매력에서 삶의 기쁨을 찾으며 그 결실에 대한 긍지와 보람으로 산다. 상업제국의 신하와 종은 오직 돈을 벌기 위한 수단으로만 일을 대한다. 창조나라의 정치인은 국민의 존경과 사랑을 먹고 산다. 상업제국의 정치인은 불법 정치자금과 비리를 먹고 산다. 창조나라의 가수는 창조적이고 열정적인 무대에서 청중과 호흡을 함께 할 때 살아 있음을 느낀다. 상업제국의 가수는 노래는 립싱크로 대충 때우고 누드 프로젝트에 참여하여 열심히 옷을 벗는다. 창조나라의 의사는 인술을 펼치고 불치병에 도전한다. 상업제국의 의사는 과잉진료를 일삼고 허위 진단서를 발급한다. 창조나라의 식품업자는 품질 좋고 맛있는 명품을 위해 장인 정신을 불태운다. 상업제국의 식품업자는 오직 최고의 이윤만을 위해 불량식품을 만든다.

모든 사람들이 창조적 열정으로 일하는 사회는 서로 더 많이 가지려고 치고 박는 '싸움터'가 아니라 창조의 순간을 서로 즐기는 '놀이터'가 된다. 피터지게 싸워서 번 돈으로 값비싼 '웰빙' 프로그램에 참여한다고 웰빙(well-being)이 되는 게 아니다. 자유와 창조 정신이 살아 숨 쉬는 인간 사회와 자연이 이루어지면 웰빙은 스스로 찾아온다. 아직도 사슬에 묶여 있는 프로메테우스가 우리를 향해 절규한다.

'생각하라! 생각이 너희를 자유케 하고, 창조적 열정으로 불태우리라!'

프로메테우스의 불을 건네받은 인간은 문명의 길을 걸으면서 자연과 갈등 관계에 놓이게 된다. 사슬에 묶인 채 고통을 당하고 있는 프로메테우스의 모습이 이를 형상화하고 있다. 그러나 고통이 아무리 크더라도 역사의 발걸음을 되돌릴 수는 없다. 문명과 자연이 갈등을 멈추고 조화롭게 공존하는 새로운 이상향을 꿈꾸며 앞으로 나아갈 수밖에 없다. 모두가 꿈꾸는 것은 생각의 고통도, 무지(無知)의 안락함도 없는 세상이리라. 배부른 돼지도, 고뇌하는 철인도 아닌, '자연과 조화되는 깨어 있는 인간'이 살아 숨 쉬는 세상이리라. 그곳에는 '생각'의 선물을 받은 인간이 고통과 번민도, 탐욕과 이기심도, 갈등과 다툼도 없이 자연과 일체감을 맛보며 살아가리라.

괴테(J.W. Goethe)와 함께 독일 고전주의를 대표하는 시인 실러(F. Schiller)는 이러한 세상을 엘리시움(Elysium)으로 가상한다. 엘리시움은 그리스 신화 속의 극락세계를 지칭한다. 그리스인은 영웅이나, 지고의 선을 쌓은 사람의 혼령만이 이 세계로 들어간다고 믿었다. 실러는 엘리시움을 문명과 자연이 갈등을 멈추고 서로 화해하고 조화를 이루는 이상향으로 그린다. 이곳에 이르면 인간과 인간, 인간과 자연은 서로 친구가 되고 형제가 된다. 인간과 자연의 '화합의 합창'이 힘차게 울려 퍼진다. 실러가 꿈꾼 엘리시움은 에덴동산의 복원이 아니라 '진보된 낙원'이다. 송시 <환희의 세계로>에서 그는 환희가 넘치는 엘리시움을 뜨겁게 찬양한다.

환희여, 아름다운 신들의 불꽃이여
엘리시움의 딸이여
우리는 불꽃에 취해 들어가노라
하늘의 딸, 그대의 성전으로
그대의 마력은 다시금 묶어주노라
세태가 냉혹히 갈라놓은 것들을
모든 사람들은 형제가 되리
그대 부드러운 날개 머무는 곳에선

인류의 '화합의 합창'을 염원하던 베토벤(L. Beethoven)은 이 시에 곡을 붙여 불후의 명작 「합창 교향곡」을 남긴다. 이 곡의 힘찬 음과 가사가 예술의 세계에서만 머무르지 않고 현실이 될 때 사슬에 묶인 프로메테우스 역시 질곡에서 벗어나리라. 두 거장이 손을 맞잡고 부르짖는 엘리시움이 하루 빨리 현실이 되기를 열망한다.

제6장

신화와 여성

'역사는 승자의 기록'이라는 말이 있다. 역사에서 패배한 여성은 제대로 된 대접도 평가도 받지 못했다. 신화에서도 마찬가지다. 위대한 인간으로 평가받는 영웅은 죄다 남성이며, 여성은 감히 끼어들지 못한다. 그리스 신화 역시 남자들이 쥐락펴락하고 여성은 찍소리도 못하는 '남자의 세계'다.

남자의 세계에 맞선 '간 큰 여성'은 악녀나 마녀로 단죄되기 십상이다. 이 장에서 우리는 두 여성을 만난다. **메데이아**는 여성의 '특권'인 모성을 팽개치고 자식을 죽인 비정한 어미다. **클리타임네스트**라는 하늘처럼 받들어 모셔야할 지아비를 죽인 공포의 독부다. 두 여성의 삶에는 가부장제의 그림자가 짙게 깔려 있다.

1. 악녀 메데이아

사랑과 배신, 그리고 복수

메데이아(Medeia)는 영웅 이아손(Iason)의 모험담에서 등장하는 여인으로 신화 속의 최고 악인으로 평가받는 여인이다. 이올코스의 왕자 이아손은 아버지를 대신하여 왕권을 위탁 관리하던 숙부 펠리아스의 계략에 빠져 위험한 원정길에 오른다. 펠리아스는 이아손에게 왕위를 돌려받기 전에 흑해 동쪽 끝자락에 위치한 먼 나라 콜키스로 가서 권력과 번영의 상징인 황금양털을 탈취하는 영웅적 모험을 권하지만, 실상은 원정길에서 죽기를 바라는 흑심을 품고 있었다. 이아손은 헤라클레스를 비롯한 당대의 그리스 영웅들을 총동원하여 쾌속선 아르고호를 타고 온갖 난관을 극복한 끝에 콜키스에 당도한다. 그리고 이 왕국의 공주인 메데이아와 운명적으로 만나게 된다.

메데이아는 이아손에게 미친 듯 사랑에 빠진다. 그리하여 사랑에 눈먼 신화 속의 여느 여인들처럼 그녀 또한 자신의 모든 것을 내던지고 연인에게 헌신한다. 메데이아는 조국과 아버지를 배신한다. 콜키스의 국왕은 국보인 황금양털을 원정대로부터 지키기 위해 광분하지만 바람난 딸 메데이아는 이아손을 도와 이를 강탈하여 연인을 따라 도주한다. 그녀는 아버지의 추격을 지연시키고자 남동생 압시르토스를 토막 살해하여 바다에 뿌리는 광기를 연출하기도 한다. 결국 도망자들은 추격대가 시신을 수습하는 틈을 이용하여 탈출에 성공하고 두 연인은 결합하여 아들 둘을 낳는다. 메데이아의 광기 어린 헌신은 이것으로 그치지 않는다. 그녀는 이아손에게 왕위를 순순히 물려주지 않는 펠리아스를 잔인하게 살해하여 남편의 응어리를 속 시원히 풀어준다.

이렇듯 몸과 마음을 다 바쳐 사랑을 위해 헌신했지만 보답은 배신뿐이다. 펠리아스를 살해한 이아손과 메데이아는 이웃 나라 코린토스로 망명한다. 그런데 이 나라의 왕 크레온이 이아손을 자신의 딸 크레우사와 결혼시키려 한다. 영웅 이아손을 든든한 후원자로 삼기 위해서다. 이아손은 권력을 향한 야망에 눈이 멀어 메데이아를 배신한다. 또한 크레온은 딸의 행복에 장애가 되고 위협이 되는 메데이아를 자식들과 함께 왕국에서 내쫓는다. 남편에게 버림받고 사회로부터 추방당한 애 딸린 아녀자의 삶에 미래가 있는가. 남성중심의 가부장 사회에서 그것은 곧 죽음이 아닌가. 모든 것을 걸었던 삶의 목표로부터 냉혹하게 팽개친 채 거친 들판으로 내몰린 야수 같은 신세의 메데이아에게 남은 선택은 무엇인가. 막다른 골목으로 내몰린 들쥐가 돌아서서 고양이를 물듯 메데이아는 자신을 궁지로 내몬 원수들을 상대로 처절한 복수극을 기획한다.

압시르토스를 바다에 던지는 메데이아

추방되기 전 그녀는 크레온에게 간청하여 하루의 말미를 얻어낸다. 잔혹한 복수극을 펼치기에 하루는 충분한 시간이다. 메데이아는 자신의 처지를 선선히 받아들이는 것처럼 가장하고 새 신부에게 화려한 결혼 예복을 선물한다. 하지만 크레우사에게 그것은 수의가 되고 만다. 거기에는 치명적인 독이 묻어 있었다. 옷을 입은 크레우사는 온몸이 타들어가고 살이 녹아내리며 처참히 죽어간다. 딸을 구하려고 몸을 덮친 크레온 역시 비참한 최후를 맞는다. 이제 남은 건 이아손을 손보는 일이다. 이 자를 어떻게 요리하지? 그냥 죽여 버리는 것은 너무 싱겁다. 한 순간 고통으로 끝나버리기 때문이다. 그래서 배신자의 가슴에 두고두고 가해질 모진 고통을 찾는다. 이 순간 복수심에 떨던 메데이아의 뇌리를 스친 것이 바로 자식 살해다.

자식 살해는 어떠한 이유와 명분으로도 용서받을 수 없는 반인륜적 죄악이다. 메데이아가 악녀로 평가받는 으뜸가는 사유도 여기에 있다. 세상에 어미가 새끼를 죽이는 일이 어떻게 일어날 수 있단 말인가! 지당한 말이다. 하지만 그 악행이 메데이아를 최고 악인으로 매도하는 근거가 되기에는 부족함이 있다.

거룩한 신들의 세계를 들춰보자. 우라노스는 제 새끼가 끔찍스럽게 생겼다고 헤카톤케이레스를 어미인 가이아의 자궁 속으로 처박지 않았던가. 그런 아비를 거세한 크로노스는 가이아가 내린 저주를 피하려고 제 새끼들을 어미가 낳는 족족 먹어치우지 않았던가. 제우스는 한술 더 떠 새끼를 잉태한 어미를 통째로 집어삼키지 않았던가. 어디 남신들의 세계에서만 이러한 만행이 저질러졌나.

테베의 왕 라이오스는 아들이 자신을 죽이리라는 신탁을 피하기 위해 핏덩이인 오이디푸스를 발에 구멍을 뚫어 꽁꽁 묶은 채 깊은 산 속에 내다버려 죽이려 했으며, 미케네의 왕 아가멤논은 자신이 행한 과오를 덮고 트로이 전쟁에서 공적을 쌓을 야망에 사로잡혀 친딸 이피게네이아를 희생시키지 않았던가. 그럼에도 라이오스는 운명의 장난에 희생된 가련한 아비, 아가멤논은 바람난 아내 클리타임네스트라에게 잔인하게 살해된 비운의 남편인 동시에, 자식인 오레스테스와 엘렉트라의 손으로 원한을 푸는 행복한 아비로 인식될 뿐 결코 악인으로 낙인찍히지 않는다. 야망을 위한 자식 살해와 복수를 위한 자식 살해 중 어느 쪽이 더 크게 비난받을 악행인가. 공세적인 악행인가, 수세적인 악행인가.

신이건 인간이건 권력을 탐하는 남자의 세계에서는 부모자식도 없고 형제자매도 없는 비정함의 극치를 보여준다. 세상의 주인이 되어 충분히 누리며 살면서도 더 많이 가지려고 발버둥 치며 최소한의 인륜마저 헌신짝처럼 팽개치는 게 남자의 세계의 속성인데, 남자의 그늘에서 곁불이나 쬐는 여성이 그나마 자신에게 떨어진 몫을 강탈당한 보복으로 행한 죄악이 아무리 크다 한들 '주인'의 악행에 비할 바 있겠는가. '속 좁은 아녀자'가 일을 저질러 본들 '통 큰 사나이'의 스케일을 어찌 따라잡겠는가. 사정이 이러함에도 메데이아가 라이오스나 아가멤논보다 훨씬 더 악한 인물로 평가받는 이유는 무엇인가. 단지 그대가 여자라는 이유로? 아니면 남자의 세계에 굽히지 않고 감히 맞서려 했기 때문에?

에우리피데스의 「메데이아」

메데이아의 행적 중 가장 충격적이고 논란을 불러일으키는 대목은 역시 자식 살해다. 그런데 이와 관련하여 신화는 여러 가지 설을 남긴다. 메데이아가 자식들을 불사의 몸으로 만들려다 실수로 죽였다는 설부터, 크레온 부녀를 살해한 보복으로 코린토스인이 아이들을 죽이고 죄를 어미에게 뒤집어씌웠다는 설까지 다양하다. 메데이아가 복수심에 불타 자신의 손으로 직접 아이들을 죽였다는 설은 에우리피데스의 비극에서 처음으로 제기된 것으로 알려진다. 메데이아의 악행을 극대화한 장본인이 바로 에우리피데스라는 말이다. 그렇다면 작가의 관심은 악한 여성, 곧 '악한 자여, 그대 이름은 여자'와 같은 류인가.

에우리피데스의 관심은 악녀나 여성 비하 따위에 있지 않다. 작가의 주된 관심은 남녀를 떠난 '인간'에 있다. 그의 대표작 「히폴리토스」, 「바코스의 여인들」 등과 같이 「메데이아」 역시 한계에 사로잡힌 약한 인간을 그리고 있다. 즉 이성을 마비시키는 격정과 욕망의 포로가 된 인간이 파멸에 이르게 되는 비극적 상황이 전개된다.

에우리피데스는 배신당한 사랑으로 이성을 잃은 메데이아가 감정이 점차 격화되면서 종국에는 극단적인 행동으로 나아가는 파멸의 과정을 치밀하게 그려나간다. 이 과정에서 메데이아의 타고난 격한 성품이 더욱 강한 동력을 제공함은 말할 나위없는 일이다. 메데이아를 가장 잘 알고 있는 유모는 "그녀의 거친 성정이 모욕을 못 견디게 하지요. 그녀를 잘 알거니와 무서운 여인을 생각하면 심장이 전율한답니다"라고 토로한다.

그녀는 맹독을 잔뜩 품고 머리를 빳빳이 쳐드는 독사 같이 거칠고 드센 심성의 소유자다. 주인으로 행세하며 거리낌 없이 살기를 열망하는 남자들에게 불쾌감과 거부감을 주기에 충분한 여성의 전형이다. 게다가 자의식과 야심 또한 웬만한 남자들 못지않게 강하다. 사랑하는 연인 이아손을 위해 아버지를 배신하고 남동생 압시르토스와 정적 펠리아스를 잔인하게 살해하는 메데이아의 행적은, 일단 목표가 정해지면 물불 안 가리고 무섭게 달려드는 '강한' 남자의 모습을 떠올리기에 부족함이 없다.

자의식과 야심으로 충만한 메데이아이기에 사랑 또한 폭풍처럼 휘몰아친다. 그녀는 자신의 왕국을 찾은 이아손에게 무섭게 빠져든다. 그리고 그에게 '올인'하며 생의 승부수를 던진다. 사랑에 모든 것을 바치는 뭇 여성의 모습과 다를 바 없지만 그녀에게 있어서 이아손에 대한 사랑은 단순한 감정 이상의 것이다. 세상으로 나가는 문이 모두 막힌 상황에서 메데이아와 같은 여성에게 사랑은 곧 세상으로 통하는 출입문의 기능으로 작동할 수도 있다. 성취욕이 강한 어머니들이 대리만족 심리에서 남편이나 아들의 출세를 위해 발 벗고 나서듯이 메데이아 역시 영웅 이아손의 성공에 모든 것을 건다.

연인의 앞길을 열어가는 과정에서 보여주는 그녀의 과도한 헌신은 메데이아의 사랑이 순수한 감정의 차원을 넘어 강렬한 욕망을 품고 있음을 말해준다. 메데이아의 격정과 욕망은 결국 자신과 주변 모두를 파멸에 빠뜨리는 동력이 된다. 격정과 욕망은 맹독과 같아서 일단 마음에 퍼지면 이성을 마비시키고 자제력을 앗아가 버린다. 그리고 파멸로 몰아넣는다. 한계에 사로잡힌 약한 인간의 운명이자 비극이다.

메데이아는 단지 배신당한 사랑만으로 분노하는가. 남편 이아손을 죽도록 사랑했기에 상실감을 견디지 못하고 죽음의 제전을 벌이고 있는가. 메데이아의 분노는 그것만으로 설명할 수 없을 것이다. 사랑의 감정에만 매몰되어 있었다면, 그녀는 의붓아들 히폴리토스의 사랑을 얻는 데 실패한 파이드라나 트로이의 영웅 아이네이아스를 떠나보낸 카르타고의 여왕 디도와 같이 스스로 목숨을 끊는 길을 택했을 것이다. 그러나 메데이아는 남성중심의 세상에서 길들여진 많은 여성들처럼 유약하거나 소극적인 인물이 아니다. 그렇게 하기에는 그녀의 자의식과 야심이 지나치게 강하다. 그녀는 자신의 삶을 스스로 기획하고 설계하는 적극적이고 능동적인 본성의 소유자다.

메데이아의 분노는 자신의 삶에 대한 근본적인 성찰에서 솟구친다. 여성으로 태어나 살아가는 삶의 한계와 운명에 대한 본질적인 의문이 제기된다. 모든 것을 걸었던 한 남성으로부터 내쫓기게 된다는 것이 여성에게는 죽음과 다를 바 없는 파국이라는 현실에 대한 뼈저린 자각이다. 메데이아의 분노는 바로 자신에 대한 분노다. 남자들에게 철저히 예속된 여성의 운명에 대한 분노다. 이 더러운 세상에 대한 솟구치는 울분이다.

아, 숨 쉬고 느끼는 모든 피조물 중
우리 여인들이 가장 불행한 종자이지요.
(...)
남자는 집에서 궁한 것을 밖에서 구하지만,
우리는 서방을 유일한 위안으로 바라보지요.
싸움터에서 멀리 떨어진 우리의 평화를 들먹이는데,
출산 한 번 하느니 차라리 적 앞에 세 번 서겠어요!

제왕 한 사람만이 자유를 누리고 다른 모든 이들은 신하나 종으로 살아가던 시대에 고대 그리스는 시민 모두가 자유인으로 살아가는 민주주의를 선보였다. 그리스인은 인류의 위대한 스승이요 은인이다. 하지만 그 시절 저들에게도 여성과 노예는 민주주의의 '밖에' 존재했다. 민주주의는 '남자의 세계'의 전유물이었다. 아리스토텔레스를 비롯한 당대의 대표적 지성들조차 남성만이 완전한 인간이며 여성은 불완전한 존재라는 남성우월주의에 매몰되어 여성의 주권 박탈에 면죄부를 주었다. 그리스인이 인류에게 선사한 민주주의는 절반의 완성이요 불완전한 유산인 셈이다. 자유의 확대와 발전이라는 관점으로 보면 고대 그리스 이후의 역사는 저들이 남긴 과제를 피와 땀으로 해결해가는 과정으로 평가될 수 있을 것이다.

메데이아의 행적을 바라보는 에우리피데스의 시각은 복합적이고 다중적이다. 그는 우선 격정과 욕망에 사로잡힌 채 도를 넘어선 광란의 복수극을 벌이는 메데이아를 비판적으로 그린다. 다른 한편 천대받고 유린당하는 여성에 대한 안타까운 시선도 드러낸다. 그런가 하면 '위대한 남성'인 영웅의 위선과 허상을 조롱하는 시선 또한 숨기지 않는다. 그에게 호메로스 류의 영웅은 없다. 악녀 또한 관심 밖이다. 작가의 주된 관심은 영웅이나 악녀가 아니라 '인간'이다. 그리고 이러한 점에서 에우리피데스의 현대성과 진보성이 평가된다. 그는 시대를 앞서 간 작가다.

메데이아가 털어놓는 신세 한탄을 듣노라면 여성해방을 부르짖는 현대의 페미니스트의 모습이 떠오르지 않는가. 그녀는 결코 남녀 불평등 구조를 관습적으로 받아들이면서 여성으로 태어난 신세를 숙명이자 팔자 소관으로 돌리는 순종형이 아니다. 메데이아는 고분고분하고 나긋나긋한 여인이 아니다. 거칠고 억센 반항아다. 불평등하고 불합리한 관계에 대한 뼈저린 자각은 저항으로 가는 출발점이다. 메데이아는 자신을 유린하고 팽개친 남자의 세계에 대한 분노에 떨며 원수를 몇 갑절로 갚아 주리라 마음을 독하게 다잡는다.

증오의 불길이 타오르는 배신당한 여인에게 연적의 아비 크레온이 찾아와 기름을 퍼붓는다. 그는 메데이아에게 추방을 명한다. 하루 안에 아이들과 함께 코린토스를 떠나라고 최후 통첩한다. 딸 크레우사의 안전한 결혼을 위해서다. 행여나 배신의 아픔이 복수로 이어질까 염려하는 마음이다. 가진 것 몽땅 털어간 강도가 보복이 두려워 아예 목숨까지 거두겠다는 심보다.

메데이아는 크레우사의 결혼을 인정할 테니 제발 죽음이나 다름없는 추방 명령만은 거두어달라고 간청해보지만 크레온의 반응은 냉랭하다. 그는 "내 집의 안위가 당신보다 우위에 있다"라며 뻔뻔스럽게 탐욕과 이기심을 드러낸다. 가해자의 행복과 안녕이 피해자의 목숨보다 더 중요하다! 지엄하신 제왕의 고결함인가, 날강도의 철면피인가. 가식과 위선으로 가려진 권력세계의 치졸하고 저급한 욕망이 작가의 손길로 낱낱이 벗겨진다. 화려한 권위의 가면 뒤에 웅크린 추악한 맨 얼굴이 드러난다.

분노의 불길에 기름 세례를 받은 메데이아는 증오심을 복수극으로 구체화한다. 크레온이 그녀를 막다른 골목으로 몰아넣은 것이다. 이제 코너에 몰린 들쥐가 돌아서서 고양이를 무는 일만 남았다. 메데이아는 크레온에게 간청해 하루의 말미를 얻는다. 복수의 열매를 익히는데 하루 볕이면 족하다. 메데이아는 떨쳐 일어나 비장하고 결연하게 출사표를 던진다.

곧이어 등장한 배신의 주역 이아손의 행태는 남자의 세계에 대한 마지막 희망과 미련을 송두리째 날려버린다. 그는 영웅의 이미지가 철저히 해체되는 '일그러진 영웅'이다. 에우리피데스는 이아손을 통해 영웅의 허상을 낱낱이 폭로한다. 그는 신적인 이미지 뒤에 도사린 영웅의 속물적인 본성을 드러내어 한껏 조롱케 한다. 에우리피데스의 세계에서 호메로스의 아킬레우스나 오디세우스 같은 '위대한 영웅'은 없다. 그는 영웅을 인간으로 환원시킨다.

이아손은 사실 영웅적 업적을 성취하는 고비마다 메데이아의 결정적인 도움을 받아왔다. 메데이아의 헌신적인 도움으로 황금양털을 탈취했을 뿐만 아니라 콜키스 왕의 추격을 뿌리칠 수 있었으며 정적 펠리아스를 제거하기도 했다. 이아손이 영웅 대접을 받게 된 것은 메데이아의 야심과 함께할 수 있었기 때문이다. 하지만 그는 이러한 과거를 상기시키며 배은망덕한 행태를 비난하는 메데이아에게 너무나 치졸하고 천박한 논리로 자기 합리화에만 열을 올리는 초라한 모습을 보여줄 뿐이다. 이아손은 메데이아가 자신에게 헌신한 것은 제 스스로 사랑에 빠진 때문인데 이제 와서 무슨 생색이냐고 빈정거린다. 영웅의 위대한 행보인가, 삼류 건달의 저질 놀음인가. 이아손은 한술 더 떠 메데이아가 자기 덕으로 "폭력의 제국" 콜키스를 벗어나 "정의의 본거지" 그리스로 발을 들여놓은 행운을 잡았노라고 생색까지 내려한다. 지나가던 소가 웃을 일이다. 폭력이 무엇이고, 정의란 어떤 것인가.

멀쩡하게 살아가던 콜키스를 쳐들어가 보물을 강탈한 게 폭력인가 정의인가. 제 배를 채우기 위해 약소국을 침략하고서도 정의를 위한 위대한 과업이었노라고 떠들어대는 제국주의자의 억지를 대하는 듯하다. 덧붙여 그는 코린토스의 공주와의 혼인이 기울어가는 집안을 일으켜 세우는 현명하고 정당한 결단이었으며 메데이아와 자식들에게도 안녕과 복지를 보장해줄 축복이 될 것이라고 너스레를 떤다. 어려운 살림 때문에 몸을 팔았다는 매춘부의 신세한탄이 차라리 솔직하고 인간적이지 않은가. 여기서 그치지 않고 이아손은 이런 자신의 뜻을 몰라보고 질투를 일삼으며 남편을 꽁꽁 묶으려고만 하는 메데이아의 행태가 속 좁고 어리석다고 공박하기까지 한다. 그러고는 마침내 "여성 없이 애를 낳을 수만 있다면, 인생이 얼마나 행복할 것인가!"라고 탄식한다.

불쑥 내뱉은 말을 통해 이아손의 가면이 완전히 벗겨진다. 그는 여성을 하나의 인격체로 대한 게 아니라 자식을 얻기 위한 도구로 이용했을 뿐이라고 고백하고 있다. 어디 자식뿐이겠는가. 출세와 야망을 위해서도 여성을 디딤돌로 삼고 있다. 메데이아의 도움으로 황금양털을 탈취하고 정적을 제거하더니 이제 크레우사의 권력과 재물에 빌붙어 입신양명을 꿈꾸고 있지 않은가. 여성의 사랑에 기대어 기생하면서도 돌아서면, 사랑에 빠져 간도 쓸개도 다 빼주는 여성의 헌신을 비웃는 악질 기둥서방과 다를 바 없는 작자가 아닌가. 한마디로 인간과 삶에 대한 진정성이 철저히 결여된 인물이다. 이런 작자가 위대한 영웅이라니! 에우리피데스의 조롱의 눈빛이 번뜩인다.

이를 대하는 메데이아의 심정이 어떠하겠는가. 분노와 증오를 넘어 허탈과 환멸에 이르지 않겠는가. 이 정도밖에 안 되는 위인에게 금쪽같은 내 인생을 걸었다니! 한심하고 가련한 메데이아여! 그녀는 가짜 황금을 가려내는 시금석은 있으면서 어찌하여 인간의 몸뚱어리에서 저질을 분별하는 장치는 없는지 애통해 한다. 이아손과의 만남은 그에 대한 최소한의 미련을 접고 복수를 결단케 하는 동력을 제공한다.

메데이아는 소름끼치도록 냉정하고 치밀하게 복수극을 꾸민다. 그녀는 때마침 코린토스를 찾아온 아테네의 왕 아이게우스를 만나 자신의 사정을 말하고 지원을 약속받는다. 그는 아들을 얻는 방법을 알아내기 위해 델포이 아폴론 신전을 다녀오는 길이었다. 메데이아는 자신을 도와주면 아들을 갖게 해주겠다고 확약하여 신변의 안전을 보장받는다. 죽음의 위협으로부터 벗어남은 물론 자신의 야심을 다시 한 번 펼칠 수 있는 기회까지 거머쥔 것이다. 격정에 휘말리면서도 주도면밀하게 일을 처리해가는 메데이아의 모습이 관객을 전율케 한다. 남자로 태어났으면 분명 '영웅'의 길을 가고도 남을 여인이다. 메데이아는, 겉으로는 정의를 내세우면서도 속으로는 탐욕과 이기심으로 꽉 차 온갖 악행과 폭력을 일삼는 영웅의 가식과 위선을 조롱하면서 진정한 악행과 폭력이 어떤 것인지 본때를 보이겠노라고 작심한 것 같다.

메데이아는 이아손을 다시 만나 용서를 구한다. 그녀는 자신의 과오를 인정하면서 새 장가 드는 것을 축복하고 깨끗이 물러날 테니 제발 아이들만은 내치지 말라고 간청한다. 그러고는 결혼 선물로 예복과 황금 관을 아이들 손으로 새 신부에게 바치게 하자고 설득한다. 이아손은 웬 떡이냐 하며 제의를 덥석 받아들인다. 욕망에 눈이 멀면 코앞에 있는 함정도 보이지 않으리라. 크레온에 이어 이아손 역시 메데이아의 끔찍한 복수극을 눈치 채지 못한다.

이제 남은 건 마음속의 증오와 분노를 한데 모아 계획한 복수극의 막을 열어 제치는 일 뿐이다. 그런데 메데이아는 크레우사에게 선물을 바치고 돌아온 아이들을 바라보며 끓어오르는 갈등과 번민에 휩싸인다. 마음으로는 애들을 이미 몇 차례 살해했지만 막상 죽음의 순간으로 몰아가는 현실에 이르니 약해진다. 어미를 바라보는 눈을 보니 마음의 독기가 눈 녹듯 스러진다. 그러나 포기하려고 돌아서는 순간 원수의 비웃는 소리가 귀를 때려 다시 독하게 마음을 다잡는다. 에우리피데스는 이 갈등의 순간을 여러 페이지에 걸쳐 긴 호흡으로 절절하게 그려낸다. 작품의 절정에 해당하는 대목이다. 비록 격정과 욕망의 포로가 되어 극악무도한 짓을 자행하지만 모성을 배반하는 어미의 인간적 고뇌를 드러냄으로써 메데이아를 향한 비난의 화살을 조금이나마 막아주고 싶은 심정이 아니었을까.

애들아, 다시 한 번 보자꾸나!
오, 애정 어린 인사를 나누게 어미에게 손을 주렴!
사랑스런 손! 사랑스런 머리!
오, 사랑스런 너희 모습! 귀여운 얼굴!
잘 살아라, 그곳 지하 세계에서!
지상의 삶은 아비가 빼앗아버렸다.
오, 달콤한 포옹! 부드러운 너희 살갗!
오, 순결한 숨결! 가라, 가!
더 이상 너희 눈을 바라볼 수 없구나,
곤경이 너무 커서 빨리 깨닫지 못했구나,
내가 얼마나 끔찍한 짓을 저지르게 되는지를.
명석한 이성이 어두운 격정에게 굴복하는구나,
온 세상 모든 재앙의 원흉에게!

이렇게 애달파하면서 굳이 자식까지 살해한 이유는 무엇인가. 사랑을 앗아간 크레우사를 살해하는 선에서 만족할 수 없었을까. 메데이아는 자신의 행위를 어떻게 변명할 수 있을까. 우선 배신자 이아손의 가슴에 못

자식들을 살해하는 메데이아

을 박기 위함이라고 말할 수 있을 것이다. 나아가 자식에게 강하게 집착하는 가부장 남자들을 향해 내리치는 철퇴의 의미도 있다. 여성 없이 아이만 갖기를 열망하는 이아손, 아들을 얻기 위해 동분서주하는 아이게우스, 크레우사의 행복과 안녕을 위해서라면 타인의 불행과 죽음마저도 아랑곳하지 않는 크레온의 행태는 대를 이으려는 욕망으로 가득 찬 가부장의 그늘진 얼굴이다. 자식 살해는 이러한 남자의 세계의 명줄을 끊는 반란이 아닌가.

그렇다고 피신처를 보장한 아이게우스에게로 데려가기도 마땅찮다. 핏줄에 연연하는 그의 성향으로 볼 때 환영받을 여지가 없고 설혹 받아들여진다 해도 천덕꾸러기 신세를 면키 어렵다. 권력 주변을 서성거리다가 음모에 휘말려 언제 제거될지 모르는 파리 목숨과 다를 바 없다. 코린토스에 남겨두자니 분노한 백성들의 잔혹한 보복이 불 보듯 확연한 일이다. 코린토스인이 아이들을 살해하고 죄를 어미에게 뒤집어 씌웠다는 설도 있지 않은가. 이런저런 복잡한 생각 끝에 자신의 손으로 직접 목숨을 거두는 것이 '깨끗한' 해결이라고 단정 지었으리라.

메데이아의 행태는 정상이 아니다. 광기의 폭발이다. 격정과 욕망으로 얼룩진 죄악이다. 그녀 스스로 고백하듯이 격정은 이성을 굴복시키고 세상에 온갖 재앙을 퍼뜨리는 원흉으로 엄습해온다. 약한 인간은 제대로 저항하지 못하고 허망하게 파멸의 늪에 빠져든다. 안타깝고 가련한 인생이다. 불행한 여인이다. 메데이아는 희생자이기도 하다. 시대의 아픔이자 비극이다. 그녀를 광기로 몰아간 것은 뒤틀리고 일그러진 남자의 세계다. 이아손과 크레온의 탐욕과 폭력이 메데이아를 잔혹한 여인으로 키웠다. 그녀의 끔찍스러운 복수극은 어쩌면 상처받고 분노하는 모든 여성의 심정이 드러난 모습일지 모른다.

볼프의 「메데아」

동독 출신의 여류작가 크리스타 볼프(Ch. Wolf)는 소설「메데아」에서 메데아(메데이아)의 자식 살해에 대한 강한 의혹을 제기한다. 의혹은 여기에 머물지 않고 메데아의 소행으로 각인된 모든 죄악으로 확대된다. 그리하여 그녀를 에워싼 모든 부정적인 이미지가 해체된다. 볼프의 손길로 메데아는 완전히 새로운 모습으로 다시 태어난다. 그녀는 사랑의 노예도, 복수의 화신도 아니다. 강하기에 '위험한' 여성일 뿐이다.

볼프는 오랜 세월 악녀의 이미지 속에 깊이 갇힌 메데아를 해방시킨다. 그녀는 메데아에게 씌워진 악녀 상(像)이 가부장제에 의해 왜곡된 허상임을 고발한다. 볼프의 메데아는 가부장제가 짜놓은 모범적인 여성상을 벗어난 인물이다. 가부장사회는 순종형을 원한다. 고분고분하고 얌전한 여성이 사랑받는다. 거칠고 모나면 부러지고 잘려나간다. 볼프의 메데아는 주관이 뚜렷하고 열정이 넘치는 자유혼의 소유자다. 잘나고 똑똑한 여성이다. 하여 남자의 마음을 언제나 언짢게 하고 불편하게 한다. 그녀는 시대가 요구하는 여성상을 거스른 반항아인 동시에 시대에 의해 단죄된 희생양이다.

볼프는 그리스 신화를 소재로 두 편의 소설을 발표한다. 통독 이전인 1983년에 발표된 「카산드라」와 통일 후 첫 작품인 1996년 작 「메데아」이다. 베를린 장벽이 무너지고 동독이 서독에 급속히 편입되는 소용돌이 속에서 누구보다 사회주의에 대한 강한 미련을 보였던 볼프가 수천 년 전 이야기인 신화에 관심을 기울인 이유는 무엇인가.

볼프에게 신화 읽기는 현실의 뿌리 찾기다. 그녀는 현실의 정치적, 사회적 병리현상의 근원을 밝히는 탐구과정에서 역사와의 진지한 만남이 이루어지고, 이어지는 과거로의 여정 끝에 역사 이전의 신화에까지 이르게 된다. 다시 말해서 작가에게 신화 읽기는 현실에 질문을 던지고 답을 찾아가는 특별한 방식의 모험여행이다. 현실과 멀리 떨어져 있는 신화는 비판적 거리를 확보하게 함으로써 일상과 인습의 굴레로부터 벗어난 새로운 시각으로 현실을 바라보게 한다.

구전으로 전해진 신화는 수많은 이들에 의해 덧칠되고 변형되면서 다양한 버전을 제공하고 있다. 따라서 그것은 작가에게 무한한 상상과 환상의 자유공간을 가능케 하는 매혹적인 자산임에 틀림없다. 그런데 신화를 탐구하는 여정에서 무엇보다 중요한 것은 작가의 현실관이다. 무한한 선택 앞에 선 작가에게 절실하게 요구되는 것은 바르고 생산적인 질문이다. 이것이 중심축을 이룸으로써 쇳가루만이 자석에 달라붙듯 신화의 잡다한 질료들이 걸러지고 정돈되어 비로소 하나의 완성된 예술품으로 거듭나게 된다는 말이다. 그러면 볼프는 어떠한 현실관을 바탕으로 신화를 향해 무슨 질문을 던지고 있는가.

볼프는 첫 번째 신화소설 「카산드라」를 집필하게 된 배경을 1980년대 초반에 조성된 유럽의 핵 위기에서 찾고 있다. 당시 미국과 소련은 동서독 국경선을 중심으로 중거리 핵미사일 집중배치를 둘러싸고 팽팽한 긴장관계에 돌입하게 되고 유럽, 특히 동서독 국민들은 핵전쟁 위기에 빠져든다. 이런 상황에서 볼프가 그리스 신화에 관심을 돌리면서 던진 질문은 서양문명 속에 깊숙이 자리 잡은 폭력성의 근원에 관한 것이다. 작가는 언제 그리고 무엇을 통하여 이러한 자기 파괴적인 경향이 서양의 사유와 현실 속으로 들어오게 되었는가를 묻는다.

헬레니즘은 서양의 이념과 철학은 물론이거니와 예술론, 국가론, 정치사회론 등에 뿌리 깊은 영향을 남기고 있다. 그런데 볼프는 서양문명의 뿌리인 헬레니즘에서 폭력성의 근원도 밝히고 있다. 헬레니즘은 탁월한 외형적 가치에도 불구하고 남성중심, 강자중심, 이성중심이라는 극심한 편향성을 갖고 있는 위험한 문명이라는 인식이다. 여기서 여성, 이방인, 노예 등의 약자는 철저히 소외되고 배척당하며, 여성적 감성 또한 남성적 이성에 종속된다.

볼프는 고대 그리스 문명 속에 내재된 폭력성을 그리스 신화와 호메로스의 영웅서사시에서 발견한다. 그녀는 호메로스에 의해 찬양 고무되는 아킬레우스, 오디세우스 등의 영웅들이 펼치는 충성, 명예, 우정, 의리 등과 같은 힘찬 남성적 가치 이면에 침략, 살육, 약탈, 기만 등의 적자생존, 양육강식의 피비린내 나는 폭력성이 도사리고 있음을 주목한다. 신화 속의 영웅들은 힘세고 싸움 잘하는 깡패집단일 뿐이다. 볼프는 트로이를 잔인하게 정복하고 약탈한 그리스 영웅들에게서 핵무기 숭배자들의 원형을 찾는다.

남성중심, 강자중심의 사회에서 약자인 여성은 남성에게 종속되어 재물이나 상품처럼 약탈과 거래의 대상으로 전락한다. 주관성이 해체되고 객체화 된다. 볼프가 처음으로 주목한 신화의 여성 카산드라(Kassandra)는 남성중심의 가부장제가 만들어낸 대표적 희생자다. 트로이의 공주인 그녀는 남신 아폴론에 의해 설득력이 결여된 예언의 능력을 선물로 받는다. 그녀는 앞날을 내다볼 수는 있지만 아무리 애쓰더라도 그것을 주변 사람들에게 납득시킬 수 없다. 신의 사랑을 거부한 벌로 얻게 된 불완전함이다. 가부장 신화를 대표하는 남신 아폴론이 강한 자아를 드러내는 여성 카산드라의 주관성을 박탈하고 제한한 것이다.

그녀는 예언의 능력으로 트로이의 목마 속에 숨겨진 술책을 꿰뚫어 보지만 트로이 시민들을 설득하는 데 실패하고 조국의 패망을 막지 못한다. 두 눈 멀쩡히 뜨고 도둑질 당한 것이다. 마치 날치기 당하는 걸 알면서도 말을 못해 도둑의 수중으로 떨어지는 물건과 같은 신세다. 뿐만 아니라 그녀는 최고 사령관 아가멤논의 전리품으로 끌려가 주인과 운명을 함께하게 된다. 바람난 처와 정부의 손에 피살되리라는 것을 미리 알고 애써보지만 설득력 부재로 카산드라는 몸에 부착된 장식품처럼 주인 아가멤논에게 딸려 허망한 최후를 맞는다.

볼프의 신화 탐구의 궁극적인 목적은 왜곡된 신화를 해체하고 재구성하는 데 있다. 그녀는 신화 속에 투영된 현실의 병리현상의 근원을 파헤치고 새로운 희망의 씨앗을 뿌리려 한다. 작가의 과거로의 여정은 신화를 넘어 신화 이전의 시대까지 거슬러 간다. 그녀의 시선은 남성중심의 가부장 신화 이전에 넓은 가슴과 따뜻한 감성을 지닌 '위대한 어머니 신'이 숭배되던 모권시대로 이어진다.

그리스 신화는 제우스, 아폴론 등 남신들이 주역인 올림포스 신족의 부권신화다. 그런데 이러한 부권신화가 자리 잡기 전 크레타 섬을 중심으로 그리스 각 지역에서는 모권신화가 넓게 퍼져 있었다는 것이 정설이다. 시대의 흐름에 따라 모권이 부권으로 대체되면서 여신은 위상이 추락하여 남신에게 종속되는 길을 간다. 위대한 어머니 신이었던 헤라와 아르테미스가 제우스의 투기하는 처와 철부지 딸로 전락하는 신화가 이를 설득력 있게 말해준다.

여신의 위상 약화는 여성의 추락을 동반한다. 이제 '새 시대의 주역'인 남성은 위대한 영웅으로 찬양되지만, '구시대의 잔재'인 여성은 '과거청산' 대상이 되어 카산드라처럼 '약한 자'이거나 메데아처럼 '악한 자'로 손가락질 당한다. '역사는 승자의 기록'이라는 말이 있듯이 새 시대의 승자인 남성은 역사뿐만 아니라 신화에 대한 독점권도 행사하기에 이르렀으며, 호메로스, 에우리피데스 등의 그리스 작가들 역시 '새 시대의 나팔수' 역할을 크게 벗어나지 못했다는 것이 볼프의 시각이다.

볼프는 이러한 가부장적 질서에 의해 덧칠된 신화를 해체하고 왜곡된 여성의 이미지를 복원시키고자 한다. 그런 즉 볼프의 신화 해체는 가부장제의 틀을 해체하는 작업이라 할 수 있다. 그녀는 가부장제의 폭력성에 의해 소외되고 객체화한 여성을 해방시키고 주관성을 회복시켜 '인간'으로 재구성하려 한다. 볼프가 신화를 향해 던진 질문은 궁극적으로 '인간'에 대한 질문이다.

볼프의 「메데아」에는 '목소리들'이라는 부제가 붙어 있다. 총 11장으로 구성된 이 작품은 여느 소설과 달리 3인칭이나 1인칭으로 서술되지 않고 메데아와 야손(이아손)등 6명의 '목소리들'이 장 별로 따로 등장하여 각자의 시각으로 이야기하는 독특한 서술형식을 선보인다. 인물들 스스로가 말하게 함으로써 단독의 서술자가 빠져들 수 있는 일방성과 편향성을 방지하려는 의도가 엿보인다. 그런데 6명의 목소리들 속에 숨겨져 있는 사랑, 증오, 두려움, 욕망, 질투, 복수심 등의 감정과 심리를 통해 작가는 강한 여성 메데아가 어떻게 희생양이 되어 악녀로 추락하는가를 드러내 보인다.

메데아를 악녀로 만든 요인은 세 번의 살인 행위로 정리된다. 남동생 압시르토스의 살해, 연적의 살해, 그리고 자식 살해 등이다. 볼프는 바로 이 혐의들을 부인함으로써 메데아의 악녀 이미지를 걷어낸다. 그는 야손과 메데아의 신화에 담긴 핵심 줄거리는 대체적으로 여과 없이 받아들인다. 야손의 황금양털 탈취를 위한 아르고호 원정, 메데아의 도움과 동반 탈출, 압시르토스의 토막 살해, 야손의 배신과 메데아의 추방, 글라우케(크레우사)의 죽음, 그리고 메데아 자식들의 죽음 등이 작품 속에서 주요 사건으로 다루어진다. 그러나 각 사건의 주체와 동기는 전혀 다르게 설정된다. 작가는 야손에 대한 맹목적인 사랑에서 비롯된 메데아의 잔혹한 복수 행각을 근본적으로 뒤집는다.

볼프는 메데아가 조국 콜키스를 버리고 야손을 따라 나선 것이 사랑 때문이 아니라, 권력을 놓고 벌어지는 콜키스의 부패와 타락에 대한 절망에서 비롯되었음을 밝힌다. 비록 함께 도주하여 결혼하고 자식까지 둔 사이지만 메데아의 마음속에 자리 잡은 야손의 존재는 숙명적이지 않다. 그녀의 마음에는 위선과 탐욕으로 가득한 영웅 야손 보다는 아름답고 자유로운 영혼을 소유한 볼품없는 석공 오이스트로스가 더 크게 자리 잡고 있다.

야손에 대한 불타는 사랑이 없는 가슴속에 배신감과 질투심이 끓어오를 여지는 크지 않다. 더불어 잔혹한 복수극의 당위성도 줄어든다. 그렇다면 남동생의 토막 살해로부터 연적과 자식 살해로 이어지는 악행은 어떻게 설명되는가. 작가는 모함이라고 답한다. 볼프는 부권이 판치는 가부장사회에 순응치 않고 맞서는 메데아가 어떻게 모함당하고 파멸하는가를 고발한다. 그녀가 파멸하는 요인은 세 가지로 집약된다.

첫째, 메데아는 가부장제의 주역인 남성과, 그 체제에 순응하고 길들여진 여성에게는 거슬리는 존재다. 그녀는 "거친 여인"으로 불린다. 코린토스인에게는 메데아가 고분고분하지 않고 줏대를 세우기 때문에 거칠게 느껴진다. 그녀는 "거리를 폭풍우처럼 질주하고 화나면 소리 지르고 기쁘면 크게 웃는" 거침없는 언행으로 야손은 물론 코린토스의 남녀 모두를 언짢게 하고 불편하게 한다. 이들에겐 그녀의 "의기양양하고 조롱하는 것 같은 존재"가 못마땅하다. 그러나 메데아의 눈에는 코린토스의 여인들이 "세심하게 길들여진 가축"으로 비춰질 뿐이다.

둘째, 메데아는 진실에 대한 열정이 넘치는 인물이다. 콜키스와 다름없이 코린토스에서도 왕권을 둘러싼 술수와 암투가 똑같이 벌어지고 있다는 사실을 눈치 챈 메데아는 주변의 경고와 만류에도 아랑곳하지 않고 끝까지 진실을 추적한다. 그래서 결국 크레온 왕이 왕권을 지키기 위해 자신의 친딸 이피노에 공주를 살해한 사실을 밝혀낸다. 코린토스는 잔인한 범죄를 발판으로 유지되고 있었으며, 이 비밀을 폭로한 사람은 파멸을 면키 어렵다. 메데아는 권력의 안위를 염려하는 무리에게 점차 위험한 존재로 부각된다.

셋째, 메데아는 자유로운 영혼을 지닌 현명한 여인이다. 그녀는 편견과 무지에서 비롯된 모든 관습과 금기로부터 자유롭다. 2년에 걸친 대가뭄 끝에 코린토스에 극심한 기근이 들었을 때, 그녀는 사람들에게 금기시 되어온 들풀과 말고기 먹는 법을 가르쳐주어 굶어 죽는 것을 면하게 한다. 그러나 돌아온 것은 감사가 아니라 증오였다. 간교한 군중은 상황이 바뀌자 메데아를 희생양으로 삼는다. 이들은 스스로 굶주림에 굴복하여 금기를 어긴 게 아니라 메데아의 마법에 홀려 현혹 당했기 때문이라고 믿고 싫어 한다. 자신들의 과오를 희생양에게 떠넘김으로써 혹시 닥칠지 모를 신의 심판을 모면해보려는 속셈이다. 그 후로 메데아는 '악녀'나 '마녀'로 통하게 된다.

메데아는 이어지는 자연재해 — 지진, 페스트 발병, 월식 등 — 를 초래한 원흉으로 지목하려는 음모를 모면할 길이 없다. 그녀는 권력과 군중의 합작으로 희생양이 된다. 메데아를 모함하여 파멸시키려는 음모는 같은 콜키스인이면서 그녀를 시기하는 아가메다와 프레스본, 그리고 코린토스의 왕실 수석 천문학자이면서 권력의 핵심인물인 아카마스에 의해 주도된다.

이들은 메데아가 남동생을 엽기적으로 살해했다는 소문을 퍼뜨려 치명적인 죄목으로 삼으려는 공작에 착수한다. 메데아가 고분고분하지 않고, 권력의 비리를 밝히려 했으며, 금기를 어기도록 유도한 것이 못마땅했지만, 모두 드러내 놓고 공격하거나 죄를 물을 성질이 못되기 때문이다. 사실 압시르토스는 메데아가 아니라 콜키스 왕과 어리석은 군중에 의해 살해되었다. 아이에테스가 통치하는 콜키스의 율법에 따르면 두 번 임기를 마친 왕은 정권을 이양해야 한다. 이에 따라 7년씩 두 번을 통치한 아이에테스는 아들에게 왕위를 물려주어야 할 상황에 몰린다. 그런데 그는 아들 압시르토스에게 형식적으로 왕위를 양도한 후 낡은 관습에 집착하는 광신적인 여인들을 사주하여 아들을 잔인하게 살해한다.

옛 관습에 따르면 정권 교체 시 왕이나 왕의 대리인 중 한 명은 반드시 죽도록 되어 있다. 압시르토스는 젊은 남자의 사지가 대지를 비옥하게 만든다는 어리석은 관습을 맹종하는 광신도들의 손으로 갈가리 찢겨져 들판에 뿌려졌던 것이다. 메데아가 조국 콜키스에 절망하여 떠난 것도 이 때문이다. 그녀는 절규하며 끌어 모은 동생의 시신을 추격대를 끌고 좇아온 아버지 아이에테스의 면전에서 바다에 뿌렸다.

콜키스의 앞바다에 흩뿌려졌던 압시르토스의 사지가 다시 짜 맞추어져 이제 코린토스에서 메데아를 파멸시키는 음모의 수단으로 되살아나고 있다. 메데아는 사형이나 다름없는 추방형을 선고받는다. 코린토스인들은 이것으로 만족하지 않고 그녀에게 연적과 자식을 살해한 악녀라는 오명까지 뒤집어씌운다. 떳떳치 못한 자신들의 소행을 합리화하고 싶었기 때문이다. 그러나 글라우케는 양심의 가책과 정신분열 증세로 스스로 우물에 빠져 죽었으며, 신변의 안전을 위해 메데아가 헤라 신전에 피신시켰던 아이들은 후환을 두려워한 군중의 손에 돌로 맞아 살해된 것으로 그려진다. 메데아는 결국 콜키스와 코린토스, 두 나라의 권력과 군중이 합작한 폭력에 의해 희생된 것이다.

볼프는 메데아를 희생양으로 만든 폭력성의 뿌리가 '남성적인 것'을 맹종하는 가부장제에 있음을 고발한다. 남성중심의 가부장사회는 힘의 우위를 최고의 가치로 숭상한다. '보다 강하게', '보다 높게', '보다 많게'를 외치며 앞만 바라보고 질주하는 사회다. 주변의 모든 인간은 자신의 앞길을 가로막는 경쟁자와 장애물로 인식된다. 목표를 이루기 위해서는 부모자식도, 형제자매도 없다. 친구와 동료는 말할 것도 없다. 약육강식, 적자생존의 정글의 법칙이 지배하는 냉혹한 승부와 경쟁의 세계다. 무한경쟁의 승자는 영웅이 되어 군중의 우상이 된다. 하나의 영웅이 탄생하기 위해서는 피가 강물처럼 흘러넘치고 뼈와 살이 산맥을 이루어야 한다. 야손 역시 이러한 길을 통해 영웅으로 등극한다.

"남자는 언젠가 자신이 원하는 것을 찾아 결단해야 한다. 또한 더 이상 쓸모없고 짐만 지우는 것은 잊어버릴 줄도 알아야 한다."

야손의 아버지가 들려준 처세술이다. 남자의 세계의 생리가 적나라하게 표출된다. 오로지 자신의 목적만을 위해 살 것이며 인간관계는 목적을 위한 수단이나 도구로 활용될 뿐이다. 야손은 아버지의 교훈을 잘 준수하여 메데아를 이용하여 황금양피를 손아귀에 넣었고, 이제 더 이상 쓸모없으면서 글라우케와의 결혼에 걸림돌이 될 뿐인 메데아를 버리고 있다. 그러면 수많은 희생을 발판으로 삼는 영웅의 길이란 대체 얼마나 위대하고 거룩한 것인가. 볼프는 메데아의 시선을 통해 이를 한껏 조롱한다.

> *좋아요. 하지만 손님의 선물을 왜 되돌려 달라는 거죠? 원정길 내내 내게는 너무나 명백 했었다. 이올코스에서 우리가 왜 이다지도 절박하게 이 양피를 필요로 하는지를 말이다. 이를 위해 우리의 모든 힘, 아니 우리의 목숨을 걸지 않았던가. 그런데 이제 이 여인 앞에서 나는 말을 더듬기 시작했고, 결국 숭고하고 부득이한 모든 이유들은, 이올코스에서의 왕위 계승이 양피의 소유와 직결되어 있다는 하찮은 사실로 전락하고 말았다. 그녀는 이것저것 물으면서 이해하려고 애썼다. 아, 그렇군요. 결국 두 왕가 사이의 왕권 다툼이 문제군요.*

황금양피를 탈취하는 아르고호 원정은 야손을 영웅으로 만든 대표적 행적이다. 그러나 위대하고 거룩하게 보이던 과업이 메데아 앞에서 초라하고 하찮은 모습으로 전락한다. 황금양피는 이올코스의 조상이 도피하던 중 자신을 받아준 은혜에 보답하는 뜻으로 콜키스의 왕에게 선물한 것이다. 그런데 야손의 삼촌 펠리아스가 왕권을 찾으러 온 조카를 죽게 할 속셈으로 위험한 원정길로 내몰았던 것이다. 용기, 정의, 모험 등을 내세우지만 실상은 권력다툼에서 비롯된 배은망덕한 작태요 부당한 강탈일 따름이다.

황금양피를 탈취하는 이아손

원정을 결심하는 순간부터 콜키스에 도착할 때까지 야손의 마음은 나라를 위한 절박한 사명의식으로 가득 찼지만 메데아의 간단명료한 해석으로 원정의 명분이 뿌리까지 흔들린다. 탐욕과 이기심에 사로잡혀 있었기 때문이다. 권력과 황금에 눈이 멀면 명백한 진실도 보지 못하리라. 보고도 외면하고픈 자기기만에 빠졌다는 고백이 더 솔직할지 모른다. 메데아의 사심 없는 투명한 마음의 거울에 욕심으로 얼룩진 야손의 추악한 얼굴이 있는 그대로 비춰진다.

힘의 우위를 내세우는 남성중심의 가부장 사회는 강자만이 득세하는 단선적인 논리에 지배된다. 따라서 승자와 패자가 극명하게 나눠지는 무한 경쟁을 동력으로 삼는다. '한 줄 세우기'가 판치는 사회에서는 가식과 위선이 주요한 처세술로 애용되기 마련이다. 실제보다 부풀리고 과장해야 제대로 평가받고 대접받을 수 있다는 강박관념에 빠지기 쉽다. 저마다 약해도 강한 척, 없어도 있는 척, 몰라도 아는 척 하는 허세가 몸에 밴다. 생각과 감정의 자유로운 흐름과 분출이 억제된다. 유연성이 사라지고 경직화 된다. 볼프는 이러한 경직성을 '딱딱한 몸'으로 비유한다. 운동선수가 너무 잘 해야겠다는 욕심에 사로잡히면 몸의 유연성을 잃고 딱딱한 자세가 나오듯이 마음의 경직성은 몸의 경직성을 낳는다. 자신도 모르게 어깨에 힘이 들어간다.

메데아가 코린토스인의 몸에서 느끼는 딱딱함은 육체의 경직성을 넘어 생각과 감정의 경직성을 암시한다. 어떤 흐름도, 용솟음도 느낄 수 없는 몸은 자유롭고 자연스러운 흐름과 분출이 없는 마음의 반영이다. 이는 곧 거짓과 자기기만으로 이어진다. 마음의 평화와 자유 그리고 평정심을 잃고 욕망의 포로가 되기도 한다. 야손이 메데아를 배신하고 권력과 황금을 탐하며 궁정생활에 집착하게 되는 순간 그의 어깨 역시 코린토스의 다른 남자들처럼 점점 딱딱해진다.

가부장 사회의 허위성과 경직성은 안과 밖이 다른 이중인격자를 양산한다. 실제보다 부풀리고 과장해야 제대로 평가받고 대접받을 수 있다는 강박관념에 빠진 사람은 '본연의 모습'과 '보여주기 위한 모습'으로 분화된다. 자신의 얼굴과 전혀 다른 가면을 항상 지니고 다니며 필요에 따라 기꺼이 활용한다. 이중인격자의 대표로 코린토스의 왕 크레온이 등장한다. 메데아의 눈에 비친 그의 모습은 옥좌에 앉았을 때의 '뻣뻣한 그레온'과, 편한 사람들끼리 식사할 때의 '풀어진 크레온'으로 존재한다. 왕실 수석 천문학자 아카마스의 설명에 의하면, 왕으로서 크레온은 한 남자로서의 크레온, 즉 하나의 인격체가 아니라 왕이라는 직책이라는 것이다. 한 인간이 인격체로서의 크레온과 직책이라는 가면을 쓴 크레온으로 분화된다. 메데아에게는 이런 이중인간 크레온이 "불쌍한 사람"일 따름이다.

'강해야 살아남는다'는 신조는 남자들에게 '약함'에 대한 알레르기 반응을 일으키게 한다. 사나이는 절대 약한 모습을 보여선 안 된다! 아무리 슬퍼도, 아파도, 괴로워도 눈물을 보여선 안 된다. 울음은 '약함'의 상징으로 남자의 세계가 용납할 수 없는 으뜸가는 금기사항이다. 아무리 어려도 사내가 눈물을 보이면 '계집'으로 취급받는다. 싸우다가 어느 한 편이 울면 그것으로 승부가 끝나버린다. 오죽하면 '남자는 평생 세 번 운다'라는 말을 만들어 눈물의 회수까지 정해 놓았겠는가.

모권이 약해지고 가부장의 권위가 강해질수록 남자의 눈물은 메말라간다. 상대적으로 모권의 전통이 많이 남아 있는 콜키스의 남자는 비교적 감정을 자유롭게 발산하며 슬플 땐 비통하게 울기도 하고 때로는 큰 소리로 울부짖고 통곡하기도 하지만, 가부장제가 확고한 코린토스의 남자는 장례식장에서도 결코 우는 모습을 보여주지 않는다. 이곳에서는 우연이라도 남자의 우는 모습을 본 여자에게는 반드시 그 대가가 지불될 만큼 남자의 눈물은 철저한 금기로 통제된다. 가면 속에 가려진 속살이 드러나서는 안 된다는 강박관념이다. 행여나 약점이 드러나 공격당할지 모른다는 극단적인 자기방어 심리다. 정말 '불쌍한 인생'이다.

'강함'에 대한 집착과 허세는 '약함'의 반증이다. 진정한 강자는 '강함'을 의식하지 않는다. 이미 깊숙이 내재되어 있기 때문이다. 강해야 한다는 집착과 강하게 보이려고 애쓰는 허세는 스스로의 '약함'에 대한 두려움에서 비롯된다. 자신에 대한 확고한 신뢰와 애정을 갖지 못하면 불안과 공포가 뒤따르고 이는 타인과 세상을 향한 분노와 파괴로 이어질 수 있다. 볼프는 모든 폭력성의 근원이 두려움에 있음을 밝힌다. 자기 스스로에 대한 두려움, 삶에 대한 두려움, 죽음에 대한 두려움이 폭력을 낳는다고 본다. 메데아는 코린토스인들의 길들여진 표피 바로 아래 피에 굶주린 속살이 도사리고 있다는 사실에 치를 떤다. 그리고 타인을 향한 광기 어린 폭력만이 저들의 두려움을 진정시킬 수 있음도 깨닫는다.

추방령을 받고 짐을 꾸리고 있는 자신을 마지막으로 찾아온 야손에게 메데아는 분노 대신 연민을 느낀다. 저급한 욕망에 사로잡혀 천박한 속물로 전락한 '영웅'의 몰골이 불쌍해 보였다. 그녀는 배신자에게 자신은 상관없지만 마음이 여린 글라우케에게는 더 이상 상처주지 말라고 당부한다. 덧붙여 야손이 설령 코린토스의 왕이 된다 하더라도 결코 기쁨을 느낄 수 없으며 나아가 앞으로 영원히 참된 기쁨을 모르고 살지도 모르겠다고 공박한다. 그러고는 "타인의 삶을 파괴하는 쾌감이란 자신의 삶에서 즐거움과 기쁨을 찾지 못하는 데서 기인하지 않을까 의심스럽다"라고 일갈한다.

볼프는 권력과 군중의 두려움이 폭력으로 분출되는 모습을 희생양 메데아의 파멸을 통해 드러낸다. 코린토스에서 잇달아 발생한 지진과 페스트는 권력과 군중을 극도의 공포 속으로 몰아넣는다. 천문학자 아카마스가 예측하지 못한 대지진이 코린토스를 강타한다. 거리는 온통 울부짖는 사람들로 메워지고 세상의 멸망이 가까이 온 것 같았다. 궁궐의 피해는 미미했다. 시종들만 몇 명 다치고 한 명이 죽었을 뿐이다. 그러나 크레온왕은 깊은 충격을 받았으며 분노와 두려움에 휩싸인다. 왕의 진노를 두려워한 아카마스는 메데아를 희생양으로 삼는다. 그는 메데아의 사악한 마법 때문에 지진이 일어났다고 소문을 퍼뜨린다. 성난 왕과 군중에게 메데아를 먹이로 던져준 것이다.

지진을 수습하는 과정에서 권력의 속성이 적나라하게 표출된다. 왕실은 백성에게는 관심이 없고 오로지 자신들의 안위에만 신경을 쓴다. 많은 이들이 집과 재산을 몽땅 잃어버리고, 무너진 집 더미에 깔려 죽은 시신이 썩어 가는데도 몇 주일씩 방치하면서 고관대작의 장례식은 초호화판으로 치러진다.

권력은 필요시 군중을 요긴하게 써먹는다. 입만 열면 거품 물고 침 튀기며 백성을 위한다고 떠들어 댄다. 우매한 군중은 이에 현혹되어 권력의 든든한 발판과 바람막이를 자청한다. 권력과 군중의 부조리한 커넥션은 자유와 정의를 억압하는 폭력을 잉태한다. 군중은 결국 권력에 협조하면서 스스로에게 폭력을 가하는 꼴이 된다. 방치된 시신에서 페스트가 발생한다. 소요를 염려한 권력은 이를 극비에 부치고 자신들만 이곳을 떠날 궁리에 몰두할 뿐이다. 이 때문에 페스트가 더 빨리, 더 무섭게 번져가 백성의 피해를 가중시킨다. 권력이 자신들의 발판과 바람막이에게 폭력으로 보답하고 있다. 메데아는 환자들이 도움을 청하면 지체 없이 달려가 누구보다도 많은 일을 한다. 그러나 코린토스인들은 그녀가 페스트를 뒤에 달고 다닌다고 곡해할 따름이다.

아르테미스 신전에서 행한 제사에서 마침내 군중의 광기가 폭발한다. 황소를 제물로 바치며 신의 노여움을 푸는 의식을 올리던 중 탈옥한 죄수들이 호화로운 무덤을 도굴해 갔다는 흉흉한 소식이 전해진다. 군중은 오래 전부터 기회를 엿보고 있었다는 듯 성난 함성을 터뜨린다. 복수심에 불탄 군중은 눈에 불을 켜고 희생양을 찾는다. 아르테미스 신전에서 노역하던 다른 죄수들이 저들의 먹이로 포착된다. 성난 군중은 죄수 중 한 명을 끌어내어 제단 위에서 목을 따 피를 뿌려 광란의 희생제의를 올린다. 극단적인 광기와 폭력이 분출된다. 희생제의를 올리려 신전으로 몰려가는 군중 행렬에서 메데아는 두려움에서 발산되는 폭력의 기운을 섬뜩하게 감지한다.

광기가 절정에 이르렀을 때 밤하늘에서 시커먼 괴물이 나타나 달과 싸움을 시작한다. 괴물은 게걸스럽게 달을 크게 한 입 베어 먹은 다음에도 공격의 고삐를 늦추지 않는다. 그날 밤 가장 크고 화려하게 빛나면서 군중을 한껏 고무시킨 달의 여신 아르테미스가 하늘에서 완전히 사라진다. 월식이 일어난 것이다. 사람들은 때맞춘 하늘의 이변에 또 다시 두려움에 빠져든다. 신의 분노를 느끼며 공포에 떤다. 이 두려움은 메데아에게 가해질 최후의 폭력으로 이어진다. 아카마스의 조수 투론의 성기가 성난 콜키스 여인들에 의해 잘리는 불상사가 일어난다. 페스트와 월식을 불러온

'주역'인 콜키스인들을 징벌하기 위해 이들의 성스러운 숲을 투론이 도끼로 무참히 찍어냈기 때문이다. 광기 어린 폭력의 충돌이다. 메데아는 콜키스 여인들을 부추긴 혐의로 체포된다.

사실은 모든 게 천문학자 아카마스의 술수였다. 그는 월식이 일어날 줄 알면서도 이를 철저히 비밀에 부쳐 군중의 두려움과 폭력을 교묘히 조장했다. 소름끼치도록 주도면밀하게 폭력을 기획하고 생산하는 인물이다. 권력의 유능한 하수인으로서 '태양'의 곁불을 쬐는 일을 삶의 유일한 목표로 삼는 해바라기다. 그의 곁에는 "허영심 많고 어리석은" 프레스본과 "증오에 눈이 먼" 아가메다, 그리고 "먹이를 향해 부풀린 코를 킁킁거리며 숲을 배회하는 어린 야수 같은" 투론 등이 버티고 있다. 모두가 권력의 위성들이다. 이들은 "권력자 주변에서 일어나는 극히 미세한 변화까지도 냄새 맡는 예민한 후각인 육감(六感)"을 엄마 젖과 함께 빨아들이는 위인들이다. 이는 "일종의 끊임없는 공포"의 소산이기도 하다. 권력을 대리한 이들이 군중의 두려움을 자극하여 메데아를 폭력의 희생자로 파멸시킨다.

볼프의 메데아는 '남성적인 것'과 대비되는 '여성적인 것'의 상징이다. 그녀는 "지나치게 여성적"이며, 이것이 그녀의 생각마저 물들이고 있다. '여성적인 것'의 본성은 부드러움과 유연성에 있다. 메데아는 생각과 감정의 이분화에 익숙지 않은 인물이다. '생각 따로, 느낌 따로'라는 말은 그녀의 사전에 없다. 그러니 어깨에 힘이 들어갈 여지도 없다. 그녀는 "생각이란 감정에서 비롯되는 것이며 고로 감정과의 연관을 잃어버려서는 안 된다"라고 믿고 있다. 생각으로 감정을 옭아매지 않고 감정을 자유롭게 내버려둔다. '남성적인 것'에 매몰되어 있는 아카마스에게는 이러한 태도가 시대에 한참 뒤떨어진 "피조물의 아둔함"으로 비춰지지만 메데아에게는 "창조력의 원천"이다. 이러한 메데아가 가부장사회에서는 섬뜩하고 불쾌하게 받아들여진다. 그녀의 '지나친 여성성'이 너무나 이질적이고 낯설기 때문이다.

메데아의 삶에 대한 자세는 '선한 것'에 대한 아카마스와의 논쟁에서 두드러진다. 아카마스는 눈앞의 목적을 이루기 위해서는 자기 자신을 속이는 짓도 서슴지 않는 인물이다. 그에게는 모든 것이 목적을 위한 도구와 수단일 뿐이다. 따라서 '선한 것'이란 다름 아닌 목적을 이루는 데 유용하고 쓸모 있는 것에 지나지 않는다. 메데아의 생각은 다르다. 그녀는 유용하고 쓸모 있는 것이 무조건 선하지는 않다고 반박한다. 메데아에게 진정한 '선한 것'이란 '자유로움'과 '자연스러움'이다.

메데아의 '힘'은 삶에 '자유로움'과 '자연스러움'을 제공하는 원동력이다. 이 힘의 흐름이 막히면 어깨에 힘이 들어간다. 몸과 마음이 거칠고 뻣뻣해진다. 이는 허세, 위선, 이기심, 탐욕, 두려움 그리고 폭력으로 이어진다. 이를 방지하고 몸과 마음에 부드러움과 유연성을 불어넣는 것이 바로 메데아의 '힘'이며, 그것이 곧 '선한 것'이다. 세상과 인간을 폭력의 길로 몰고 간 '남성적인 것'에 맞서 작가의 대안으로 제시되는 '여성적인 것'이기도 하다. 볼프는 '부드러움' 속에서 진정한 '강함'을 발견한다.

메데아와 더불어 이 '힘'을 느낄 수 있는 인물로 그녀의 연인인 석공 오이스트로스가 그려진다. 그는 '여성적인 것'이 살아 숨 쉬는 남자다. 메데아가 몸과 마음을 통할 수 있는 유일한 인간이다. 오이스트로스를 통해 볼프는 '여성적인 것'이 여성의 전유물이 아님을 말한다. 그와 대칭되는 인물로 아가메다가 등장한다. 아가메다는 여성이지만 남자들 이상으로 '남성적인 것'에 흠뻑 취해 있다. 그녀는 메데아에 대한 증오심과 출세욕에 빠져 아카마스의 수족이 되어 폭력의 선봉에 선다. 아가메다는 가부장제에 의해 일그러지고 뒤틀린 여성상이다. 그녀 또한 가부장제의 희생자다.

오이스트로스는 가부장 문화에 길들여지지 않은 남성상이다. 그는 가부장제를 넘어선 이상적인 인간형을 보여준다. 이중인격자 크레온에 대비되는 남성으로 아름답고 자유로운 영혼과 감정을 소유하고 있다. 모든 사람을 똑같이 대하기 때문에 곁에 있으면 누구라도 마음이 편안해진다. "왕이 길을 잘못 들어 그를 찾아온다 해도, 절대로 법석을 떠드는 일이 없을" 인간이다. 오이스트로스는 신분의 고하를 막론하고 의연함과 자유로움을 잃지 않고 상대한다. 돈이나 시기심 같은 것은 그에게 붙어 있을 수 없는 듯 보이며, 대신 사람을 붙잡아 둔다. 메데아는 그를 두고 "자기 안의 아이를 버리지 않은 채 성인이 되는 데 성공했다"라고 말한다.

메데아는 남동생 살해라는 누명을 쓰고 군중에게 쫓기는 절망적인 상황에서 오이스트로스를 만나 그의 사랑을 통해 새롭게 삶의 의욕을 갖게 된다. 큰 인물끼리는 서로 통하는 것인가. 메데아에게 '영웅' 야손은 석공 오이스트로스와 비교가 되지 않는 작고 초라한 남자로 전락한다. 야손은 '남성적인 것'에 매몰된 보잘 것 없는 속물일 따름이다. 그는 권력과 물질욕에 눈이 어두워 메데아를 버린 배신자일 뿐 아니라, 그녀가 모함을 받고 추방령을 받게 되는 상황에서도 자신의 안위만을 염려하여 적극적으로 변호하지 못하는 비겁한 자로 그려진다. 작가는 메데아 곁에 '영웅' 야손과 석공 오이스트로스를 동시에 세워두고 누가 진정한 강자인가를 묻고 있다.

메데아는 파멸한다. 그녀는 죽음과 다름없는 추방령을 선고받고, 침을 뱉고 욕설을 퍼붓는 군중에 둘러싸여 온갖 멸시와 학대를 당하며 코린토스에서 내쫓긴다. 권력과 군중이 합작한 폭력이 그녀를 파멸시킨다. 폭력의 근저에는 가부장제가 도사리고 있다. 메데아는 가부장제의 희생양이다. 그러나 볼프의 메데아는 에우리피데스의 메데이아와 다르다. 후자가 '이에는 이, 눈에는 눈'과 같은 방식으로 남성적 폭력에 똑같은 폭력으로 맞선다면, 전자는 '남성적인 것'에 맞서 '여성적인 것'을 끝까지 견지하며 맞선다.

에우리피데스의 메데이아는 남자의 세계에 테러를 가하며 복수하지만, 자신의 내면도 철저히 파괴되는 비극적 인물로 전락하고 만다. 볼프의 메데이아는 남자의 세계에 테러를 당하며 파멸하지만, 내면의 자유를 지킨 승리자로 남는다. 비록 물리적인 힘 한 번 제대로 못쓰고 일방적으로 당하는 모습으로 끝나지만, 볼프의 메데이아는 에우리피데스의 메데이아보다 강하다. 볼프는 강한 여성 메데이아의 파멸을 통해 가부장제의 폭력성을 한층 더 엄중히 고발한다.

2. 독부 클리타임네스트라

남편 살해와 모친 살해

그리스 신화의 또 하나의 악녀 클리타임네스트라(Klytaimnestra)는 남편을 살해하고, 아들에게 살해되는 기구한 운명의 주인공이다. 하늘처럼 받들어 모셔야할 지아비를 죽인 죄로, 대를 이어 모셔야할 후계자 손에 죽은 것이다. 그녀는 가부장제의 핵심축인 아버지와 아들 사이에 끼어 주체성을 상실한 채 겉돌다간 뭇 여성의 얼굴이다. 남자의 세계가 만든 또 다른 희생자다.

클리타임네스트라는 제우스가 스파르타의 왕 틴다레우스의 처 레다를 유혹하여 낳은 딸이다. 바람둥이 제우스는 백조로 변신하여 레다를 수태시켜 두 개의 알을 낳게 하는데, 알을 깨고 헬레네(Helene)와 클리타임네스트라 자매, 그리고 '제우스의 아들'이라는 뜻의 디오스쿠로이(Dioskuroi)로 불리는 카스토르와 폴리데우케스 쌍둥이 형제가 태어난다. 헬레네는 스파르타의 왕 메넬라오스(Menelaos)의 아내로 트로이의 왕자 파리스의 유혹에 넘어가 전쟁의 불씨가 되는 여인이고, 클리타임네스트라는 메넬라오스의 형이자 트로이 정벌군 총사령관인 아가멤논(Agamemnon)의 처가 된다. 제우스의 바람기로 알에서 태어난 두 자매가 트로이 전쟁의 주역을 맡게 되는 것이다. 카스토르와 폴리데우케스 형제는 나란히 죽어 쌍둥이 별자리가 된다.

클리타임네스트라를 악녀로 만든 으뜸가는 악행은 남편 살해다. 그녀는 아가멤논이 총사령관으로 트로이 전쟁에 참전하는 동안 시동생 아이기스토스(Aigisthos)와 정을 통했을 뿐만 아니라, 전쟁을 승리로 이끌고 그리스의 영웅으로 금의환향한 남편을 정부와 손잡고 잔인하게 살해한 흉악범으로 지탄받는다. 간통죄에다 살인죄를 범한 중죄인이다. 게다가 후환을 염려하여 아들 오레스테스(Orestes)는 멀리 추방하고 딸 엘렉트라는 박대하면서 정부와 함께 권력을 휘둘러 백성의 원성을 산다.

장성한 오레스테스가 나타나 누이 엘렉트라와 공모하여 아버지의 원수를 갚는다. 오레스테스는 자신의 죽음을 전하러 온 사자인 것처럼 가장하고 왕궁으로 잠입하여 아이기스토스와 어미 클리타임네스트라를 살해한다. 아버지를 살해한 어머니를 아들이 단죄한 것이다. 남편 살해가 모친 살해로 이어진 저주받은 집안이다. 모친 살해범 오레스테스는 복수의 여신들인 에리니에스에게 시달리다가 아폴론과 아테나의 도움으로 깨끗이 사면된다. 남편 살해는 가혹하게 벌을 받고, 모친 살해는 면죄부를 받고 있다. 클리타임네스트라의 처벌과 오레스테스의 사면은 과연 정당한 것인가.

살인에 대한 변명

최악으로 저주받은 아가멤논 집안에 대한 이야기는 그리스 비극의 최고 소재로 애용된다.

먼저 아이스킬로스는 3부작 비극 「오레스테이아」에서 아가멤논 집안의 저주와 불행을 다루고 있는데, 1부 「아가멤논」은 남편 살해, 2부 「제주를 바치는 여인들」은 모친 살해, 그리고 3부 「자비의 여신들」은 모친 살해범에 대한 재판을 각각 보여준다. 소포클레스와 에우리피데스의 「엘렉트라」, 그리고 에우리피데스의 「아울리스의 이피게네이아」와 「타우리스의 이피게네이아」 등의 작품도 이 사건을 다루고 있다.

레다를 유혹하는 백조 제우스

우선 클리타임네스트라의 변명을 들어보자. 클리타임네스트라는 사랑에 눈이 멀어 악행을 저지른 건 아니라고 항변한다. 치정 때문에 남편을 죽인 게 아니라는 변명이다. 그녀의 마음속에는 남편에 대한 원한이 자리잡고 있다. 자식 때문이다. 아가멤논이 공명심에 사로잡혀 맏딸 이피게네이아(Iphigeneia)를 희생시킨 사실에 분노하고 있다. 트로이 정벌군이 아울리스 항에 집결해 있을 때 바람이 불지 않자 총사령관으로서 딸을 제물로 바친 것이다. 아가멤논은 이피게네이아를 아킬레우스에게 시집보낸다고 속이고 어미 손으로 딸을 전장으로 데려오게 함으로써 클리타임네스트라의 가슴에 못을 박았다.

사실 남편 손에 자식을 잃은 건 이것뿐이 아니다. 클리타임네스트라는 아가멤논과 혼인하기 전에 다른 사람의 아내로 살고 있었다. 그런데 클리타임네스트라에게 반한 아가멤논이 전 남편과 갓난아기를 무참히 죽이고 그녀를 강제로 빼앗은 것이다. 이후 아버지 틴다레우스의 설득으로

겨우 마음을 가라앉히고 강도 같은 놈을 지아비로 모시고 조신하게 살아왔는데, 또 다시 금쪽같은 자식을 희생시키다니! 「아울리스의 이피게네이아」에서 아가멤논을 향한 클리타임네스트라의 원한이 가득한 절규를 읽을 수 있다.

저와 남은 아이들이 당신이 돌아올 때 어떤 영접을 하느냐는
당신에게 달려 있습니다. 저를 나쁜 아내로 만들지 마시고,
당신 또한 나쁜 남편이 되지 마세오.
딸을 희생한 제물로 어떤 기도를 드릴 작정입니까?
딸을 죽이고 어떤 행운을 기대할 수 있단 말입니까?
흉측한 개선이 될 것입니다

비정한 아비에 대한 탄식과 섬뜩한 경고가 서려 있다. 이 같은 탄식과 경고를 무시한 아가멤논은 10 년간의 전쟁 끝에 귀향한 첫날밤 목욕탕에서 도끼로 잔인하게 살해된다. 정말 '흉측한 개선'이 실현된 것이다.

이피게네이아의 희생

딸을 희생시킨 아가멤논의 행위는 군대를 책임진 총사령관으로서 불가피한 결단은 아니었을까? 물론 일리 있는 명분이다. 그러나 이와 관련하여 클리타임네스트라는 전쟁의 명분을 걸고 나온다. 에우리피데스의 「엘렉트라」에서 그녀는 자신의 죄를 추궁하는 딸 엘렉트라에 맞서 트로이 전쟁의 명분을 공격한다. 백번 양보해서 이 전쟁이 적의 침략으로 나라와 집안의 안위가 위태로운 상황에서 벌어진 것이라면 대를 위해 소를 희생할 수 있겠지만, 비록 자신의 자매이긴 하지만 바람난 여자(헬레네) 하나 되찾겠다고 나선 우스꽝스러운 싸움판에 딸을 희생시킬 순 없었다고 받아친다.

그러고는 되묻는다. 만약 헬레네가 아니라 메넬라오스가 유괴를 당하고 이를 해결하기 위해 자신이 아들 오레스테스를 희생시켰다면 아가멤논이 가만히 있었겠냐고 말이다. 아가멤논이라면 당장 달려와 물골을 냈을 것인데, 자신 또한 그리 했노라고 말한다. 세상을 뒤집어보는 솜씨가 범상치 않다. 「메데이아」에서 보여주었던 작가의 균형 잡힌 시각이 돋보이는 대목이기도 하다.

물론 클리타임네스트라의 변명이 살인을 정당화할 수는 없다. 명분 없는 전쟁을 성공적으로 치르기 위해 딸을 죽인 남편을 살해했다는 변명은 동정심을 유발할지 몰라도 정당성을 부여받지는 못한다. 살인은 살인일 뿐, 어떤 명분으로도 용납될 수 없다. 어미의 변명에 대한 엘렉트라의 반격도 이를 통박하고 있다. 엘렉트라는 그리도 자식에 대한 애정이 깊으면서 오레스테스를 내쫓은 건 무엇이고, 자신을 박대한 건 무슨 마음이냐고 따져 묻는다. 그리고 회심의 결정타를 날린다.

피는 오직 피로 갚는 것이 심판의 정의라면,
당신은 나와 오레스테스 손에 죽어야 해요, 아버지를 살해한 죄로.

당신의 살인이 정당한 것이라면,
우리의 복수 역시 정당하니까요.

죽음을 죽음으로 갚는 정의의 세계에서는 그 죽음 또한 죽음으로 갚을 수밖에 없으며, 결국 피가 피를 부르는 악순환이 끝없이 계속되리라. 클리타임네스트라는 더 이상 변명을 늘어놓지 않고, "내가 저지른 짓을 잘 했다고 생각지는 않는다"라고 고백한다. 단지 엘렉트라가 어릴 때부터 어미인 자신보다 아비 아가멤논을 더 따르고 좋아했음을 상기시키면서 복수심에 개인적인 감정 또한 적잖게 작용했으리라는 점을 슬쩍 짚고 넘어갔을 뿐이다.

아가멤논의 죽음은 클리타임네스트라의 악행 이외에 가문에 내려진 저주의 결과이기도 하다. 아가멤논의 가문에는 신에게 저지른 범죄로 인해 저주의 그림자가 짙게 깔려 있다. 범죄는 아가멤논의 증조부인 탄탈로스까지 거슬러 올라간다. 신의 귀여움을 받던 탄탈로스는 자주 신들의 초대를 받아 신의 음식 암브로시아(Ambrosia)를 먹고 신의 음료 넥타르(Nektar)를 마시는 영광을 누리지만, 이를 훔쳐오는 만행을 저지른다. 그러던 어느 날 탄탈로스는 자신도 한 번 신들에게 보답해야겠다는 생각으로 신들을 집으로 초대한다. 많은 음식을 장만했지만 시장한 신들이 너무 잘 먹어서 음식이 금방 동이 난다. 그러자 탄탈로스는 해괴한 해법을 생각해낸다. 신들을 한 번 시험해보고 싶은 장난기가 발동한 것이다.

그는 자신의 아들 펠롭스를 칼로 몇 토막 낸 다음 삶아서 신들에게로 가져간다. 그러나 신들이 이를 모를 리가 없다. 암브로시아와 넥타르를 훔쳐가는 것도 모자라, 자신들을 시험하려한 탄탈로스에게 신들은 분노한다. 우선 아들 펠롭스를 원래의 모습으로 되돌려준다. 그러고는 탄탈로스를 저주하며 타르타로스에 가두어 갈증과 허기에 시달리게 한다. 탄탈로스는 타르타로스에서 물이 허리까지 차 있고 머리 위에는 사과가 주렁주렁 열린 나무가 드리워져 있지만, 물을 마시려 허리를 굽히면 수면이 내려가고, 사과를 따려 손을 뻗으면 나무 가지가 손이 닿지 않는 곳으로 달아나는 바람에 끝없는 갈증과 허기에 시달리게 된다.

신들의 저주는 탄탈로스에서 그치지 않는다. 신들의 은총으로 다시 살아난 펠롭스도 아내 히포다메이아를 얻기 위해 장인 오이노마오스를 그의 마부 미르틸로스를 매수하여 죽이는 끔찍한 범죄를 저지른다. 특히 펠롭스의 두 아들 아트레우스와 티에스테스는 아버지와 할아버지에게 내린 저주 때문에 전대미문의 범죄를 저지른다. 두 아들은 아버지 펠롭스가 물려준 나라를 놓고 원수처럼 서로 싸운다. 결국 동생 티에스테스가 패하여 망명길에 오른다. 아트레우스는 자신의 아내가 티에스테스와 정을 통한 사실을 뒤늦게 알고 분노한다.

아트레우스는 화해를 제의하면서 동생 식구를 자신의 왕궁으로 초대한다. 그는 동생의 두 아들을 살해하여 요리한 음식을 티에스테스에게 대접한다. 이 날 너무나 끔직한 만행에 태양도 거꾸로 돌았다고 한다. 동생이 고기를 먹고 나자 형은 아들 몸으로 조리한 고기 맛이 어떠냐고 물어본다. 사태를 직감한 동생은 가슴을 쥐어뜯으며 복수의 칼을 간다. 그는 결국 딸 펠로페이아와 관계하여 낳은 아들이 원수를 갚아 주리라는 신탁을 듣고 딸의 침실로 몰래 들어가 동침하여 아이기스토스를 낳아 살인 병기로 키운다.

아이기스토스는 사촌 형 아가멤논이 트로이 전쟁에 나가 있는 틈을 이용해 형수를 유혹하여 함께 복수의 칼을 간다. 전쟁터에서 들려오는 남편과 여자 포로들 간에 벌어지는 온갖 지저분한 염문에 가뜩이나 심사가 꼬여 있던 클리타임네스트라는 아이기스토스를 훌륭한 맞바람 상대로 환영한다. 귀국길에 아가멤논은 전리품으로 챙긴 트로이의 공주 카산드라를 보란 듯이 대동하고 나타나 클리타임네스트라의 살의에 기름을 붓지 않았던가. 아가멤논은 결국 자신의 과오와 가문의 뿌리 깊은 저주 때문에 비극의 주인공이 된 것이다.

여성의 패배

오레스테스의 모친 살해는 어떠한가. 아가멤논을 죽인 후 아이기스토스는 후환이 두려워 어린 오레스테스를 죽이려 한다. 오레스테스는 천신만고 끝에 늙은 하인에 의해 구출되어 포키스에 있는 친척 스트로피오스 집에서 은밀히 양육된다. 장성한 오레스테스는 델포이로 가서 아폴론의 뜻을 묻고는 신의 뜻대로 어머니를 죽이기로 결심한다. 그는 포키스의 왕자이면서 절친한 친구인 필라데스를 대동하고 고향으로 돌아와 누이 엘렉트라와 힘을 합쳐 클리타임네스트라를 살해한다. 이빨도 없는 입으로 젖을 빤 아들이었음을 상기시키며 감정에 호소하는 어미의 풀어헤친 젖가슴에 비정한 복수의 칼을 꽂는다.

모친 살해범은 복수의 여신들인 에리니에스에 의해 끈질기게 죄를 추궁 받는다. 에리니에스는 주로 혈친 간에 저지른 죄와 관련된 '피의 복수'를 떠맡는 여신들이다. 피의 복수를 외치며 달려드는 에리니에스에게 오레스테스는, 왜 남편 살해는 못 본척하고 모친 살해만 물고 늘어지느냐고 따진다. 에리니에스는 남편과 아내 사이는 피 한 방울 섞이지 않은 남남이며, 어미와 자식 사이는 피로 맺어진 혈친 중의 혈친이라고 응수한다.

궁지에 몰린 오레스테스는 자신에게 어머니를 죽이라고 신탁을 내린 아폴론 신전으로 피신하여 도움을 청한다. 아폴론은 에리니에스에 맞서 아레이오스 파고스에서 재판을 주선한다. 그리하여 12 명의 아테네 시민

오레스테스를 옹호하는 아폴론과 아테나

이 배심원, 아폴론이 변호사, 에리니에스가 원고, 아테나가 재판장이 되어 모친살해 죄로 기소된 피고 오레스테스에 대한 재판이 벌어진다.

아이스킬로스의 3부작 「오레스테이아」 중 3부 「자비의 여신들」에서 신과 인간이 어우러지는 세기의 재판이 상세히 다루어진다. 이 작품에서 아폴론은 오레스테스에게 부권을 침해한 어미를 살해하라는 신탁을 내리고, 모친살해 죄를 가혹하게 추궁당하는 오레스테스를 적극적으로 변호한다.

아폴론이 제기한 변론의 요지는 어미와 자식 간의 피의 인연, 곧 혈육 관계를 끊어버림으로써 피의 복수를 외치는 원고 에리니에스의 공격을 무력화시키는 것이다. 아폴론은 혈친을 죽인 죄를 엄히 문책하라는 에리니에스에 맞서 어미의 혈육권을 박탈하는 선언을 한다. 어미는 '손님을 맞는 접대인'으로서 자식을 맡아 보살피는 역할을 할 뿐, 진정한 혈친은 아비밖에 없다고 못 박는다.

아이라 불리는 출생자의 어미가 곧 혈친이 되는 것은 아니다.
단지 새로 파종된 씨앗을 보살피는 일을 맡았을 뿐이다.

아이를 생산하는 건 아비다. 어미란 손님을 맞는 접대인으로서 새싹을 보호할 따름이니라.

올림포스 신족은 부권신화를 바탕으로 한다. 신들의 제왕인 제우스를 정점으로 아들과 딸인 아폴론과 아테나가 부권신화를 지탱하는 쌍두마차의 역할을 담당한다. 부권신화의 수호신 아폴론의 면모가 물씬 풍기는 지독한 남성 우월주의가 엿보인다.

아폴론은 이 말을 입증하기 위해 아테나를 예로 든다. 아테나는 어미 없이 아비 제우스의 머리에서 혼자 태어난 '아비의 딸'이라는 것이다. 이어서 배심원으로 나와 있는 아테네 시민에게 현명한 판단을 내려줄 것을 간청한다. 배심원의 투표가 가부 동수가 되었을 때 재판장이 캐스팅 보트를 행사하여 판결하는데, 아테나는 투표결과가 나오기도 전에 벌써 자신은 오레스테스를 위해 표를 던지겠다고 공언한다.

결과는 '6 대 6' 동수로 나온다. 아테나의 판결에 따라 오레스테스는 무죄로 방면된다. 에리니에스는 분노하지만 결국 판결에 승복하고 복수의 여신에서 자비의 여신으로 탈바꿈한다. 혈육권을 놓고 벌어진 세기의 대결에서 여성이 남성에게 완패하는 순간이다. 더불어 정의가 사라지는 순간이기도 하다. 똑 같은 살인인데, 남편 살해는 단죄되고 모친 살해는 면죄되는 불공정하고 편파적인 판결이 아닌가.

이 판결을 두고 엘렉트라는 어떻게 평가할까? 죽음을 죽음으로 갚는 세계에서는 피가 피를 부르는 악순환이 계속될 뿐이라는 사려 깊은 판단이 여전히 살아 있을까? '남편 살해가 정당하다면 복수로 행한 모친 살해 역시 정당하다'는 그녀의 주장은, '모친 살해가 정당하다면 복수심에 불탄 에리니에스가 오레스테스를 살해하는 행위 또한 정당하다'는 주장으로 이어져야 마땅하지 않을까? 엘렉트라의 똑 부러진 추궁에 클리타임네스트라는 군말 없이 꼬리를 내렸는데, 그녀 스스로도 자신의 논리를 궤변으로 얼버무리지 않고 그대로 따를 수 있을까?

모두 다 부질없는 질문인 것 같다. 엘렉트라가 모친 살해를 부당하다고 생각했다면 동생과 공모하여 어미를 죽이는 일에 앞장서지 않았을 게 아닌가. 하지만 분명한 것은, 딸 이피게네이아의 죽음을 복수하기 위한 클리타임네스트라의 남편 살해가 부당하다면 아버지 아가멤논의 죽음을 복수하기 위한 오레스테스의 모친 살해 역시 부당하다는 사실이다. 피가 피를 부르는 악순환을 끊으려 했다면 어머니를 제 손으로 살해하기 전에 법정에 세웠어야 했다. 복수를 복수로 갚고 난 후 복수의 여신들의 추궁을 받자 뒤늦게 법에 호소한 것은 불공정하고 비겁한 처신이다.

모친 살해범 오레스테스에 대한 재판은 결국 옳고 그름을 가리는 정의의 판결이 아니라 혈육권의 소재를 가리는 판결이며, 가정과 사회에서 남녀 간의 힘의 우열을 가리는 판결일 뿐이다. 이러한 판결에서 남편 살해범 클리타임네스트라가 모친 살해범 오레스테스에게 패배한 것은 당연한 결과일지 모른다. 독일의 바흐오펜(J. Bachofen)을 비롯한 많은 인류학자들은 이 신화적 사건을 일컬어 인류 역사상 획기적인 사건이라고 평가한다. 즉 모권과 부권 간의 길고도 치열한 주도권 다툼 끝에 마침내 부권의 우위가 분명히 확립되는 역사적 전환을 시사하는 신화라는 해석이다. 특히 마르크시즘 이론가 엥겔스 (F. Engels)는 이 판결을 "여성의 세계사적 패배"로 단정 지으며 이 사건이 역사상 모권의 몰락과 가부장제의 정착을 함축하고 있다고 주장한다.

3. 가부장제의 해체 -인간 해방의 길

인류학에서는 고대 인류사회의 원형은 모계사회라고 보고 있다. 즉 최초의 인류사회는 혈통관계가 분명한 어머니를 중심으로 형성된 모계사회였고, 어머니는 생명의 근원으로 추앙되었다. 생물학적인 지식이 부족했던 고대인에게 어머니가 자식을 낳는 행위는 땅에서 곡식이 열리고 나무에서 과일이 달리듯이(남녀 간의 성행위의 결과가 아니라) 자연적으로 이루어지는 것으로 믿었다. 그리고 성에 대한 지식을 어렴풋이 깨달은 후에도 상당기간 무리를 지어 이루어진 남녀관계로 인하여 자식이 누구의 씨앗인지 알 길이 없었다. 따라서 불확실한 아비는 배제된 채 확실한 어미를 중심으로 가족과 사회가 형성되었으리라 추정된다.

남성중심의 가부장제는 오랜 세월 범세계적으로 이루어져 왔다. 「가부장제의 창조」를 집필한 미국의 역사학자 거다 러너(G. Lerner)는 가부장제의 성립을 하나의 '사건'이 아니라 대략 기원전 3100년부터 기원전 600년까지 약 2500년에 걸쳐 전개된 '과정'으로 해석한다. 즉 가부장제는 어느 특정지역을 중심으로 일순간 형성된 것이 아니라 오랜 시간에 걸쳐 다양한 사회 · 문화적인 요인들이 복합적으로 어우러지면서 광범위하게 형성되었다는 설명이다.

서양문화의 원류에서 가부장적 이념을 쉽게 찾아볼 수 있다. 기독교 성서 속의 최초의 여성 이브는 남성인 아담의 갈비뼈에서 태어난다. 여성은 원초적으로 남성에게 종속된 존재라는 해석의 여지를 남긴다. 게다가 사탄의 유혹에 빠져 금지된 선악과를 먼저 따먹는 악역 또한 이브의 몫이다. 이것으로 만족하지 못하고 이브는 순결한 아담의 마음까지 흔들어 함께 죄악의 늪에 빠뜨리는 유혹자로 지목된다. 여성은 만 악의 근원이라는 낙인이 찍힌다.

그리스 신화의 판도라 역시 금지된 상자를 열어 만 악이 세상 속으로 쏟아지게 하는 원흉으로 그려지지 않았던가. 「신통기」의 저자 헤시오도스는 판도라로부터 "지극히 사악한 종족인 여자의 무리"가 유래했음을 강변하며 여성 비하 이데올로기를 노골적으로 드러내기까지 한다. 제우스, 아폴론, 아테나로 대표되는 올림포스 신족체제는 가부장제를 기본 이념으로 형성된 것으로 평가된다. '바람둥이 제왕 제우스'와 '질투의 화신 헤라'라는 구도는 남성중심의 가족체제를 반영하고 있다. 그런가 하면 제우스가 총애하는 아들과 딸인 아폴론과 아테나는 '부권신화의 수호신'으로서 자식에 대한 모권을 부인하고 부권을 적극 옹호하는 면모를 보여주기도 한다.

엥겔스는 '여성의 세계사적 패배'와 가부장제의 뿌리를 사유재산제의 확립에서 찾는다. 농경과 목축에서 획득한 잉여생산물이 사유화되는 과정에서 남성은 그것을 확실한 핏줄에게 물려줄 방법으로 여성의 성을 통제하기 시작했다는 말이다. 이러한 사유재산제의 발달과 더불어 여성은 단지 남성에게 섹스와 핏줄을 제공하는 도구로 전락하면서 가부장제가 확립된다. 가부장제의 밑바탕에는 여성의 노예화와 상품화가 깔려 있다는 지적이다.

구조주의 인류학자 레비-스트로스 (C. Levi-strauss)는 여성 종속의 근원을 근친상간 금기에서 찾는다. 남자는 다른 남자의 여자, 즉 그의 딸이나 누이와 맺어질 수 있지만 자기 아버지의 여자와는 맺어질 수 없다는 금기에서 종족 간의 '여성 교환'이 이루어지고, 그 과정에서 여성의 상품화가 가속되었다는 설명이다.

거다 러너는 여기서 한 걸음 더 나아가 노예제도의 기원을 종족 간의 전투에서 획득한 여성 포로에서 찾고 있다. 그의 설명에 의하면, 초기의 전투에서 패배한 종족의 남성은 모두 죽음을 면치 못했고 여성은 포로로 잡혀갔다. 성적 서비스와 노동력을 위해서다. 포로로 잡혀온 이방인 여성을 노예화 하는 방법을 통해 다음에는 이방인 남성을, 궁극적으로는 종족내의 약자를 노예화 하는 방법이 순차적으로 발달하게 되었다는 것이다. 여성의 종속은 사유재산과 계급사회의 형성 이전에 확립되었다는 해석이다.

남성에 대한 여성의 종속화는 이처럼 뿌리가 깊고 광범위하게 이루어졌다. 이후 여성은 생물학적이고 신체적인 핸디캡을 끌어안은 채 정치, 경제, 사회, 교육, 문화 등 거의 모든 영역에서 철저하고도 교묘하게 손발이 묶이는 질곡의 삶을 면할 길이 없었으며, 지역에 따라 차이가 있지만 아직까지도 이러한 가부장적 문화가 말끔히 해소되지 않고 살아 숨 쉬는 현실로 남아 있다.

가부장제의 최대 피해자는 여성이다. 수천 년의 역사에서 인류의 절반인 모든 여성은 자신의 의지와 상관없이 주어진 성으로 인해 불이익과 불평등을 감수하고 살아왔다. 인간사회에 도입된 최초의 불평등 구조는 남녀 간에 싹튼 것으로 풀이된다. 생물학적이고 신체적인 차이가 차별로 굳어졌다. 오랜 세월 사회의 각 분야에서 차곡차곡 쌓여진 차별의식과 차별구조는 여성의 세포와 유전자 속에 깊숙이 스며들어 '자연스러운 것'으로 각인되었다. 그 결과 많은 여성들이 이러한 의식과 구조를 아무런 비판이나 의심 없이 '자연스럽게' 받아들이기에 이르렀다. 주체성이 상실된 여성의 종속성은 여성의 본성처럼 똬리를 틀었다.

콜레트 다울링(C. Dowling)은 "타인의 보살핌을 받고자 하는 뿌리 깊은 소망인 개인적 · 심리적 의존상태"를 일컬어 '신데렐라 콤플렉스'로 명명한 바 있다. 순종과 인내로 왕자의 사랑을 획득하는 동화 속 주인공 신데렐라는 현대여성의 이상형이 아니다. 남성에게 의존하여 신분상승과 부귀영화를 꿈꾸는 종속적 여성의 표본일 뿐이다. 예쁘게 치장하고 백마 탄 왕자만을 목이 빠지게 기다리는 신데렐라는 이제 박물관 속으로 사라질 때가 된 것 같다. 더불어 가부장제도 영원히 역사 속으로 들어가야 할 운명에 이르렀다. 여성 스스로가 먼저 변해야 한다. 누구도 인생을 대신 살아줄 수 없다. 남녀를 떠나 각각의 개인이 삶의 주체요 책임자다. 수천 년간 뼈와 피 속에 축적된 종속성을 말끔히 씻어버리려는 여성의 의지와 노력이 가부장제의 잔재를 일소하는 가장 확실한 처방이다.

「여성시대에는 남자도 화장을 한다」라는 흥미로운 책을 저술한 사회생물학자 최재천은 여성의 종속성과 관련하여 '비너스의 꽃바구니(Venus's flower basket)'라 부르는 해면동물을 소개하고 있다. 이 생명체는 전체가 섬세한 격자구조로 되어 있는데, 가끔 어린 새우가 격자 틈새로 몸 안으로 들어온다. 이곳은 포식자로부터 새우를 보호해주기도 할 뿐만 아니라 틈새로 밀려오는 미세한 먹이도 손쉽게 취할 수 있어 안성맞춤이다. 어린 새우에게는 천국과 같다. 그런데 안락함에 취해 세월 가는 줄 모르는 사이에 새우의 몸통은 점점 커져 어느 순간 틈새를 벗어날 수 없는 지경에 이르게 된다. 천국이 감옥으로 변한 것이다. 남편의 보호에 전적으로 의존하여 안락하게 살다가 주체성과 자생력을 상실한 주부의 삶을 닮지 않았는가.

여성이 주체성을 확립하는 길은 직업을 갖거나 독신의 삶을 택하는 데만 있지 않다. 가정을 지키는 주부의 삶에서도 주체성을 찾을 수 있는 길은 얼마든지 있다. 창조적 육아, 창조적 가사, 창조적 자녀교육 등에서부터 다양한 자원봉사를 통한 사회참여에 이르기까지 주체성을 확립하고 자기 계발에 열중할 수 있는 길은 넓기만 하다. 배우자를 만나는 일이 인생의 유일한 목적인 양 결혼과 동시에 그동안 일구어 오던 모든 것을 헌 신짝처럼 버리는 여성, 바깥세상과의 소통이라고는 좋은 음식점이나 카페 찾아다니며 수다 떨고 쇼핑하는 일 외에는 찾아볼 수 없는 여성, 자기 계발을 위한 창조적 열정은 포기한 채 그저 얼굴 다듬고 몸매 가꾸기에만 혈안이 된 여성에게서 '비너스의 꽃바구니'에 갇힌 새우의 서글픈 신세를 본다.

남성 역시 가부장제의 피해자다. 겉으로 보면 여성의 손발을 묶고 일방적으로 군림하며 멋지게 산 것 같지만 내면으로는 결코 평온하고 아름다운 삶을 누리지 못했다. 약한 여성을 밟고 살면서 속이 어찌 편했겠는가. 아무리 뻔뻔스러운 심성의 소유자라 하더라도 최소한 잠재의식으로는 죄책감에 시달리지 않았겠나. 이아손과 같은 '영웅'의 삶에서 보듯이 '남자의 세계'는 가식과 위선으로 일그러지고 뒤틀린 모습일 뿐이다. 강자만을 추구하고 강자만이 대접받는 세상에서는 강해야 살아남는다는 강박관념에 사로잡혀 저마다 가면을 쓰게 된다. 자신의 본 모습을 감추고 가식과 위선의 가면을 쓴다는 점에서 남성 역시 주체성을 상실한 삶에서 벗어나지 못했다. 가부장제는 남성을 가해자인 동시에 피해자로 만들었다.

남자의 세계에 의해 주도된 인류역사는 그리 아름답지 못한 것 같다. 힘의 우위를 내세우는 남성중심의 가부장 사회는 강자만이 득세하는 단선적인 논리에 지배되었다. 이러한 세상에서는 여성뿐만 아니라 대다수의 남성 역시 인생의 패배자로 남는다. 극소수의 승자만이 활개 치지만, 이들 역시 권력 상실에 대한 두려움과 일말의 죄책감에 시달리는 삶을 대가로 지불할 수밖에 없었다. 신화와 역사에서 '강함'의 상징으로 대접받는 '영웅'들의 행적은 침략, 살육, 약탈, 파괴, 기만으로 얼룩졌을 뿐이다. 신화시대에 잉태된 무한 경쟁의 원리가 우리 시대까지 지배하고 있다. 현대사회에서도 '영웅'은 '강함'을 최고의 가치로 추구하는 수많은 군상들에게 여전히 우상으로 살아남아 있다.

가부장제의 해체는 인간 해방의 길이다. 가부장제 하에서는 여성은 물론 남성도 자유롭지 못하다. 모두가 제도의 틀에 묶여 '남자'와 '여자'로 존재할 뿐 '인간'으로 살아가기 어렵다. 여성은 기본적인 인권을 상실한 채 남성에게 종속된 삶을 벗어나기 어려우며, 남성 역시 '강함'에 대한 강박관념에 사로잡혀 가식과 위선의 가면을 벗어버리기 쉽지 않다. 남녀 모두 주체적인 삶과 거리가 먼 굴레 속에 갇혀 있다. 참된 자유가 없다.

가부장제의 완전한 철폐를 겨냥하는 여성운동은 패권을 향한 투쟁이 되어서는 안 된다. 지금까지 남성에게 억눌려 살았으니 이제 남성 위에 군림하겠다는 야심의 분출이어서도 안 된다. 그것은 가부장제가 잉태한 패권 의식과 구조를 답습하는 꼴에 지나지 않는다. 그러므로 생물학적으로 어떤 성이 더 우월한가, 혹은 여성이 '제 2의 성'인가 아니면 '제 1의 성'인가라는 식의 담론은 부질없고 무의미하다. 인간 역시 하나의 생명체임은 분명하지만 생물학적 질서 속에만 머물러 있는 존재일 수는 없다. 그렇지 않다면 동식물과 다를 바가 어디 있겠는가. 이브가 아담의 갈비뼈에서 태어났으니 여성이 남성의 부산물이라거나, 아니면 우주와 자연의 음양이론을 들먹이며 남성은 존귀하고 여성은 비천하다고 주장하는 억지 논리를 따라 갈 필요는 없다.

여성운동은 휴머니즘에 기초해야 한다. 모든 인간은 성은 물론이거니와 인종, 계급, 신분 등을 초월하여 자유와 인권 그리고 평등을 누리는 인간 해방의 길을 열어가는 동력이 되어야 한다. 가부장제는 인간 사회 최초의 불평등 관계인 남녀차별을 야기 시킨 원죄를 범한 역사적 책임이 있다. 이로 인해 인간은 물론 자연까지도 질곡 속에 빠뜨린 패권 의식과 구조가 뿌리내렸다. 여성운동의 궁극적인 목적은 가부장제가 잉태한 바로 이러한 패권 의식과 구조를 일소하는 데 있어야 한다. 이제 더 이상 메데이아나 클리타임네스트라 같은 '악녀'도, 이아손이나 아가멤논 같은 '영웅'도 없는, 모두가 '인간'으로 살아가는 세상을 염원해 본다.

제7장

사랑의 두 얼굴

아프로디테는 인간의 마음속에 사랑의 감정을 심어준다. 여신이 주관하는 사랑의 속성에는 양면성이 있다. 아프로디테의 사랑은 인간의 영혼에 창조적 에너지를 불어넣기도 하고 영육을 파멸시키기도 한다.

아프로디테는 조각가 **피그말리온**에게 창조적인 사랑을 선사한다. 여신의 은총으로 피그말리온은 조각상에 생명의 혼이 깃드는 기적을 체험한다. 사랑의 여신은 테세우스의 후처 **파이드라**에게는 파괴적인 사랑을 심어준다. 여신의 농간으로 파이드라는 의붓아들에 대한 사련으로 파멸에 빠진다.

1. 기적을 낳은 사랑 - 피그말리온

조각상에 생명을 준 사랑

여성에게는 결점이 너무 많다고 생각하는 피그말리온(Pygmalion)은 독신으로 살기로 작심한 인물이다. 그는 현실의 여성을 멀리하는 대신 상아를 빚어 아름다운 여인상을 조각한다. 작품은 완벽했다. 살아 있는 여인으로 착각할 만큼 정교하고 생동감이 넘쳤으며 세상의 어떤 여인보다 뛰어난 미모를 갖추고 있었다. 피그말리온은 그만 조각상과 사랑에 빠진다. 그는 틈만 나면 이 여인상을 바라보며 사랑의 감정을 키워간다.

피그말리온은 조각상을 연인으로 생각하며 하루에도 몇 번씩 끌어안고, 쓰다듬고, 키스한다. 때로는 바닷가에서 주운 조개껍데기를 선사하기도 하고 예쁜 꽃을 따다가 가슴에 한 아름 안겨주기도 한다. 그런가 하면 몸에는 아름다운 옷을 입혀주고, 손가락에는 반짝이는 반지를 끼워주는 한편, 가늘고 긴 목에는 형형색색의 목걸이를 걸어주기도 한다. 이 모든 장신구는 아름다운 상아 여인에게 잘 어울렸다. 그러나 가장 아름다울 때는 역시 아무것도 걸치지 않은 자연 그대로의 모습을 드러낼 때다. 밤이 되면 피그말리온은 그녀를 부드러운 요 위에 눕히고 팔베개를 해주며 정겹게 말을 건넨다. 그러나 열릴 듯한 입술은 끝끝내 굳게 닫혀 있고, 우유 빛의 연한 살결은 차디찬 상아의 촉감만 느껴질 따름이다. 피그말리온의 마음은 항상 허전하고 쓸쓸했다.

피그말리온의 고향 키프로스 섬은 사랑의 여신 아프로디테의 성지이기도 하다. 바다거품에서 태어난 여신이 조개껍질에 실려 대지에 첫 발을 디딘 곳이 바로 키프로스다. 이곳에서는 해마다 아프로디테를 기리는 축제가 열린다. 사람들은 여신의 신전에 온갖 제물을 바치고 제단에 향불을 피운다. 피그말리온도 정성으로 마련한 제물을 제단에 드리고 여신께 경배한다. 그러고는 머뭇거리며 기도한다.

"여신이여, 바라건대 제 아내가 되게 하소서…"

그는 '저 상아 여인을…'이라고 말하려다 차마 그러지 못하고 '저 상아 상과 같은 여인을…'이라며 기도를 맺는다. 제사를 흠향하러 왔던 아프로디테는 기도를 듣고 피그말리온의 속내를 알아차린다. 그래서 그에게 은총을 내린다는 표적으로 제단에서 타고 있던 불길을 공중으로 세 번 치솟게 한다.

집으로 돌아온 피그말리온은 여느 때처럼 조각상에게 다가가 몸을 굽혀 입을 맞춘다. 그런데 차가웠던 입술에서 따듯한 온기가 느껴지는 게 아닌가! 깜짝 놀란 그는 이번에는 손을 뻗어 가슴을 더듬어 본다. 놀랍게도 딱딱하던 살결이 말랑말랑하게 바뀌어 간다. 황급히 손을 떼니까 가

조각상을 사랑한 피그말리온

슴 언저리에 손가락 자국이 선명하게 찍혀 있다. 눈을 들어 얼굴을 바라보니 여인의 눈망울이 초롱초롱 빛나며 양 볼은 수줍은 듯 빨갛게 물들어 있다. 조각상에 생명이 깃들었다! 피그말리온은 인간이 된 여인 갈라테이아와 부부로 맺어진다. 사랑의 여신 아프로디테의 축복이 차갑고 딱딱한 조각상에 생명의 혼이 깃드는 기적을 선사한 것이다.

사랑과 열정의 힘

예술가의 사랑과 열정으로 혼이 없는 사물에 생명을 불어넣는 기적을 행하는 피그말리온에 관한 이야기는 오비디우스의 「변신 이야기」에서 오르페우스의 노래를 통해 전해진다. 음악의 신 아폴론의 아들인 오르페우스(Orpheus)는 신묘한 음악으로 인간은 물론이거니와 산천초목까지도 감동시키는 예술가로 잘 알려져 있다. 예술가는 신으로부터 사랑과 미움을 함께 받는 운명의 소유자다. 신은 이들에게 예술적 재능을 선사하는 사랑을 베풀지만, 예술가는 이것으로 호시탐탐 신의 전유물인 창조의 힘을 넘봄으로써 미움을 산다.

시인 오비디우스가 음악가 오르페우스의 입을 통하여 조각가 피그말리온이 행한 창조의 기적을 노래하게 한 것은 모든 예술가들이 안고 가는 이러한 숙명과 염원을 드러내려 했는지 모를 일이다. 「이상」이라는 시에서 실러도 피그말리온을 기리며 열정과 사랑으로 자연에 생명력을 부여하는 시인의 이상과 사명을 노래하고 있다.

한때 간절한 열망으로
피그말리온이 돌을 껴안아
대리석의 차가운 뺨 속으로

느낌이 뜨겁게 흘러 들어갔듯이
그렇게 나도 사랑의 팔로
청춘의 열락으로 자연을 휘감았노라
내 시인의 가슴에 안겨
숨쉬기 시작하고 온기가 돌기까지

불꽃같은 나의 열정을 나누면서
말 못하는 것이 언어를 찾았고
사랑의 입맞춤으로 내게 화답하며
내 가슴의 울림을 알아 듣더라
그땐 나무도, 장미도 날 위해 살았고
샘물의 은빛 낙수 내게 노래했으며
영혼 없는 것조차 느낌을 갖게 되더라
내 생명의 메아리로 인하여

독설과 날카로운 사회비평으로 잘 알려진 영국의 극작가 버나드 쇼(B. Shaw)는 이 신화의 소재를 원용하여 5막 극 「피그말리온」을 남긴다. 여기서 신화의 인물 피그말리온은 음성학 교수로 그려진다. 울퉁불퉁한 돌을 다듬어 아름다운 형상을 창조하던 조각가 피그말리온이, 지적으로 여물지 못한 인간을 성숙한 인격체로 다듬는 교육자로 탈바꿈한 것이다. 그런데 쇼가 그린 피그말리온(히긴스 교수)과 갈라테이아(꽃 파는 아가씨 일라이자)는 사랑에 빠지지 않는다. 피그말리온은 단지 교육 목적을 위해 열정을 쏟을 뿐이며, 그의 이러한 본성을 깨달은 갈라테이아 역시 피그말리온을 이성으로 느끼지 않는다. 작가는 타고난 본성과 존재방식 그리고 현실적인 여건이 판이한 두 사람이 결합하는 것은 허상일 뿐이라고 강변한다.

헨리 히긴스 교수는 독신을 고집하는 음성학자다. 그는 사람의 말투만으로 출신지를 정확히 알아내는 예민한 귀를 지니고 있다. 어느 날 그는 런던의 거리에서 꽃을 파는 아리따운 아가씨 일라이자를 만난다. 그런데 그녀는 빈민가 출신으로 입을 열었다 하면 거칠고 상스러운 말만 쏟아내는 천방지축이다. 히긴스는 사명감에 사로잡혀 동료인 피커링에게 내기를 제안한다. 일라이자를 6개월 안에 고급영어를 구사하는 숙녀로 교육시키겠노라고 말이다. 히긴스의 열정 어린 지도로 일라이자의 말과 매너는 점점 좋아지고 마침내 그녀는 사교계의 꽃으로 화려하게 등극한다. 히긴스가 해낸 것이다!

이쯤 되면 독자들은 두 사람 간의 신데렐라식의 사랑을 기대할 터인데, 작가는 이러한 예상을 비웃기라도 하듯이 이야기를 완전히 비틀어버린다. 완전한 요조숙녀로 거듭나던 날 밤 일라이자는 히긴스와 피커링이 나누는 대화를 우연히 엿듣고 크게 실망한다. 히긴스는 자신을 사랑해서가 아니라 단지 목적을 이루기 위하여 열정을 바쳤던 것이다! 일라이자는 '그동안의 훈련과정이 지옥과 같았으며 다시는 이런 짓을 되풀이하지 않겠노라'는 히긴스의 고백에 절망한다. 그리고 미련 없이 그의 곁을 떠난다.

쇼는 이것으로 만족하지 않는다. 그는 작품이 발표되고 몇 년이 지난 뒤에 덧붙인 후기에서 두 사람의 결합 가능성을 일축해버린다. 두 사람 간의 사랑은 꿈과 환상의 세계에서는 가능할지 모르지만 현실세계에서는 어림없는 일이라고, 일라이자는 결코 히긴스가 구축한 고유한 성으로부터 그를 이끌어낼 수 없다고, 그리고 비록 약간의 끌리는 감정을 갖긴 했지만 일라이자 역시 히긴스를 진정으로 사랑한 건 아니라고, 그녀의 본능은 오히려 그와의 결합을 강하게 거부하고 있다고 말이다. 그는 결론적으로 "갈라테이아는 결코 피그말리온을 좋아하지 않았다"라고 못을 박는다.

버나드 쇼의 독기어린 세계에 상처 입은 대중을 꿈과 환상의 세계로 유혹하며 크게 성공한 작품이 조지 쿠커(G. Cukor) 감독의 뮤지컬 영화 「마이 페어 레이디」이다. 영화는 세기의 요정 오드리 햅번(A. Hepburn)을 일라이자로 등장시키면서 대중의 기대심리를 한껏 부풀린다. 그리고 히긴스 교수의 속마음에 실망한 일라이자가 그의 곁을 떠나는 장면까지 원작에 충실한 듯하다가 결국 극적 반전을 이루며 할리우드식 해피엔딩으로 대중의 마음을 사로잡는 길을 놓치지 않는다.

일라이자가 떠난 후 히긴스는 비로소 그녀의 빈자리를 느낀다. 그는 허전한 마음을 달래려고 녹음기를 틀어본다. 일라이자의 거칠고 상스러운 발음이 들려온다. 예전에 발음연습을 하면서 담아둔 기록이다. 히긴스는 감회에 젖어 눈을 감는다. 그때 녹음기가 멈추고 일라이자의 육성이 들려온다. 그녀가 돌아온 것이다! 히긴스의 멋쩍은 미소가 일라이자를 맞이하는 것으로 영화는 끝을 맺는다. 이 얼마나 달콤하고 짜릿한 꿈과 환상인가! 이렇듯 대중의 심기를 잘 헤아린 공로로 감독은 아카데미상을 받고, 제작자는 돈벼락을 맞는다.

피그말리온 효과

수줍은 성격에 소극적이고 사교성도 부족하던 한 젊은 여성이 있다. 그런데 주도면밀한 계획으로 주변 사람들에게 그녀가 매우 사교적인 여성이라는 선입견을 불어넣는다. 그러자 그 젊은 여성은 대인 관계에서 점차 자신감과 안정감을 갖게 되고 마침내 당당하고 활기찬 성격의 소유자로 탈바꿈한다. 그녀가 사교성을 갖춘 여성이라는 사람들의 생각이 사교적 행위를 유발한 것이다.

이렇듯 어떻게 되리라는 주변의 기대와 믿음이 영향을 끼쳐 결국 그러한 결과를 초래한다는 이론을 자기충족 예언(self-fulfilling prophecy)이라 한다. 미국의 사회심리학자 로젠탈(R. Rosenthal)과 교육학자 제이콥슨(L. Jacobson)은 이 이론을 교실에 적용하여 교육계에 커다란 반향을 불러일으킨 연구결과를 발표한 바 있다.

이들 연구의 초점은 학생의 지적 수행능력에 대한 교사의 기대가 교육상의 자기충족 예언으로 작용하는지의 여부를 밝히는 것이다. 이를테면 선생님이 어떤 학생을 두고 공부를 잘 할 것으로 기대하면 실제로 그 학생의 성적이 오르는지 아닌지를 살펴보려는 실험이다. 실험방법은 독특하다. 멕시코 계 학생이 많이 다니는 중소도시의 초등학교가 실험대상으로 선정된다. 연구자들은 학년 초에 전교생을 상대로 지능검사를 실시한다. 검사를 마치고 전체의 20% 학생 명단을 교사들에게 통보한다. 이들이 앞으로 지적으로 크게 성장할 아이들이라는 설명을 덧붙이면서. 하지만 사실이 아니다. 이 '특별' 학생들은 무작위로 선정된 것이다. '특별' 학생과 일반 학생 사이의 차이는 오직 교사의 마음속에만 존재할 뿐이다.

8개월 후 실시된 2차 검사에서 놀라운 결과가 나온다. 1차 검사와 비교해서 성적이 20점 이상 상승한 학생의 비율이 일반 그룹에서는 19%인데 비해 '특별' 그룹에서는 무려 47%로 나타난 것이다. 그동안 '특별' 학생들을 위한 별도의 프로그램이나 개인지도는 물론 없었다. 단지 때가 되면 이 어린이들이 지적으로 활짝 꽃피우게 되리라는 교사의 기대와 믿음이 있었을 뿐이다. 연구자들은 추론한다. 교사의 이러한 기대와 믿음이 '특별' 학생을 대하는 눈빛, 표정, 말투, 몸짓 등을 통해 은연중 표현되고, 이를 감지한 학생이 자의식과 자신감 그리고 학습동기 등에 변화를 일으켜 성적향상에 보탬이 되었으리라는 것이다.

한 가지 더 주목할 만한 결과는, '특별' 그룹의 성적에서 고학년보다 저학년이, 그리고 저소득 계층에 속하는 멕시코 계 학생들의 점수가 더욱 향상되었다는 점이다. 고학년보다 학습능력이 덜 여물어 있는 저학년 학생들이 교사의 영향에 더 많이 노출되어 있으며, 상대적으로 교사의 기대와 믿음을 받아보지 못했던 멕시코 계 어린이들이 예기치 못한 선생님의 관심에 더욱 크게 반응했으리라 추정된다. 연구자들은 외모가 좀 더 멕시코 사람답게 생긴 어린이가 더 큰 반응을 보였다는 재미난 분석도 내놓는다. 평소 가장 낮게 평가받던 대상이 의외로 큰 그릇이었다는 사실에 교사가 더 크게 놀라고, 이후 더 큰 관심을 보인 결과일 것이라는 해석이다. 사람에 대한 선입견과 편견이 얼마나 무서운 것인가를 새삼 일깨우는 실험이다.

로젠탈과 제이콥슨은 결론적으로 교사의 기대가 학생의 성적에 기여한다고 주장한다. 즉 교사의 기대 수준을 높이면 학생의 성적이 향상되고, 또한 학생의 성적이 향상되면 다시 교사의 기대 수준이 높아진다는 결론이다. 그들은 "교사는 교실 안의 피그말리온"이라고 정의하며 연구를 마무리한다.

조각가 피그말리온이 간절히 기대하고 바라던 것이 실제로 현실로 나타나 혼이 없는 조각상에 생명이 깃드는 기적이 일어났듯이, 피그말리온 효과(Pygmalion effect)라는 심리학 용어는 간절한 기대가 현실을 만들어 가는 힘으로 발휘된다는 뜻으로 사용된다. 즉 사랑의 힘, 정신의 힘을 설명하는 개념이다. 사람의 마음은 창조의 기적을 이룰 수 있는 엄청난 에너지를 갖고 있다. 돌덩어리에 생명의 혼을 불어넣을 수도 있고, 빈민가 아가씨를 요조숙녀로 만들 수도 있다. 사람을 두고 가벼이 판단하거나 쉽게 포기할 일이 아닌 것 같다. 또한 선입견과 편견에 매몰되는 것도 경계할 일이다.

많은 논란에도 불구하고 로젠탈과 제이콥슨의 연구결과는 피그말리온 효과 이론을 교육학계에 회자시키는 데 결정적인 역할을 한 것으로 평가받는다. 그들은 어떤 교육환경보다 더 중요한 것은 교사의 마음이라고 주장한다. 교재, 교수법, 교육 기자재, 교실여건 등도 훌륭한 교육을 위해 꼭 필요한 요소들이지만, 그 무엇보다 학생 개개인을 대하는 교사의 마음, 즉 기대와 믿음, 그리고 사랑과 관심이 더욱 중요하다는 말이다. 로젠탈과 제이콥슨은 '교실 안의 피그말리온'인 선생님들에게, 버나드 쇼의 「피그말리온」에서 일라이자가 부르짖는 음성을 가슴속 깊이 새겨두라고 충고한다.

정말이지 말예요, 쉽게 눈에 띄는 것,
옷차림이라든가 말하는 습관 같은 것 말고요,
숙녀와 꽃 파는 아가씨 사이의 차이는
그 여자가 어떻게 행동하는가에 있지 않고
다른 사람들에게 어떻게 대접받는가에 있지요.

교사가 학생을 거지로 대접하는 교실에서는 거지가, 왕자로 대접하는 교실에서는 왕자가 많이 태어나리라.

2. 파멸에 빠진 사랑 - 파이드라

의붓아들을 사랑한 계모

파이드라(Phaidra)는 크레타의 왕 미노스의 딸이자 아리아드네의 자매로 테세우스의 후처로 들어온다. 미궁 속의 괴물 미노타우로스를 처치한 아테네의 영웅 테세우스는 자신을 도와준 아리아드네를 버린 뒤 파이드라를 아내로 맞이한다. 하지만 파이드라는 테세우스보다도 전처소생인 히폴리토스(Hippolytos)에게 더 마음이 끌린다.

불타오르는 정념에 괴로워하던 파이드라는 유모를 통해 은밀히 위험한 거래를 제의하지만 단호히 거부당한다. 히폴리토스는 테세우스와 아마조네스(Amazones)의 여왕 안티오페(Antiope), 혹은 히폴리테(Hippolyte)사이에 태어난 아들로 애욕의 여신 아프로디테를 경멸하고 순결의 여신 아르테미스만을 숭배하는 독신주의자다. 정상적인 남녀관계에도 시큰둥한 지독한 순결주의자에게 아버지의 침실을 더럽히는 부적절한 관계가 어찌 용납될 수 있겠는가.

격분한 파이드라는 거짓 유언장을 테세우스 앞으로 남기고 목숨을 끊는다. 히폴리토스가 자신을 능욕했다고 뒤집어씌운 것이다. 아내의 갑작스런 죽음과 아들의 패륜 소식에 이성을 잃은 테세우스는 히폴리토스의 눈물 어린 해명에도 아랑곳하지 않고 아들을 저주하며 내쫓는다. 참담한 마음을 안고 집을 나온 히폴리토스는 이륜마차를 타고 해변을 질주하다가 포세이돈이 보낸 괴물에게 습격당해 참혹한 죽음을 맞는다. 패륜아를 잔인하게 죽여 달라는 테세우스의 간청을 바다의 신이 들어준 것이다.

사랑이 무언지, 이에 사로잡힌 한 여인과 앞길이 창창한 청년을 졸지에 파멸로 내몰고 있다. 창조의 기적을 낳은 피그말리온의 사랑 뒤에도 아프로디테가 있었듯이, 이 파괴적인 사랑에도 아프로디테가 깊이 관여하고 있다. 계모와 의붓아들 간의 사랑에 관한 신화를 다룬 원작은 에우리피데스의 비극 「히폴리토스」이다. 이 작품은 두 남녀의 잘못된 만남이 아프로디테의 농간에서 비롯된 것으로 그리고 있다. 아프로디테는 자신을 혐오하고 라이벌인 아르테미스만을 숭배하는 히폴리토스를 혼내주기 위해 계모의 가슴속에 정념을 불어넣는다.

작품의 서두에서 아프로디테는 온 천하가 자신을 경배하는데 유독 히폴리토스만 자신을 사악한 여신으로 경멸하고, 사랑도 결혼도 거부한 채 아르테미스와 짝을 이뤄 들로 산으로 사냥질이나 일삼는다고 역정을 낸다. 격분한 아프로디테는 "나를 충실히 따르는 자는 은총을 베풀지만 나를 감히 경멸하는 자는 파멸시키고 만다"라고 호언한다. 여신의 계략에 따라 파이드라가 희생양으로 선택되어 의붓아들에 대한 거부할 수 없는 사랑에 미친 듯 빠져든다.

말도 안 되는 사랑의 포로가 된 파이드라는, 이성은 경계하고 본능은 빨려드는 불륜의 회오리에 휩쓸리며 번민한다. 머리는 가지 말라 하는데, 그럴수록 가슴은 점점 더 쏠려만 가니 미칠 노릇이다. 세상의 죄란 모두 이런 식으로 저질러지는 게 아니냐고 반문도 해보지만 위로가 되지 못한다. 혼자 애태우던 파이드라는 악마 같은 정념과 대적할 길은 세 가지임을 자각한다. 누구에게도 발설치 않고 무덤까지 지고 가는 것, 끝까지 참고 극기하는 것, 그리고 끝내 키프리스[아프로디테의 별명]를 이기지 못하면 죽어버리는 것이다.

그런데 가까이 지내던 유모가 낌새를 채고 끼어든다. 그리고 집요하게 물고 늘어진 끝에 사태의 전말을 알아낸다. 그녀는 "키프리스는 강하고 거친 폭풍, 그 누가 막을 수 있겠어요!"라며 사랑의 여신께 저항하는 건 무의미하다고 설득한다. 유모의 유혹에 넘어간 파이드라는 결국 험한 꼴을 겪고 만다. 메신저를 자처하고 나선 유모로부터 계모의 속내를 들은 순결의 화신 히폴리토스는 폭발한다. 그는 말을 전하러온 유모와, 정념을 품은 계모를 싸잡아서 호되게 몰아붙인다.

사악한 여인이여, 나를 아버지의 순결한 침상에 얽어매려 하다니!
그 따위 말로 더럽혀진 귀를 물로 깨끗이 씻어버려야겠다.
날 방종한 놈으로 여기다니!
그 따위 말을 듣는 걸로 이미 난 오물을 뒤집어쓴 거야! (...)
저주받을 작자들 같으니라고!

파이드라는 치욕에 몸을 떤다. 사랑은 증오로 바뀐다. 그녀는 아프로디테의 제물이 되었음을 자인하고, 자신의 사랑을 거부했을 뿐 아니라 씻을 수 없는 치욕을 안긴 히폴리토스에게 재앙으로 되갚아 주리라 다짐하며 목을 맨다. 남편 앞으로 아들이 자신을 범하려 했다는 거짓 유언장을 남긴 채. 히폴리토스는 부모의 마지막 명예를 손상시키지 않으려는 마음으로 비밀을 끝까지 가슴에 묻고 파멸의 길을 간다. 그의 후원자 아르테미스가 나서 오해를 풀었지만 사태는 돌이킬 수 없는 일이다. 테세우스는 땅을 치고 통곡하며 아들의 시신을 끌어안는다. 지독한 사랑의 결말이다.

라신의 「페드르」, 영화 「페드라」

의붓아들에 대한 계모의 금단의 사랑을 다룬 또 다른 대표작으로 프랑스의 고전주의 작가 라신(J. Racine)의 5막 극 「페드르」가 손꼽힌다. 라신은 에우리피데스의 고전을 바탕으로 하면서, 어쩌다가 정념에 빠져버린 페드르(파이드라)의 내면에서 물결치는 고뇌 어린 감정의 흐름을 더욱 섬세하면서도 더욱 강렬하게 드러낸다. 정념의 포로가 된 상황에서 이성의 힘으로 빠져나오려 발버둥치지만 결국 주저앉고 마는 인간의 나약함을 그려낸다.

에우리피데스의 「히폴리토스」와 라신의 「페드르」는 같은 주제를 다루면서도 세부적인 내용과 전개방식에서 적지 않은 차별성을 드러낸다. 우선 제목이 시사하듯이 작가의 관심 인물이 다르다. 에우리피데스는 아프로디테의 복수심에 의해 파멸에 빠지는 히폴리테스의 비극적 상황에 집중한다. 계모 파이드라는 여신의 복수심을 실현시키기 위한 도구일 뿐이다. 반면 라신은 주체할 수 없는 정념에 사로잡힌 페드르의 심적 갈등과 파멸에 주목한다. 의붓아들 이폴리트(히폴리토스)는 정념의 강도를 높여 비극성을 고조시키는 조연에 지나지 않는다.

신과 인간의 역할에서도 차이를 보인다. 「히폴리토스」에서는 두 남녀의 갈등이 여신 아프로디테와 아르테미스의 대리전 양상으로 전개된다. 아프로디테와 아르테미스는 첫 장면과 마지막 장면에 각각 등장하여 극의 시종을 책임지고 있다. 마치 두 여신이 쳐놓은 울타리 안에서 인물들이 노니는 양상이다. 하지만 「페드르」에서는 여신들이 직접 등장하지도 않을 뿐 아니라 작용하는 힘 또한 지배적이지 않다. 물론 페드르의 가슴에 정념을 불어넣는 원흉으로 비너스(아프로디테)의 존재가 언급되지만, 그림자일 뿐 더 이상 실체는 아니다. 그저 사랑의 힘이라는 상징으로 머물고 있다. 그런 만큼 페드르가 한층 더 주체적인 인간으로 그려진다. 그녀는 비너스의 복수를 실현시키기 위한 꼭두각시가 아니다. 비너스의 엄습과 맞서 싸우는 의지의 인간이다. 의지를 지닌 인간으로서 페드르는 유모의 입이나 거짓 유언장 뒤로 몸을 숨기지 않고 이폴리트와 테제(테세우스)의 면전에서 자신의 정념을 있는 그대로 털어놓는다.

이 고백은 물론 페드르의 비극성을 고조시키는 기능으로 작용하기도 한다. 라신의 작품에서는 고전비극과 달리 남편 테제의 사망소식과, 이폴리트의 연인 아리시라는 인물의 출현 등이 작품의 주요 변수로 설정된다. 두 가지 새로운 상황이 페드르의 마음의 파고를 더욱 요동치게 하며, 그녀를 죽음에서 살려내기도 하고 다시 더 세차게 죽음으로 내몰기도 한다. 천국과 지옥, 희망과 절망 사이를 널뛰면서 페드르의 금단의 사랑은 한층 더 극적으로 펼쳐진다.

정념에 빠져 괴로워하다 명예를 지키는 길은 죽음밖에 없다고 판단한 페드르에게 유모 에논은 테제가 죽었다는 소식을 전해준다. 덧붙여 남편이 사라졌으니 이폴리트에 대한 정념에도 죄의식을 가질 이유가 없으며 친아들의 후계문제도 챙겨야하니 꼭 살아있어야 한다고 설득한다. 페드르는 희망을 품어본다. 계모와 의붓아들 사이에 가로놓인 커다란 장벽 하나가 사라진 게 아닌가. 근친상간이라 비난하지만 둘 사이엔 피가 한 방울도 섞이지 않은 남남이 아닌가. 하지만 희망은 더 큰 절망을 맛보게 할 속임수에 지나지 않는 것을...

희망에 찬 페드르는 에논을 통하지 않고 이폴리트에게 직접 자신의 마음을 밝힌다. 그녀는 비너스의 포로가 된 자신을 고백하며 그동안 광기어린 정념을 내쫓기 위해 스스로를 학대하기도 하고, 사랑을 미움으로 지우려고 이폴리트에게 증오심을 드러내기도 하는 등 갖은 노력을 다 해봤지만 모두가 허사였노라고 탄식한다. 그를 멀리하면 할수록 정념은 더욱 깊어만 갔노라고 하소연한다. 그러고는 최후통첩을 던진다.

혐오스런 사랑을 꾸짖어 나를 벌하려무나. 너에게 생명을 준 영웅의 아들답게.

너를 끈질기게 괴롭히고 있는 이 괴물로부터 온 세상을 해방시키려무나.
테제 왕의 과부가 담대하게도 이폴리트를 사랑하고 있단다!
내 말을 들어주렴.
자, 내 심장이 여기 있어. 네 손의 단검이 찌를 곳은 바로 여기야.
(...)
어서 찌르렴. 행여 나의 심장이 너의 일격을 당할 가치조차 없다고 생각되면,
증오심이 사무쳐 그토록 달콤한 형벌을 내리기를 거부하고 싶다면,
또한 너무나 사악한 피에 너의 손이 적셔질까 염려되거든
너의 팔 대신 빌려다오. 단검을!

이폴리트의 칼을 빼어든 페드르는 에논의 만류로 황급히 자리를 떠난다. 페드르의 열정 어린 고백을 대하는 이폴리트의 냉담하고 오만한 반응을 곁에서 지켜본 에논은 이제 그만 사랑 따위는 걷어치우고 왕권 확립에 몰두하라고 충언한다. 하지만 이미 쏟아진 물이다. 다시 주어 담을 수 없는 일이다. 여기서 물러나는 건 죽음보다 못하다. 정념을 가슴에 묻고 죽었다면 명예는 지킬 수 있었지만, 이젠 가슴을 활짝 열어 제치고 정념을 온 천하에 드러내보였으니 살든 죽든 간에 치욕은 씻을 길이 없다.

페드르는, 들과 숲을 누비며 사냥에만 몰두한 이폴리트가 아직 사랑을 맛보지 못했으며 성품도 거칠게 되었을 것이라고 자위하면서 앞으로 수단방법을 가리지 않고 그의 마음을 사로잡기로 작심한다. 그리고 비너스에게 자신을 엄습했던 불같은 정념을 얼음청년 이폴리트에게도 퍼부어 달라고 애원한다.

그런데 하늘이 무너지는 소식이 들려온다. 죽은 줄 알았던 테제가 살아 돌아온다는 것이다. 사랑은 물 건너갔고, 치욕만 남게 되었다. 페드르는 진작 죽음을 택하지 못한 것을 한탄한다. 그리 했더라면 정념을 홀로 안고 명예는 지키며 갈 수 있었을 것을. 충격으로 페드르는 이성을 잃고 허둥댄다. 이런 마당에 냉철한 판단력을 기대하는 건 무리일 수밖에 없다. 그녀는 이폴리트가 테제에게 사실을 고하기 전에 선수를 치자는 에논의 제의를 못이기는 척 받아들인다. 에논은 테제에게 이폴리트가 왕비를 넘보았노라고 모함한다. 페드르가 빼앗았던 이폴리트의 단검이 증거로 제시된다. 게다가 페드르가 테제에게 이폴리트를 멀리 떠나 보내달라고 간청했던 과거의 사실이 모함의 신빙성을 높여준다. 사실은 그에게 품은 정념을 지우고자 애썼던 것인데, 지금 상황에선 더 없이 좋은 증거가 되어버린다.

이성을 잃은 테제가 이폴리트를 호되게 꾸짖는다. 사랑에 냉담한 척 갖은 폼을 다 잡은 게 결국 음란한 속내를 순결한 가면으로 덮으려는 가증스러운 위장술이었다고 몰아붙인다.

이폴리트는 부모의 명예를 지키면서 자신을 해명하고자 아리시에 대한 사랑을 털어놓는다. 자신의 가슴에 품은 것은 페드르를 향한 음란한 사랑이 아니라 아리시를 향한 순결한 사랑이라고. 테제로부터 이 사실을 들은 페드르는 또 다시 이성을 잃는다. 이폴리트가 사랑도 못해본 숙맥도 아니요 정념을 불태우지 못할 얼음청년도 아니었다니! 페드르의 가슴에 질투심이 솟구친다. 불같은 정념이 광기 어린 증오로 탈바꿈한다. 페드르는 양심의 가책 때문에 이폴리트를 변호하려던 마음을 획 돌려버린다.

이폴리트가 사랑을 느끼고 있어. 그런데 나에 대해서는 이토록 몰인정해!
아리시가 그의 마음을 사로잡았다고! 아리시가 그의 사랑을 독차지하고 있다고!

아! 이 일을 어쩌지! 그 매정하고 배은망덕한 자가 내 사랑의 소원에 대하여 그토록 오만한 눈초리로, 그토록 무서운 얼굴로 무장을 하고 있었을 때조차 나는 사랑에 항상 굳게 문을 닫은 그의 마음이 나와 같은 모든 여성에게 똑같이 무장되어 있으리라 믿고 있었어. 그런데, 한 다른 여인이 그의 오만방자함을 꺾어 놓았다고. 그의 잔인한 눈앞에서도 한 다른 여인은 자비를 찾아냈던 거야.
아마도, 그는 감동하기 쉬운 마음을 가지고 있나 보지. 나만이 그가 참아낼 수 없을 유일한 대상일 거야. 그런데도 그의 변호를 내가 자임해야 한다고?

이폴리트는 결국 파멸한다. 죄책감을 못 이긴 페드르가 극약을 먹은 채 테제에게 나타나 진실을 털어놓지만 때는 늦었다. 테제 앞에는 파괴적인 사랑에 희생된 두 남녀의 주검만 남게 된다. 이 모든 비극이 페드르의 고백에서 비롯된다. 스스로 탄식하듯 페드르가 정념을 가슴에 묻고 자결했다면 자신의 명예와 이폴리트의 목숨은 지킬 수 있었을 것이다. 그리 했다면 페드르의 죽음은 비극이 아니라 희극으로 그쳤을 것이다. 세상에 마음속으로 죄짓지 않고 사는 사람이 어디 있는가. 모두가 페드르의 생각처럼 마음의 죄로 죽어야 한다면 온전히 살아남을 인간이 과연 몇이나 되겠는가.

이폴리트에게 정념을 털어놓은 고백도 죽음에 이르는 죄는 아니다. 계모와 의붓아들 사이는 하늘이 내린 혈연관계는 아니다. 인간이 만든 계약상의 모자관계일 뿐이다. 따라서 근친상간의 죄를 적용하는 건 가혹한 잣대다. 이 관계를 맺어준 매개인인 남편의 사망소식 이후에 발설한 고백이기에 더욱 그러하다. 더구나 고백이 실현된 것도 아니지 않는가. 각자 가슴에 묻고 무덤까지 갔다면 파국은 면할 수 있었을 것이다.

페드르의 본질적인 죄는 질투심에 눈이 멀어 저지른 모함에 있다. 멀쩡한 청춘을 파멸케 한 원흉도 이것이다. 이 죄로 인해 공모자 페드르와 에논 모두 목숨을 끊는다. 페드르가 비극의 주인공이 된 것도 죄를 끌어안고 스스로 목숨을 끊는 행위에서 비롯된다. 에우리피데스의 파이드라는 비극의 주인공이 될 수 없다. 그녀의 죽음은 모함을 위한 수단일 뿐이며, 히폴리토스를 비극의 주인공으로 만들기 위한 도구일 뿐이다.

계모와 의붓아들 간의 금단의 사랑이라는 짜릿한 테마를 할리우드가 놓칠 리 없다. 1960년대 성격파 배우 안소니 퍼킨스(A. Perkins)와 그리스의 여배우 멜리나 메르꾸리(M. Mercouri)가 열연한 영화 「페드라」가 제작된다. 아버지에게 쫓겨난 남자 주인공이 스포츠카를 타고 해안을 질주하다 절벽 아래로 추락하는 명장면이 많은 팬들에게 강한 인상을 남긴 추억의 영화다. 세바스찬 바흐(S. Bach)의 오르간 곡 <토카타와 푸가>를 크게 울리며 페드라를 향한 저주 어린 절규를 쏟아내는 OST는 영화음악 애호가들의 애청 목록으로 손꼽힌다.

가자, 달려! 가자구! 옳지, 그래! 음악을 듣고 싶다구? 좋아, 그렇겠지!
어때! 우리한테 바흐만큼 멋진 음악도 없을 거야! 오, 세바스찬이여!
라라라라 라라라 라라라라 라라라... ...
페드라!, 페드라!!! ~~~~~

영화는 대중의 기대심리를 한층 더 충족시키는 쪽으로 가기 마련이다. 신화와 비극이 조심스레 비켜간 금단의 사랑을 기어이 엮어 희대의 불륜 스토리로 만들어낸다. 라신의 비극이 원작과 달리 순결한 히폴리토스의 가슴에 사랑이 싹트는 것으로(계모가 아니라 다른 여인에 대하여) 설정한데 비해 영화는 한 걸음 더 나아가 아예 모자가 서로 사랑하는 것으로 설정한다. 시대배경도 현대 그리스로 바꿔놓는다.

그리스 해운가의 딸 페드라(파이드라)는 해운업계의 실력자 타노스(테세우스)와 결혼한다. 이혼한 타노스에게는 알렉시스(히폴리토스)라는 전처소생의 아들이 있는데, 아버지의 재혼이 못마땅하여 런던으로 도피성 유학을 떠난다. 페드라는 끊어진 부자관계를 이어주기 위해 알렉시스를 찾아 런던으로 떠나는데, 그게 바로 운명의 길이 되어버린다. 런던에서 마주친 두 남녀는 첫눈에 사랑을 느낀다. 농염하고 신비로운 미모를 지닌 30대 여인과 강렬하고 신선한 눈빛을 띤 20대 청년이 서로에게 거부할 수 없는 매력을 느낀 마당에 별일 없기를 바란다면 무리한 기대가 아닐까. 육체를 맘껏 불태운 계모와 의붓아들은 사이좋게 그리스로 돌아오고, 아무것도 모르는 아버지는 아들의 귀국 선물로 고급 스포츠카를 사준다.

아무 일도 없는 듯 지나가던 금단의 사랑이 결국은 파멸을 부른다. 아버지의 강권으로 엘시라는 젊고 아리따운 아가씨와 혼담이 오가는 상황에서 페드라의 질투심이 폭발한 것이다. 그녀는 남편에게 알렉시스와의 부적절한 관계를 털어놓는다. 이성을 잃은 타노스는 알렉시스를 무참히 폭행하고 내쫓는다. 피투성이가 되어 쫓겨난 알렉시스는 페드라를 저주하며 스포츠카에 오른다. 그리고 절벽을 향해 자살 레이스를 벌인다.

두 얼굴의 아프로디테

사랑은 두 얼굴을 가진 야누스적 존재다. 사랑의 여신 아프로디테는 피그말리온과 파이드라 사이를 곡예 하듯 오간다. 사랑의 강렬한 에너지는 메마른 영혼에 불꽃을 당기고 창조의 샘물을 솟구치게 한다. 사랑에 빠지면 무미건조하고 무색무취하던 세상이 생명과 환희의 빛깔과 향기로 넘쳐흐르게 된다. 모두가 시인이 되고, 철학자가 되고, 예술가가 된다.

사랑의 강렬한 에너지는 이성을 마비시키고 마음의 눈을 멀게 하기도 한다. 사랑이 집착과 소유욕으로 변질되면 파멸을 불러온다. 질투심의 포로가 되어 벌이는 추잡하고 치졸한 복수극과 치정극은 '사랑'이라는 두 글자 앞에서 치를 떨게 하고 눈을 감게 한다. 사랑의 상실을 극복하거나 승화시키지 못하여 지나치게 방황하거나 죽음을 택하는 것 역시 집착과 소유욕을 넘어서지 못한 저급한 사랑일 것이다. 그렇다고 상실의 상처와 아픔을 염려하여 사랑을 기피하거나 사랑을 하되 깊게 빠지지는 않으리라 다짐하는 청춘이 있다면, 그 또한 비겁하고 가련한 인생이리라. 젊은 시절 사랑의 강렬한 에너지에 흠뻑 취해보자. 그리하여 넘치는 에너지로 영원히 마르지 않는 창조의 샘물을 솟구치게 하자.

제8장

고대 그리스 사회와 신화 속의 동성애

자유로운 삶을 추구한 고대 그리스인은 성생활에서도 보편적인 금기를 뛰어넘는 분방함을 보여준다. 신의 질서를 거부한 프로메테우스의 후예답게 그들은 자연의 순리인 이성 간의 사랑은 물론, 반자연적인 동성 간의 사랑에도 거리낌이 없었다. 물론 동성애는 시공을 초월하여 수많은 문화권에서 발견되는, 그다지 특별할 것도 없는 현상이다. 하지만 고대 그리스인의 동성애는 뚜렷한 차별성을 보여준다.

첫째, 고대 그리스인의 동성애는 금기에 가로막힌 반사회적이고 비주류적인 행위가 아니라 신화는 물론 문학과 예술에서 널리 다루어지고 공공연하게 향유된, 사회적이고 문화적인 현상으로 자리 잡고 있다.

둘째, 고대 그리스인의 동성애는 이성애와 충돌하거나 대체되는 게 아니라 양자 간의 공존이 가능했던, 양성애적인 성문화에서 비롯된 것이다.

셋째, 그럼에도 불구하고 남녀 동성애에 대한 인식과 평가는 공평하지 못한, 지극히 남성 중심적인 양상을 보여준다. ❋

1. 고대 그리스인의 양성애관

고대 그리스의 동성애 문화는 특유의 양성애관에 뿌리를 두고 있다. 그리스인은 인간의 내면에서 솟아오르는 욕망과 감정을 숨기지도, 억압하지도 않았다. 어떤 것이든 있는 그대로 드러내고 마음껏 향유했다. 사랑을 대하는 태도 역시 그러했다. 그들은 이성애와 동성애를 정상이나 비정상으로 엄격하게 갈라놓지 않고 그저 마음 가는대로, 몸 가는대로 자유롭게 즐기려 했다.

플라톤의「향연」에는 그리스인의 양성애관이 흥미롭게 그려져 있다. 대화록의 형태를 취한 이 책에서 저자는 희극작가 아리스토파네스의 입을 빌어 '잃어버린 반쪽 찾기'에 대한 에로스 론을 선보인다. 원래 인간은 두 개의 얼굴과 각각 네 개의 팔과 다리를 지니고 있었는데, 갈수록 오만에 빠져 제우스에 의해 두 쪽으로 갈라지는 처벌을 받게 된다. 그런즉 원래의 반쪽을 그리워하는 마음에서 사랑이 싹트게 된다는 설명이다. 그런데 갈라지기 전의 인간은 세 종류(남 - 여, 남 - 남, 여 - 여)였던 바, '남 - 여'에서 갈라진 반쪽이 잃어버린 쪽을 갈망하는 이성애는 물론 '남 - 남'과 '여 - 여'에서 갈라진 반쪽들의 짝짓기에 해당하는 동성애 역시 지극히 자연스러운 현상이라는 것이다.

남성과 여성, 이성애와 동성애 사이에 가로놓인 경계선을 거침없이 넘나드는 그리스인의 자유롭고 유연한 사유방식은 신화에서도 잘 드러나고 있다. 그리스 신화에는 헤르메스(Hermes)와 아프로디테(Aphrodite) 사이에서 아들로 태어나 물의 요정 살마키스와 뜨거운 사랑을 나누다가 '남-여' 한 몸이 되어버린 헤르마프로디토스(Hermaphroditos)와 같은, 이름과 실체가 모두 자웅동체(雌雄同體)인 존재가 등장한다. 또한 에게 해 건너편 지방에서 숭배된 아그디스티스와 같은 자웅동체의 신도 존재한다.

트랜스젠더도 등장한다. 레우키포스와 이피스는 여자로 태어났으나 딸을 혐오하는 아버지의 눈을 속이거나 어여쁜 소녀와 사랑을 나누기 위해 남자로 탈바꿈하는 인물로 그려진다. 그런가 하면 소포클레스의 비극 「오이디푸스 왕」과 「안티고네」에서 진실의 화신으로 등장하는 맹인 예언가 테이레시아스는 남자로 태어나 여자로 변했다가 다시 남자로 되돌아오는 '더블 트랜스젠더'의 운명을 보여준다.

2. 고대 그리스 사회의 동성애

남성 동성애(소년에 대한 사랑)

「향연」에서 파우사니아스는 두 개의 아프로디테를 논한다. 즉 여성적 요소 없이 남성적 요소만 갖고 있는 사랑은 '천상의 아프로디테'라고 추앙되는 한편, 남성보다 여성, 영혼보다 육체를 탐하는 사랑은 '세속적 아프로디테'로 비하된다.

고대 그리스 사회에서 성행한 남성 동성애는 여성을 폄훼하는 의식에서 비롯된다. 고대 그리스 문명은 두 얼굴을 갖고 있다. 인간의 자유와 민주주의에 대한 가치를 일깨워주고 실체를 선보인 밝은 모습 이면에는 여성과 노예를 혐오하고 억압하는 남성중심, 강자중심의 어두운 모습이 숨어있다. 고대 그리스 사회는, "여성은 결함을 타고났다"라고 주장한 아리스토텔레스로부터 완벽한 몸의 기준을 남성에게서 찾으려한 히포크라테스에 이르기까지 대표적인 지식인들마저도 극단적인 남존여비 의식에 사로잡혀 있을 만큼 여성을 얕보는 문화가 지배하고 있었다.

따라서 '덜떨어진 존재'로 인식되는 여성과의 사랑은 생각할 수 없는 일이었다. 여성과 결혼하여 살을 맞대고 사는 이유는 단지 아이를 낳기 위함일 뿐이며, 진정한 사랑은 모든 면에서 서로 격에 맞는 남자들, 즉 노예가 아닌 자유인 남성들 사이에서만 기대할 수 있었다. 고대 그리스는 '연애는 동성끼리, 결혼은 이성 간에'라는 공식이 지배하는(물론 남자들에게만 적용된) 사회였다.

남성 동성애는 아르카익기(BC 8~6세기)에 귀족을 중심으로 성행하다가 고전기(BC 5~4세기)에 이르러 시민계급으로 확산되었으며, 고대 그리스를 대표하는 아테네, 스파르타, 테베, 크레타 등 거의 전 지역에 걸쳐 성행한 것으로 드러난다. 정치가 파우사니아스와 극작가 아가톤의 사랑(연인의 망명지까지 동행할 정도의 광적인 사랑)은 '세기의 동성애'로 회자되며, 소크라테스마저도 이로부터 자유롭지 못할 만큼 남성 동성애는 고대 그리스 사회의 주요한 문화현상이었다.

그런데 고대 그리스의 남성 동성애는 동년배 사이에서 이루어진 것이 아니라 상당한 연령 차이가 나는 남자들 사이의 사랑이라는 사실이 이채롭다. 즉 성인 남성이 미성년의 사내아이를 사랑하는 '소년에 대한 사랑'이었다. '에라스테스(Erastes)'라 불리는 성인 남성은 대체로 40세 미만의 미혼이며, '에로메노스(Eromenos)'라 불리는 소년은 12~18세 정도의 사춘기 미성년이다. 이를테면 '원조교제'의 틀을 갖추고 있는 것이다. 이 시대의 원조교제는 '늙은 돈'과 '젊은 몸'이 거래되지만 그 시대에는 경륜과 청춘이 교류되었다. 성인 남성은 과거의 젊음을 추억했고, 소년은 미래의 지혜를 선취했다. 물론 동기부여를 주도한 것은 젊은 몸에서 피어오르는 아름다움이었다.

성인 남성의 뜨거운 눈길이 소년의 젊고 아름다운 몸을 탐한 에로스의 공간은 체육관이었다. 고대 올림픽이 보여주듯 고대 그리스인은 벌거벗은 몸으로 달리고, 던지고, 격투했다. 그리스어로 체육관을 뜻하는 '김나지움(Gymnasium)'이란 말은 '벌거벗은'이란 의미의 '김노스(gymnos)'에서 기원한다. 그 시대에 육체를 아름답고 힘차게 단련시키는 일은 소년들에게 부과된 중요한 책무였다. 벌거벗은 몸으로 레슬링과 같은 종목에서 서로 뒤엉키면서 성인 남성과 소년은 자연스럽게 사랑을 싹틔웠다.

경직된 사고에서 벗어나 삶에 대해 자유롭고 유연한 자세를 보인 그리스인은 정신과 육체의 관계를 상호배타적으로 바라보지 않았다. 육체를 단련시키며 정신을 함양하고, 정신의 날을 세우며 육체를 다듬었다. 지덕

체(智德體)의 삼위일체를 이루려 노력했다. 진리를 탐구하면서도 수도원이나 골방에 틀어박힌 몸으로 고행하듯 한 게 아니라, '함께(sym)' - '마신다(posium)'는 의미의 '향연(Symposium)' 문화에서 보는 바와 같이 함께 어울려 술을 마시고 여흥을 즐기면서 유희하듯 이끌어가지 않았던가. 같은 맥락에서 김나지움은 단순히 운동에만 열중하는 장소가 아니라, 몸을 단련시키는 가운데 진리도 탐구하는 교육기관이었다.

소년에 대한 사랑은 에로메노스와 에라스테스 모두에게 수련의 장을 마련해준다. 에라스테스는 에로메노스의 기대에 어긋나지 않도록(경쟁자들과 겨루며) 최선을 다해 덕을 쌓아가고, 에로메노스 또한 에라스테스를 실망시키지 않도록(경쟁자들과 겨루며) 최선을 다해 자기발전을 이루게 되는 것이다. 결국 성인 남성과 어린 소년이 합심하여 그리스 남성의 이상인 '탁월함[아레테(arete)]'을 이루어가는 '사랑의 교실'로 작용했던 것이다. 사랑을 나누는 과정에서 에라스테스는 육체적 · 정신적으로 미성숙한 소년인 에로메노스를 성숙한 존재로 이끌어주는 교육자이자 후견인의 책무도 떠맡게 되는 것이다.

소년에 대한 사랑은 개인적인 취향을 넘어 국가 · 사회적인 기능으로도 작용했다. 고대 그리스 사회는 남성 동성애가 갖는 순기능(구성원들이 아레테를 달성하기 위해 최선을 다하는 분위기에서 기대할 수 있는 사회적인 힘)에 주목하여 이를 고무찬양하기도 했다. <향연>에서 파이드로스는 사랑의 힘을 수치심과 존경심에서 찾는다. 즉 비천한 행위에 대해서는 수치스러워하고, 탁월한 행위에 대해서는 존경심을 나타내는 것이 개인과 사회를 뛰어나게 하는 원리인 바, 사랑이 바로 이 원리를 실현시키는 원동력이라는 것이다. 다시 말해 사랑하는 사람과 함께할 때 이 원리가 가장 효과적으로 작동하게 된다는 논리다.

파이드로스의 충고를 받아들여 성공한 사례도 있다. 테베에는 동성 연인들로만 구성된 '신성한 부대'가 펼친 무공이 전설처럼 전해져온다. 기원전 338년, '비천함에 대한 수치심'과 '탁월함에 대한 존경심'으로 똘똘 뭉친 이 부대는 마케도니아의 필리포스 2세의 막강한 군대와 맞선 카이로네이아 전투에서 승산이 전혀 없는 절망적인 상황에서도 죽기를 각오하고 싸우다가 전원이 장렬하게 전사한다.

아테네에는 참주를 살해하고 산화한 두 연인을 숭상하는 의식이 뿌리내리고 있다. 기원전 514년, 하르모디오스[에로메노스]와 아리스토게이톤[에라스테스]은 아테네의 참주 히파르코스를 살해한 후 차례로 죽음을 맞는다. 아테네인들은 두 연인을 아테네의 자유와 민주주의의 상징으로 기리는 한편, 아고라에 두 사람의 동상까지 세워 떠받든다. 사모스의 참주 폴리크라테스는 이를 두려워한 나머지 동성애의 산실인 체육관을 폐쇄하기도 한다.

군사문화가 깊이 뿌리내린 스파르타에서는 동성애를 강한 군대를 양성하고 유지시키는 기능으로만 활용했다. 이를테면 연인 간의 육체관계는 금하는 가운데 에로메노스의 비겁한 행위를 에라스테스에게 책임을 묻는 식으로, 동성애를 철저히 조직을 결속시키는 공적 수단으로서만 이용한 것이다.

고대 그리스의 남자들[자유인]은 결국 평생 세 번의 사랑(정확히 말하자면, 두 번의 연애와 한 번의 결혼)을 맛보며 살아간 셈이다. 소년기에는 에로메노스로, 성년이 되면 에라스테스로, 마지막으로 한 여성의 남편으로서 말이다. 두 번의 동성애를 거쳐 이성애로 끝을 맺는, 결과적으로 양성애를 누리고 산 것이다. 하지만 결혼은 가정을 관리하고 아이를 낳는 책무일 뿐, 자유의지에서 발로된 진정한 사랑은 동성애밖에 없었다.

어떤 것이든 이상과 현실 간의 괴리가 있는 법이고, 세월에 따라 왜곡되거나 변질되기 마련이다. 소년에 대한 사랑은 아르카익기에 귀족문화

아리스토게이톤과 하르모디오스

로 싹을 틔웠다. 요즘의 원조교제가 돈도 넘치고 시간도 남아도는 '한량'들의 '문화'이듯이, 먹고 살기가 더 힘들었던 그 시절에 한가로이 체육관을 드나들며 젊음의 아름다움을 누릴 수 있는 게 귀족밖에 더 있었겠는가. 그런데 귀족의 시대가 끝나고 민주화가 이루어지면서 상황은 바뀐다. 시민계급이 체육관을 기웃거리기 시작하며 경쟁자가 늘어난 것이다. 모든 게 그렇듯이 과열경쟁은 판을 흐려놓기 십상이다. 에라스테스와 에로메노스 간의 순수한 관계가 뒤틀리기 시작한다.

문제는 선물이다. 에라스테스가 에로메노스에게 마음을 담은 선물을 주는 풍습이 있었다. 토끼(노루, 사슴, 새, 사냥개, 치타 등)가 아니면 수탉이었다. 토끼는 사냥놀이[토끼몰이]용이고, 수탉은 전투놀이[닭싸움]용이다. 사냥과 전투는 그 시절 귀족 남성의 대표적인 덕목인 힘과 지배를 상징한다. 토끼와 수탉은 사랑하는 연인에게 자신의 이상을 전수하려는 마음에서 우러난 선물인 것이다. 이렇듯 초창기 선물은 물질적 가치보다 교육적 가치에 비중을 두었다. 그런데 점차 명분보다 실리가 판치기 시작한다. 살아있는 동물에서 육고기로 바뀌더니, 결국 돈이 등장한다. 순수

수탉 선물

돈주머니 선물

한 사랑과 상업적 매춘 간의 경계가 갈수록 모호해진다. 바야흐로 '늙은 돈과 젊은 몸의 거래'가 선보이기 시작한 것이다.

황금의 맹독성은 소년들을 비뚤어지게 한다. 덕성보다 돈을 밝히는가 하면, 좀 더 많은 돈을 갈망하며 '상품성의 거품'을 만들려는 유혹에 빠져든다. 아르카익기 말경에 소년에 대한 사랑을 규제하는 '솔론의 법령'이 제정되고, 아리스토파네스를 비롯한 고전기의 희극작가들이 동성애를 신랄하게 조롱하고 풍자한 배경도 여기에 있다. 플라톤의 「향연」이 겨냥하는 것도 마찬가지다. 이 책을 통해 플라톤은 과거의 귀족적 가치(소년에 대한 사랑을 통한 아레테 성취)를 높이 평가하는 한편, 동성애에 담긴 부정적 요인을 제거하고 새로운 에로스의 이상(육체적 쾌락에서 정신적 사랑으로 승화)을 모색하려 했던 것이다.

「향연」은 사랑(에로스)에 관한 토론회를 중계하는 형식을 취하고 있다. 극작가 아가톤의 입상을 축하하는 자택연회에 소크라테스를 비롯한 당대의 대표적 지식인들이 모여 한잔씩 나눈 후 순서를 정해 에로스에 관한 식견을 늘어놓는다. '함께 마시며' 유희하듯 진리를 탐구하는 '심포지움'이 개최된 것이다. 그런데 참석한 모두가 한마디씩 하고 난 뒤 알키비

아데스가 뒤늦게 잔치판에 뛰어들더니 소크라테스의 자랑거리를 쏟아놓는다. 지혜, 용기, 젊은이에 대한 사랑과 헌신 등의 찬사를 잔뜩 늘어놓는 가운데 과거 자신의 체험담을 끄집어낸다. 꽃미남이던 자신이 젊은 시절 소크라테스를 흠모하여 연인으로 삼고자 온갖 수단을 다 써보았지만 끝내 뜻을 이루지 못했다는 얘기다. 체육관에서 레슬링도 해보고, 야심한 밤에 단둘이 벌거벗고 누워 동침도 시도해보았지만 끝끝내 목석같은 남자를 뜨겁게 달구지는 못했다는 고백이다. 이에 대해 소크라테스가 명쾌하게 교통정리 해준다.

자네는 내 안에 들어 있는 아름다움이 다른 것과 비교할 수 없는 것이고, 자네가 갖고 있는 아름다운 외모와는 전적으로 다른 것이라는 사실을 알아야 할 것이네. 따라서 그러한 아름다움을 보고 나서 자네가 나와 사귀면서 자네의 아름다움과 나의 아름다움을 서로 교환하려고 시도한다면, 자네는 나로부터 조금밖에 이득을 취하지 못할 걸세. 반대로 자네가 아름다움의 허상이 아니라 그 참모습을 소유하려고 시도한다면, 자네는 정말 동을 주고서 금을 얻는 교환을 생각하는 것이네.

스승 소크라테스의 입을 빌어 플라톤이 하고 싶었던 말은, 소년에 대한 사랑을 '플라토닉 러브'로 개혁하자는 게 아니었을까? 플라톤은 사랑학 교수이기도 하다. 「향연」에서 플라톤은 에로스의 본질을 '영원히 불멸하는 것에 대한 소망'이라고 밝히고 있다. 동물이건 인간이건 간에 죽을 수밖에 없는 필멸의 운명을 갖고 살아가는 존재의 본성은 자신이 사라진 이후에도 계속해서 살아남을 수 있는 것을 열망하게 되며, 이것은 생식을 통하여 이루어진다. 따라서 생식의 대상인 이성의 육체를 소유하려는 욕망이 일어나는 바, 이게 바로 에로스라는 것이다.

그런데 낡고 늙은 것 대신에 새롭고 젊은 것을 남기려는 욕망은 육체뿐만 아니라 정신영역에서도 일어난다. 육체적으로 정력이 강한 사람은 이러한 욕망을 이성에게로 향하여 자식을 낳으려는 에너지로 발산하는 경향이 강하지만, 시인이나 예술가와 같이 지혜나 그 밖의 모든 덕을 소유하려는 사람은 육체보다는 영혼 속에 수태와 생식을 갈망한다는 설명이다.

플라톤은 아름다운 육체에 끌리는 욕망이 아름다운 영혼에 끌리는 욕망으로 승화되어야 한다고 주장한다. 그리고 이 길에 이르기 위해서는 먼저 아름다운 육체를 가까이 해야 한다고 말한다. 즉 한 육체를 사랑하여 그 가운데 아름다움을 깨우치고, 더불어 개별 육체의 아름다움은 서로 연관을 맺고 있으며 궁극적으로 모든 육체의 아름다움은 동일하다는 사실을 인식하게 된다. 이렇게 되면 어느 특정한 대상에 지나친 정열을 쏟는 것은 어리석은 일임을 깨달아 노예처럼 한 가지에만 얽매이거나 집착하는 비속함과 편협함에 빠져들지 않게 된다. 다시 말해서 아름다움을 추구하는 올바른 길은 하나의 아름다운 육체에서 두 개의 아름다운 육체로, 두 개의 아름다운 육체에서 모든 아름다운 육체로, 나아가 아름다운 조직과 법칙들을 거쳐 아름다운 학문들로, 궁극적으로는 여러 학문들로부터 다름 아닌 아름다움 자체에 관한 학문에 이르게 되고, 결국 '미(美) 자체'에 대한 인식에 도달하게 된다는 것이다.

플라톤은 육욕이나 그 밖의 필멸의 폐물로 더럽혀지지 않고 "아름다움이라는 넓은 바다"로 나아가 그것을 바라보면서 아름답고 장려한 말과 생각들을 창출하여 스스로를 성숙케 하라고 충고한다. 그리하여 마음의 눈으로 참된 아름다움을 볼 수 있는 사람이 영원한 삶에 참여할 수 있으며, 그것이 바로 참된 에로스의 길이라고 역설한다. 이러한 불멸의 것에 대한 영적 사랑을 설파한 플라톤의 철학으로부터 영혼의 고귀한 사랑을 뜻하는 '플라토닉 러브(platonic love)'라는 개념이 기원한다.

여성 동성애(레스보스 여인들의 사랑 - '레즈비언')

고대 그리스의 여성 동성애에 관한 이야기는 남성 동성애에 비하면 극히 빈약하다. 여성 동성애는 공적으로 금지된 것은 아니지만 드러내놓고 즐길 수 있는 형편도 아니었다. 그것은 아무런 사회적인 위상을 갖지 못하고 도착된 것으로 매도당하고 억압되거나, 지극히 제한되고 예외적인 행위로 받아들여졌다.

그러나 비록 겉으로 드러나지 않았지만 '보이지 않게 사랑한' 커플은 만만치 않게 존재했을 개연성은 크다. 공적인 활동은 물론 사적인 감정의 영역인 사랑에서도 남성들로부터 철저히 외면(왕따)당한 상황에서 의식 있고 열정 넘치는 여성들이 삶의 의미와 즐거움을 달리 어디서 찾을 수 있었겠는가. 주류인 남자들이 최고의 삶을 위해 자기들끼리 날뛰고 즐기는 세상에서, 소외당한 비주류들끼리 한을 풀고자하는 욕구가 솟구치는 건 당연하지 않았을까. 더욱이 그리스는 다른 어떤 고대사회보다 자유와 개방의 분위기가 만연했던 사회가 아닌가.

여성 동성애의 대명사는 사포(Sappho)다. 그녀의 이름을 딴 '사피즘(sapphism)'과 그녀의 고향인 레스보스(Lesbos) 섬에서 유래한 '레즈비언(lesbian)'이라는 용어가 이를 대변해준다. 그녀는 기원전 7세기에 에게 해의 레스보스 섬에서 태어나 30대초에 결혼하여 딸 하나를 두고 남편과 사별한다. 50줄에 접어들어 파온이라는 젊은 남자에게 빠져 짝사랑으로 몸살을 앓다가 투신자살한 것으로 알려진다. 사포가 투신한 곳으로 알려진 레우카스의 절벽은 '사포의 절벽'이라 불린다.

사포는 그리스를 대표하는 여류 시인이다. 플라톤은 그녀를 가리켜

"열 번째 뮤즈 레스보스의 사포"라고 찬양하기도 했다. 사포와 관련된 많은 일화들(파온에 대한 짝사랑과 비관자살 등)은 대개 그녀가 쓴 서정시를 통해 유추된 것이다. '열 번째 뮤즈' 사포는 '뮤즈에게 이바지하는 자들의 집'이라는 사설 교육기관을 세우고 많은 후학들을 가르치면서 친구나 연인처럼 함께 어울렸다. 그녀의 서정시에는 제자들(특히 아티스라는 이름의 애제자)에 대한, 스승으로서의 관심과 사랑을 뛰어넘는 애틋한 감정이 표현되어 있다.

1. 나는 너를 사랑하고 있었지. 아티스, 오래전부터.
그때 너는 나에게 자그마하고 우아함이 결여된
어린아이로 보였었지.

2. 또다시 사지를 나른하게 하는 에로스가
나의 온몸을 전율케 하는구나.
달콤하면서도 쓴 저항할 수 없는 존재여.

3. 아티스, 이제는 나에 대한 생각이
너에게 증오스러워졌구나.
그래서 너는 안드로메다에게로 날아가 버리는구나.

세 번째 시에서 거론되는 안드로메다라는 인물은 사포와 마찬가지로 후학을 양성하는 여성으로 사포와 라이벌 관계로 알려진다. 자신이 아끼는(사랑하는) 제자를 경쟁자의 손에 빼앗긴 상실감이 절절이 배어있는 서정시를 통해 작가는 —의도하지는 않았지만— 그 시절 자신 이외에도 여성들만의 집단을 이끌어 가는 지적인 여성들이 널리 포진되어 있었음을 증언한다. 아티스를 향한 사포의 애틋한 감정은 그리스 남성들이 소년에게 바쳤던 열정과 전혀 다를 바 없다.

애제자들과 어느 선까지 갔는지 알 수 없지만, 사포의 언행은 당시 남성들 사이에서 이루어진 사랑에 비추어보면 새삼스러울 것도 없고 거부감을 불러일으킬 것도 없다. 하지만 사피즘과 레즈비언이란 용어가 좋은 의미로 받아들여지지 않듯, 사포는 후대에 그다지 훌륭한 인물로 평가되지 않는다. 고전기의 희극작가들(암피스를 비롯한 6명의 작가가 「사포」라는 제목의 희극을, 2명의 작가가 「파온」이란 제목의 희극을 발표)에 의해 사포는 "남자에게 미친 여자" 내지는 "뻔뻔스러운 동성연애자"로 낙인찍힌다(파온에 대한 짝사랑으로 자살했다는 이야기도 과장되거나 조작되었다는 의혹도 제기된다). 뿐만 아니라 4세기와 11세기, 두 차례에 걸쳐 로마교회의 주도로 사포의 시들이 공개적으로 불태워지기도 한다.

사포가 당한 조롱과 수모는 이름 없이 사라져간 동시대 뭇 여성들에게 가해진 심판이기도 하다. 따지고 보면 레즈비언이란 용어에도 여성비하 의식이 숨어있다. 고대 그리스 사회에서 드러내놓고 동성애를 즐긴 건 남성들인데 그 허물은 숨어서 몰래 즐긴 여성들에게 떠넘겨진다. '헤타이라(Hetaira)'라는 용어의 운명도 마찬가지다. 사포의 시에서도 종종 나오지만, 원래 이 말은 친구나 연인(여성들 사이에서)을 가리키는 애칭이었다. 그런데 세월이 흘러 첩, 정부, 창녀 등의 의미로 전락해버린다.

여성비하 의식이 지배한 사회에서 고대 그리스 여성들은 억울하고 가련한 신세를 면치 못했다. 그들은 남자의 사랑 한번 제대로 받지 못한 채, 소외감과 자괴감을 보상해줄 동성 간의 사랑에도 마음껏 빠져들지 못했을 뿐 아니라 남성들의 특권에 가까웠던 동성애의 오명은 대신 뒤집어쓰고 살아간 셈이다.

3. 그리스 신화에 그려진 동성애

남성 동성애

고대 그리스 사회가 그랬던 것처럼 그리스 신화에서도 남성 동성애에 관한 이야기는 넘칠 정도로 많이 발견된다. 제왕 제우스, 황태자 아폴론을 비롯한 신들과, 아킬레우스, 헤라클레스 등의 영웅들이 경쟁하듯 다양한 양상의 동성애를 연출한다.

흥미로운 사실은 소년 납치에 대한 일화가 심심찮게 등장한다는 점이다. 제우스는 트로이의 왕자인 미소년 가니메데스를 납치하여 시동(侍童)으로 삼는다. 또한 포세이돈은 펠롭스를 납치하고, 테베의 왕 라이오스는 펠롭스의 아들 크리시포스를 납치한다. 크레타 사람들은 가니메데스를 납치한 게 제우스가 아니라 크레타의 미노스 왕으로 알고 있다. 실제로 크레타에서는 소년을 납치하는 풍속이 만연되어 있었다고 전해진다. 귀족출신의 남자가 어떤 소년을 점찍을 경우, 소년의 부모에게 은밀히 뜻을 밝히고(심하게 거절당하지 않으면) 보쌈하듯 납치하여 사라진다. 그리고 한동안 자신의 별장에서 달콤한 나날을 보낸 후 세상 밖으로 모습을 드러내고 연인관계를 공표한다. 그러면 귀족은 소년의 교육자이자 후견인 역을 자임하며 소년의 인생을 열어가는 도우미가 된다.

'멘토'라는 용어를 낳은, 그리스 신화의 멘토르(Mentor)라는 인물은 오디세우스의 아들 텔레마코스의 교육자이자 후견인이다. 오디세우스는 트로이 전쟁에 출전하면서 가장 신뢰하는 친구인 멘토르에게 아들의 교육과 후견을 맡긴다. 멘토르는 오디세우스가 20년 만에 귀향하기까지 맡은 역할을 충실히 수행하여, '멘토'의 대명사가 된다. 물론 두 사람 사이에 성적인 접촉이 있었다는 얘기는 전해지지 않는다. 다만 고대 그리스 사회에서 성인 남성과 어린 소년이 교육과 후견을 매개로 다양한 방식으로 긴밀한 관계를 맺은 풍습이 만연되어 있었고, 신화 속에 그 단면이 투영되어 있다는 사실은 부인하기 어려울 것이다. '균형 잡힌 육체미와 냉철한 이성'의 아폴론이 소년과의 러브 스토리에 가장 빈번히 등장하는 점도 시사하는 바가 크다.

동성애가 개인적인 취향을 넘어 국가·사회적인 기능으로 작용한 예는 신화에서도 찾아볼 수 있다. 그리스 신화에 나오는 영웅들은 대개 우정을 넘어서는 끈끈한 관계의 단짝을 갖는다. 대표적인 사례는 물론 트로이 전쟁의 영웅 아킬레우스와 파트로클로스 사이다. 여자포로 문제로 아가멤논과 갈등을 벌인 끝에 전쟁에서 발을 빼고 있던 아킬레우스는 단짝인 파트로클로스의 죽음을 목도한 후 결연히 전장으로 달려 나가 적장 헥토르의 목을 벤다. 이를 계기로 승부의 추는 트로이에서 그리스 연합군 측으로 넘어간다. 영웅들 사이의 우정(혹은 사랑)이 나라의 명운을 가르는 결정적인 요인으로 작용하고 있는 것이다.

아테네의 영웅 테세우스와 페이리토스, 스파르타의 영웅 헤라클레스와 힐라스, 아가멤논의 아들인 오레스테스와 필라데스 사이도 우정과 사랑을 넘나드는 단짝으로, 영웅적인 행위를 하는 과정에서 중요한 파트너십을 보여준다.

여성 동성애

사회현실과 마찬가지로 신화 속의 여성 동성애는 남성 동성애에 비해 빈약한 사례를 보인다. 그것은 단지 간접적이며 암시적으로 흔적을 남길 뿐이다. 비교적 동성애를 직접 드러낸 사례는 트랜스젠더의 운명을 보여준 이피스와 레우키포스의 경우다. 여자로 태어난 이피스는 아름다운 처녀 이안테의 사랑을 받아들이기 위해 간절히 소망한 끝에 남자로 탈바꿈하여 사랑의 결실을 맺는다(타고난 성으로 보면 동성애?). 레우키포스 역시 여자로 태어났으나 아들을 원하는 어미의 소망에 따라 남자로 바뀐다. 그런데 이번에는 남자를 기피하는 숲의 요정 다프네를 따라다니기 위해 여자로 위장한다. 결국 그(그녀)는 남자임이 탄로나 다프네의 동료들에게 죽임을 당한다.

그런가 하면 신화에는 사랑에 있어서 남자들에게 따돌림 당한 여성의 한과 보상심리를 암시하는 이야기들이 많다. 그리스 신화에는 남편들에게 적대적인 감정을 폭발시키는 아내들이 유난히 많이 등장한다. 메데이아, 클리타임네스트라, 파이드라 등 그리스 비극의 대표적인 여주인공들은 복수심과 뒤틀린 사랑으로 남편을 죽이거나 파멸시키는 악녀로 그려진다. 또한 영웅 이아손 일행이 아르고호 모험 중 만나는 렘노스 섬 여인들은 남편들을 모조리 살해하고, 다나오스의 50명의 딸들 역시 결혼 첫날밤 남편들을 모두 살해한다(이에 대한 벌로 이들은 지하세계에서 밑빠진 독에 물을 퍼붓는 노역에 처해진다). 아리스토파네스의 희극 <뤼시스트라테>에 등장하는 여인들은 전쟁을 막기 위해 남편들에 맞서 '성 파업'을 벌이기도 한다.

반(反) 남성적인 성향의 배타적 여성 집단도 많이 등장한다. 대표적인 예는 디오니소스를 따르는 여신도 무리인 마이나데스다. 디오니소스 축제 때 이들은 남자가 지배하는 집을 박차고 나와 들로 산으로 떠돌아다니며 술을 마시고 괴성을 지르는 등 온갖 일탈행위를 일삼는다. 축제의 절정에 이르면 제물로 바치는 짐승을 갈가리 찢어발기며 온몸을 피로 물들인다[때로는 미(美)소년을 제물로 바치는 인신공희(人身供犧)를 연출]. 아내를 잃은 상실감에 빠져 세상 여성들을 외면하는 오르페우스를 이들이 갈가리 찢어 죽인 이유가, 오르페우스가 미소년을 총애하는 관습을 도입했기 때문이라는 설도 있다(잘려나간 오르페우스의 머리는 레스보스! 섬으로 떠내려간다).

남자 알기를 돌같이 아는 처녀 신 아르테미스를 따르는 무리도 있다. 이들은 남자들에 대해 극도로 배타적인 삶의 방식을 고집한다. 이들이 목욕하는 광경을 훔쳐보다가 들킨 악타이온 왕자는 사슴으로 변해 사냥개들에게 갈가리 찢겨지는 참극을 맛본다. 또한 제우스의 술수에 넘어가 사랑을 나눈 칼리스토는 무리를 배신했다는 이유로 여신에게 냉혹하게 처단 당한다. 고대 그리스인들은 여인이 아이를 낳다가 죽으면 아르테미스의 저주 탓으로 돌리기도 한다(디오니소스와 아르테미스를 따르는 무리들이 남자들에 대해 극단적인 적대감을 품으며 자기들끼리 어울리며 즐긴 것이 동성애가 아니고 무엇이겠는가. 디오니소스와 아르테미스가 아폴론과 아테나에 대비되는 비주류 신들이라는 사실도 유의미하다).

그리스 신화에서 '여인천하'를 대표하는 집단은 아마조네스(Amazones)다. '가슴이 없는 자들'이라는 이름 그대로 이들은, 활을 쏘는 데 거치적거리는 오른쪽 가슴을 잘라내고 전투에 임하는 여전사족이다. 사내아이는 낳는 즉시 죽여 버리고 여자아이만 거두어 키우며 여성만의 세상을 펼친다. 그런데 무리의 우두머리들이 남자 영웅들에게 정복당하거나 죽임을 당함으로써 아마조네스는 결국 몰락의 길을 가게 된다(여왕 안티오페는 테세우스의 처가 되고, 히폴리테와 펜테실레이아는 헤라클레스와 아킬레우스의 손에 각각 처단된다). 영웅에 의한 아마조네스의 패배와 몰락이야말로 신화와 현실사회에서 여성이 처한 비극적인 운명을 단적으로 보여주는 이야기가 아닐까?

제9장

'헤라클레스의 선택'

- 영웅의 길

신화의 영웅은 현실에 안주하는 쾌락의 길을 마다하고 '사서 고생하는' 미덕의 길을 택한다. 이를 '헤라클레스의 선택'이라 하는바, 다름 아닌 영웅의 길이다. **헤라클레스**는 자신의 잘못을 발작으로 돌리고 현실에 안주하여 쾌락에 빠질 수도 있었지만 죄를 씻기 위해 고행을 택하며, **테세우스**는 아버지를 만나러 안전한 바닷길로 가지 않고 악당과 괴물이 들끓는 위험한 육로를 택해 고난을 자초하며, **오디세우스**는 불사의 몸과 영원한 쾌락을 약속한 요정 칼립소의 곁을 떠나 험난한 파고를 헤쳐 나간다. ❋

1. 쾌락과 미덕 사이에서

쾌락이냐, 미덕이냐?

프로디카스(Prodikas)의 교훈극 「갈림길의 헤라클레스」는 인생의 갈림길에 선 헤라클레스의 결단을 그리고 있다. 프로디카스의 책은 소실되었지만, 그 내용은 철학자 크세노폰(Xenophon)에 의해 전해진다. 청년기에 들어선 헤라클레스는 어느 날 비몽사몽간에 자신이 갈림길에 서 있음을 본다. 한쪽 길에서는 요염하게 생긴 여인이 손짓하는데, 이 길은 고통이 없고 언제나 안락하고 즐거우며 욕망을 마음껏 채울 수 있다고 말한다. 그런데 또 다른 길에선 단아한 몸가짐의 여인이 손짓하는데, 이 길은 고통과 역경으로 가득 찬 길이며, 또한 영광의 길이라고 말한다. 헤라클레스는 주저 없이 후자를 선택한다. '헤라클레스의 선택'의 순간이다. '헤라클레스의 선택'이란 쾌락(pleasure)과 미덕(virtue) 사이에서 후자를 택하는 결단을 일컫는다. 인생의 고비에서 쉽고 편한 길을 마다하고' 사서 고생하는 길'을 걸어가는 삶이다. 영광은 고통과 역경 너머에 있기 때문이다.

'헤라클레스의 선택'을 묘사한 그림에서 영웅을 가운데 두고 쾌락의 여인과 미덕의 여인이 눈빛과 손끝으로 각각 자신의 길을 따르라고 충고하고 있다. 쾌락의 여인이 눈빛으로 가리키는 쪽에는 벼랑 끝에 볼품없는 나무 한 그루가 애처롭게 서있는데 미덕의 여인이 손끝으로 가리키는 쪽에는 거목이 힘차게 뻗어있다. 어느 쪽을 택할 것인가.

헤라클레스의 선택'은 영웅의 길이다. 헤라클레스뿐 아니라 테세우스, 오디세우스, 아킬레우스 등 신화의 영웅들은 모두 '사서 고생하는 길'을

헤라클레스의 선택

간다. 평범한 사람은 코앞의 쾌락을 좇다 큰 것을 놓치지만 영웅은 미덕의 길 너머에 있는 영광을 바라본다. '아픈 만큼 성숙한다'라는 말처럼 고통과 역경은 아프고 힘들게 하지만 강하게 단련시키기도 한다. 거친 비바람이 야생초에게 질긴 생명력을 불어넣는다. 편하고 안락한 환경은 온실 속의 화초를 길러낼 뿐이다.

영웅 헤라클레스

헤라클레스(Herakles)는 영웅의 전형이다. 그의 삶은 고난을 통한 영광을 명료하게 드러내준다. 탄생부터 예사롭지 않다. 그는 제우스의 피를 받고 태어난다. 제우스는 테베의 왕 암피트리온(Amphitryon)의 처 알크메네(Alkmene)와 관계를 맺고 헤라클레스를 낳는다. 알크메네의 정절의식이 너무 투철하기 때문에 제우스는 남편의 모습으로 변신하여 동침에 성공한다. 알크메네는 그날 밤 연이어 진짜 남편과도 동침하여 헤라클레스와 이피클레스(Iphikles) 형제를 낳는다. 동생은 물론 암피트리온의 핏줄이다.

제우스는 헤라의 박해를 피하고자 '헤라의 영광'이란 이름을 붙여준다. 하지만 질투의 화신 헤라가 바람둥이의 술수에 넘어갈리 없다. 헤라의 박해가 집요하게 전개된다. 여신은 영웅의 출산을 지연시켜 미케네의 왕위를 에우리스테우스에게 빼앗기게 한다. 제우스의 계획을 무산시킨 것이다. 이에 만족하지 않고 헤라는 요람 속으로 독사 두 마리를 들여보내 죽이려 한다. 이 순간 암피트리온의 피를 받은 평범한 인간 이피클레스는 겁에 질려 엄마 품을 파고드는데, 제우스의 피를 받은 영웅 헤라클레스는 양손으로 뱀을 한 마리씩 움켜잡고 목 졸라 죽인다.

헤라는 물러서지 않는다. 여신은 결혼해서 자식을 둔 헤라클레스에게 광기를 불어넣어 처자식을 자기 손으로 살해하는 죄를 범하게 한다. 실성한 헤라클레스의 눈에 아내는 암사자로, 자식들은 하이에나로 보이게 하여 목 졸라 죽이게 조종한 것이다. 정신을 되찾은 헤라클레스는 델포이 신탁소에 죄를 씻는 길을 묻는다. 두 가지 길이 제시된다. 하나는 헤라가 요구하는 12가지 난제를 풀고 영웅이 되는 길이고, 다른 하나는 난제를 포기하고 평범한 삶을 택하는 길이다. '헤라클레스의 선택'이 내려지는 순간이다. 헤라클레스는 주저 없이 영웅의 길을 택한다.

헤라의 도움으로 어부지리로 왕위에 오른 에우리스테우스가 난제를 푸는 감독관을 맡는다. 12가지 난제 중 대표적인 것 세 가지만 소개한다.

<네메아의 사자> 헤라클레스의 첫 번째 과제는 네메아의 골짜기에 출몰하는 거대한 사자를 죽이는 것이다. 그는 어떤 무기로도 죽일 수 없었던 그 사자를 목 졸라 죽이고 승리의 기념으로 가죽을 벗겨 몸에 두른다. 사자 가죽을 몸에 두른 모습은 헤라클레스의 상징이 된다.

<물뱀 히드라> 두 번째 과업은 9개의 머리가 달린 괴물 뱀 히드라(Hydra)를 해치우는 일이다. 그런데 히드라의 머리는 하나를 자르면 그 자리에서 두 개가 솟아 나왔다. 헤라클레스는 이올라오스의 도움으로 머리를 자르는 즉시 불로 지져 머리가 솟아 나오지 못하게 하고, 그 독은 자신의 화살에 발라 사용한다.

<저승의 문지기 케르베로스> 마지막으로 열두 번째 과업은 저승세계를 지키는 머리가 셋 달린 개 케르베로스를 데려오는 것이다. 저승에 도착한 헤라클레스는 하데스에게 자신이 온 목적을 말하고 조건부로 허락을 받는다. 케르베로스를 무기를 사용하지 않고 완력으로 제압하여 데려갔다가 지하세계로 다시 데려와야 한다는 조건이다. 헤라클레스는 이 일도 손쉽게 해낸다. 그가 몰고온 케르베로스의 몰골이 너무 무시무시해서 감독을 맡은 에우리스테우스가 항아리 속에 몸을 숨기고 얼굴만 살짝 내밀고 확인했다고 한다.

12가지 난제를 모두 풀고 죄에서 벗어난 헤라클레스는 괴물과 악당들을 해치우며 영웅의 길을 다져간다. 탄탄대로를 걷던 영웅은 말년에 위기를 맞는다. 그는 젊고 아리따운 아내 데이아네이라를 만나 행복하게 살았는데, 어느 날 아내와 함께 여행하던 중 강을 건너게 된다. 물살이 센 강을 켄타우로스 족의 네소스가 지키고 있다가 연약한 데이아네이라를 건네주겠다고 제의한다. 그런데 강을 건너던 네소스는 갑자기 데이아네이라를 등에 업은 채 줄행랑을 친다. 데이아네이라의 미모에 반해 흑심을 품은 것이다. 헤라클레스는 히드라의 독이 묻은 활로 쓰러뜨린다. 피를 흘리며 죽어가는 네소스는 데이아네이라에게 자신의 피를 건네며 헤라클레스가 혹시 바람을 피우면 남편의 옷에 바르라고 일러준다. 이 피가 바람기를 확실히 잠재워줄 것이라는 말이다.

헤라클레스는 결국 이 피 때문에 죽게 된다. 네소스의 피는 바람기를 잠재우는 묘약이 아니라 치명적인 독이었다. 훗날 헤라클레스가 다른 여인에게 관심을 쏟자 질투심에 사로잡힌 데이아네이라는 남편의 옷에 네소스의 피를 바른다. 옷을 입은 헤라클레스는 독기가 몸을 파고들어 온몸이 타들어가는 극심한 고통에 빠진다. 헤라클레스는 참을 수 없는 고통을 느끼며 죽음을 예감한다. 그는 장작을 쌓은 다음 그 위에 올라가 불을 댕긴다. 지나가던 필록테테스에게 자신의 활과 화살을 건네고 불화살을 날리도록 간청한다.

헤라클레스의 육체가 불타고 있는 동안 영혼은 아테나 여신과 함께 이륜마차를 타고 하늘로 올라간다. 그 후 헤라클레스는 제우스의 제안에 따라 신의 반열에 올랐으며, 헤라는 그때서야 비로소 화를 가라앉히고 딸인 청춘의 여신 헤베를 아내로 준다. 헤라클레스는 영웅들 중 유일하게 지상에서 이룬 과업의 대가로 올림포스로 올라가 신의 반열에 오르는 영광을 누린다. 온갖 고난과 역경을 뛰어넘은 끝에 획득한 빛나는 영광이다.

미궁을 뚫은 테세우스

아테네의 영웅 테세우스(Theseus)도 헤라클레스와 비슷한 길을 간다. 모두가 권하는 쉽고 편한 길을 마다하고 고난의 길을 자청한다. 그리고 이 길을 뛰어넘어 영웅으로 거듭난다. 탄생과정부터 헤라클레스를 연상케 한다. 헤라클레스의 명목상의 아버지는 테베의 왕 암피트리온이지만 실제로 피를 준 아버지는 제우스다. 테세우스에게도 두 명의 아버지가 존재한다. 명목상의 아버지는 아테네의 왕 아이게우스(Aigeus)이고, 실질적인 아버지는 포세이돈으로 전해진다.

자식이 없는 아이게우스가 델포이를 찾는다. 아들을 얻는 해법을 구하기 위해서다. 그런데 델포이의 신탁은 '아테네로 돌아갈 때까지 술 부대를 풀지 말라'였다. 술을 조심하라는 뜻이다. 아이게우스는 아테네로 가는 도중에 트로이젠을 방문한다. 그곳의 왕 피테우스가 절친한 친구였기 때문이다. 피테우스는 꾀가 많은 사람으로 친구로부터 신탁 이야기를 듣는 순간 절호를 기회가 찾아왔다고 판단한다. 그는 아이게우스를 졸라 술판을 벌인다. 모처럼 친구가 왔는데 술 한 잔 대접하지 않으면 너무 야박한 일이 아니냐고 분위기를 띄운다. 친구의 호의를 물리치기 어렵다고 생각한 아이게우스는 딱 한 잔만 나누자고 응하고 만다. 그런데 술자리가 그리 되는 법이 있던가. 한 잔이 두 잔이 되고 두 잔이 열 잔이 되어 끝내 인사불성이 될 지경에 이른다. 아침에 잠자리에서 눈을 뜬 아이게우스가 소스라치게 놀란다. 피테우스의 딸인 아이트라가 벌거벗은 몸으로 옆에 누워 있는 게 아닌가!

아이게우스는 술 때문에 큰 실수를 한 줄 알고 모든 책임을 자신이 떠맡겠다고 약속한다. 그는 아이트라에게 아이를 낳으면 자신의 신표을 찾아 아테네로 보내라고 일러준다. 그러고는 왕궁의 커다란 주춧돌 밑에 신발 한 짝과 칼 한 자루를 집어넣고 서둘러 길을 떠난다. 열 달 후에 아이트라는 사내아이를 낳는데, 그가 바로 테세우스다.

테세우스는 아이게우스의 아들인가? 아니다. 포세이돈의 아들이다. 아이트라는 아이게우스를 만나기 전에 이미 포세이돈의 씨를 잉태하고 있었다. 바닷가로 산책 나갔다가 해신에게 당한 것인데, 꾀 많은 피테우스가 신탁을 역이용하여 친구에게 골칫거리를 안겨버린 것이다. 아이게우스는 아테네로 돌아가기 전까지 술 부대를 열지 말라는 신탁을 지키지 않은 탓으로 자신의 피를 받은 아들은 얻지 못하고 남이 저지른 불장난을 떠맡는 신세가 되고 만다.

아무튼 장성한 테세우스는 아버지의 신표를 찾고 아테네로 떠난다. 그런데 아테네로 가는 길은 육로와 해로 두 가지가 있는데, 육로는 짧지만 악당과 괴물이 들끓었고 해로는 멀지만 풍랑만 피하면 별다른 위험이 없었다. 이를테면 육로는 어렵고 험한 길이고 해로는 쉽고 편한 길이다. 할아버지 피테우스를 비롯한 많은 사람들이 해로를 권했지만 테세우스는 '헤라클레스의 선택'을 감행한다. 우상 헤라클레스를 본받아 영웅이 되고자 했기 때문이다.

테세우스는 육로를 통해 아테네로 가면서 숱한 악당과 괴물을 만나 쓰러뜨린다. 테세우스가 물리친 악당 가운데 가장 기이하고 흥미로운 상대는 프로크루스테스(Prokrustes)다. 이 악당은 긴 침대와 짧은 침대를 각각 하나씩 지니고 있다가 지나가는 사람이 있으면 잡아다 침대에 눕히는데, 키가 큰 사람은 짧은 침대에 눕혀 벗어난 만큼 칼로 잘라서 죽이고 작은 사람은 긴 침대에 눕혀 침대 길이만큼 쭉 잡아당겨 늘려서 죽인다. 테세우스의 손에 걸린 프로크루스테스는 자신이 써먹던 방식대로 처단된다. 여기서 '프로크루스테스의 침대'라는 고사성어가 유래하는데, 세상 모든 일을 자신이 정한 잣대에 일방적으로 끼워 맞추는 행태를 일컫는다.

온갖 난관을 뚫고 아테네에 도착한 테세우스는 악녀 메데이아의 환영을 받는다. 자식을 죽이는 악행으로 배신자 이아손에게 복수한 메데이아가 아테네로 탈출하여 아이게우스의 아내가 되어 있었던 것이다. 마녀의 본성을 지닌 메데이아는 한 눈에 테세우스의 정체를 간파한다. 그녀는 자신과 아이게우스 사이에서 난 아들 메도스가 아테네의 왕이 되는데 걸림돌이 될 방문객을 없애버리려 맘을 먹는다. 메데이아는 아이게우스에게 젊은 방문객이 왕을 해치러온 자객이라고 속인 다음 독주를 내리게 한다. 그런데 술을 들기 전 테세우스가 안주로 나온 고기를 썰려고 칼을 빼드는 순간 자신이 남긴 신표임을 알아챈 아이게우스의 만류로 음모는 무산된다. 그 길로 메데이아는 메도스와 함께 줄행랑을 치고, 아이게우스와 테세우스 부자는 감격 어린 상봉을 한다.

테세우스를 영웅으로 만든 진정한 모험은 크레타의 미궁을 뚫은 업적이다. 당시 아테네는 크레타의 지배를 받고 있었다. 그래서 매년 선남선녀 7명씩을 조공으로 바쳐야 했다. 크레타의 골칫거리인 미궁 속의 괴물 미노타우로스의 먹이로 제공되기 위함이다. 어려운 상황에 맞서 테세우스는 해결사를 자청한다. 자신이 조공으로 바쳐지는 희생자로 들어가 괴물을 처치하겠다는 의지다. 아이게우스가 아무리 말려도 소용이 없다. 크레타로 출항하는 배는 검은 돛을 단다. 죽음을 향해 가기 때문이다. 테세우스는 미노타우로스를 처치하는데 성공하면 흰 돛으로 바꿔 달고 귀향하겠노라고 장담한다.

미노타우로스는 인간과 소가 합성된 괴물로 크레타의 왕비 파시파에(Phasiphae)가 황소와 정을 통하여 낳은 자식이다. 신을 모독한데 대한 저주의 산물이다. 크레타의 역사는 제우스의 사랑으로 시작된다. 황소로 변신한 제우스가 에우로페를 유혹하여 미노스, 라다만티스, 사르페돈 3형제를 낳는다. 그런데 이들 중 누구를 크레타 왕으로 삼을 것인가를 두고 논란이 벌어진다. 이때 미노스가 선수를 치고 나온다. 그는 포세이돈에게 도움을 청한다. 크레타의 백성에게 자신이 적격임을 보여 달라고 간청한 것이다. 포세이돈은 바다를 가르고 멋진 황소 한 마리를 보내 미노스 앞에 무릎을 꿇게 한다. 이는 신의 뜻이 미노스에게 있다는 징표로 받아들여진다.

포세이돈의 도움으로 왕위에 오른 미노스는 배신한다. 감사의 표시로 문제의 황소를 포세이돈에게 성대히 제사지내기로 약속했었는데 마음이 바뀐 것이다. 제물로 바치기엔 너무 멋지고 아깝다는 생각이 눈을 흐리게 했다. 미노스는 비슷하게 생긴 황소를 대신 제물로 바친다. 포세이돈이 용납할 리 없다. 도와준 은혜도 모르고 속이기까지 한 미노스를 단단히 손봐주기로 작심한다. 보복은 짓궂고도 악랄했다. 배신자의 처인 파시파에의 마음에 문제의 황소에 대한 깊은 상사병을 심어준 것이다. 말 못할 병에 사로잡힌 파시파에는 당대 최고의 건축가 다이달로스(Daidalos)가 만들어준 모형 암소 속에 들어가 황소와 뜨거운 육체의 향연을 벌인다. 인간과 소가 나눈 불장난으로 미노타우로스(Minotauros)가 태어났으니, '미노스의 소'라는 뜻이다. 황소의 피를 받았지만 미노스의 처가 낳았으니 미노스(Minos)의 자식이란 말이다.

어찌할 노릇인가. 곁에 두자니 창피한 노릇이고, 명목상이지만 자식이니 죽일 수도 없는 일이고. 이리저리 궁리한 끝에 미노스는 이 일에 대한 책임을 물어 다이달로스에게 일단 들어가면 도저히 빠져 나올 수 없는 미궁인 라비린토스(Labyrinthos)를 짓게 한다. 그러고는 괴물을 그곳에 가두고 인육을 먹이로 준다. 크레타에 바치는 아테네의 인간 조공은 이런 곡절에서 비롯된 것이다.

철통같은 미궁이 영웅의 손길로 뚫려버린다. 적은 항상 내부에 있게 마련이다. 미노스 왕의 딸 아리아드네(Ariadne)가 테세우스의 늠름한 모습에 반해 사랑에 빠진다. 사랑이 뭔지 메데이아가 그랬듯이 아리아드네 역시 사랑 때문에 아버지를 배신한다. 그녀는 테세우스에게 실타래를 건네주며 미궁을 빠져 나오는 방법을 일러준다. 테세우스는 미궁 입구에 실 끝을 묶고 실타래를 풀면서 들어가 미노타우로스를 처치한 후 실타래를 되감으며 유유히 미궁을 빠져나온다. 아무리 복잡하고 어둡더라도 실만 따라가면 끝은 어김없이 입구(출구)에 닿게 마련이다. 여기서 '아리아드네의 실'이란 고사성어가 비롯되는데, '어려운 문제를 푸는 열쇠'라는 뜻이다.

테세우스는 자신을 도와준 아리아드네를 약속대로 배에 태우고 아테네로 향한다. 그런데 귀향하는 도중 아리아드네에 대한 생각이 바뀐다. 도움을 받을 때는 좋았지만 일이 끝나니까 짐으로 여겨진 것이다. 테세우스는 결국 잠시 정박한 낙소스 섬에서 잠든 아리아드네를 홀로 두고 줄행랑을 친다. 그런데 문제가 생겼다. 허겁지겁 달아나는 바람에 아버지에게 한 약속을 깜박한다. 검은 돛을 흰 돛으로 바꾸는 걸 잊어버리고 그대로 아테네로 발진한 것이다. 오매불망 바닷가 언덕에서 아들이 무사히 오기만을 기다리던 아이게우스는 멀리서 아들을 싣고 갔던 배가 검은 돛을 그대로 달고 돌아오는 것을 발견하고 절망에 싸여 절벽 아래로 몸을 던져 자살한다. 그가 몸을 던진 바다는 '아이게우스의 바다'라는 뜻으로 '에게 해(Aigaios Pontos)'로 불린다. 테세우스는 아버지를 잃는 아픔을 딛고 아테네의 영웅으로 우뚝 솟는다.

미노타우로스를 처치하는 테세우스

2. 영웅의 원형 오디세우스

오디세우스(Odysseus)는 이타케의 왕으로 트로이 전쟁을 승리로 이끄는 데 결정적인 역할을 한 목마전술을 고안한 지략가이며 새로운 세계에 대한 끝없는 탐구심과 지적 호기심을 불사른 열정의 영웅이다. 호메로스의 영웅서사시 「일리아스」와 「오디세이아」는 트로이 전쟁과 이후에 벌어지는 오디세우스의 활약에 초점을 맞춰 서술하고 있다.

오디세우스의 지략을 보여주는 대표적인 업적은 역시 목마전술이다. 10년 이상 지루하게 계속된 트로이 전쟁을 끝장낸 교묘한 작전이다. 그리스군은 오디세우스의 제안으로 거대한 목마를 만들어 속에 복병을 숨기고 퇴각한다. 아니 퇴각하는 척 한다. 성 앞에 남겨진 거대한 목마를 두고 트로이인들 사이에 설전이 벌어진다. 불에 태워버리자, 성 안으로 끌어들이자, 옥신각신한다. 그때 트로이의 신관인 라오콘(Laokoon)이 두 아들과 함께 나타나 목마를 저주하며 창을 던져 앞부분을 정통으로 맞춘다. 순간 목마에서 사람의 신음소리 같은 것이 들린다. 작전이 탄로 날지 모르는 위기의 순간이다. 그런데 오디세우스의 전략은 뛰어났다. 이런 상황까지 내다보고 낙오병 한 명을 포로로 사로잡히게 한다. 문책한 결과, 목마는 아테나 여신의 분노를 삭이기 위해 만든 것이며, 이렇듯 거대하게 만든 이유는 목마가 트로이성 안으로 들어가는 사태를 막기 위함이라는 것이다. 여신께 바치는 선물이 트로이인 손에 들어가면 완벽한 승리 또한 그들 손에 안기기 때문이라는 설명이다. 때마침 포로의 진술을 확인시키는 사건이 일어난다. 갑자기 바다에서 포세이돈이 보낸 거대한 뱀 두 마리가 육지로 기어올라 라오콘과 두 아들을 칭칭 감아 죽여 버린다.

이를 본 트로이인들은 신께 바칠 선물을 모독한 탓으로 처벌되었다고 생각하고 모든 의혹에서 벗어나 목마를 성 안으로 옮긴다. 그러고는 승리의 잔치를 대대적으로 벌인다. 남녀노소, 민관군 할 것 없이 모두 먹고, 마시고, 춤추고, 노래한다. 그러나 트로이인의 잔치는 최후의 만찬이 되고 만다. 다들 술에 취해 깊은 잠에 빠진 성 안은 목마 속에 숨어들어간 그리스 복병들의 독무대가 된다. 이들 손으로 열어 제친 성문을 통해 그리스군 본대가 밀물처럼 밀어닥쳐 트로이를 일거에 초토화시킨다.

탁월한 지략

오디세우스의 지략을 드러내는 또 하나의 일화는 외눈박이 거인 키클로페스를 골려준 사건이다. 트로이 전쟁이 끝나고 집으로 돌아가는 오디세우스의 귀향길은 험난하기 그지없다. 포세이돈의 미움을 받은 까닭이다. 트로이를 멸망시키는 과정에서 그리스인들이 너무 무자비하게 성을 파괴하고 유린했기 때문인데, 포세이돈은 자신이 직접 쌓은 트로이성이 험하게 당하는 꼴에 화가 난 것이다. 포세이돈은 고향으로 돌아가는 전쟁의 영웅들에게 분풀이하여 귀향길을 황천길로 만들거나 고생길로 만든다. 그 중에서 오디세우스가 가장 심하게 당하는데, 호메로스의 「오디세이아」는 바로 이 과정을 그리고 있다.

귀향길에 오른 오디세우스 일행은 어느 조그만 섬에 도착하여 해안에서 밤을 새운다. 아침에 일어나보니 그곳에는 야생 염소들이 지천으로 돌아다니고 있었다. 허기진 일행은 염소를 잡아 포도주를 곁들여 풍성한 잔치를 벌인다. 그런데 섬 근처에 키클로페스의 본거지가 있었다. 키클로페스는 농사를 지을 줄도, 배를 만들 줄도, 옷을 만들 줄도 모르는 미개한 족속인 바, 오직 가축에만 의지하여 살았다. 섬을 배회하던 오디세우스 일행은 동굴 하나를 찾아 안으로 들어간다. 안에는 엄청난 양의 양고기, 치즈, 우유가 가지런히 정돈되어 있고 새끼 양들이 조그마한 우리 안에서 구슬프게 울고 있었다. 부하들은 예감이 좋지 않으니 식량만 챙겨서 빨리 돌아가자고 했으나 호기심을 못 이긴 오디세우스는 주저앉아 주인이 나타날 때까지 기다리기로 작심한다.

저녁이 되자 동굴의 주인이 모습을 드러내는데, 폴리페모스(Poly-phemos)라 불리는 키클로페스였다. 괴물은 등에 지고 온 땔감을 바닥에 부려놓더니 엄청나게 큰 바위를 밀어 입구를 틀어막는다. 그러고는 양을 한 마리 한 마리 체크하며 젖을 짜 통에 담다가 안쪽 깊숙이 숨어있던 오디세우스 일행을 발견한다. 그는 깜짝 놀라며 어디서 온 누구냐고 묻는다. 오디세우스는 일행이 트로이 전쟁에서 큰 공을 세우고 고향으로 돌아가는 중인데, 물과 식량을 구하러 왔으니 손님으로 대해달라고 말한다. 그러자 폴리페모스는 다짜고짜 오디세우스의 부하 두 명을 동굴 벽에 던져 절명시킨 다음 맛있게 먹어치운다. 그런 다음 양들 사이에 쓰러져 잠에 떨어진다. 오디세우스는 잠든 그를 칼로 찔러 죽일까 생각하다가 단념한다. 동굴입구를 막은 바위를 도저히 움직일 수 없을 것 같았기 때문이다. 다음 날 아침 눈을 뜬 괴물은 또 다시 부하 두 명을 잡아먹은 다음 양떼를 몰고 밖으로 나가더니 밖에서 입구를 막아버린다.

오디세우스는 하루 종일 동굴 안에 갇힌 채 탈출할 계획을 세운다. 그러던 중 동굴 바닥에 깔려 있는 생나무 가지를 보고, 그 중 실한 것 하나를 골라 끝을 뾰족하게 깎아 보이지 않는 곳에 숨겨놓은 후 용감한 부하 몇을 골라 특공대를 조직한다. 저녁 때 동굴로 돌아온 폴리페모스는 양떼를 몰아넣고 젖을 짠 후 부하 두 명을 동굴 벽에 메쳐 바순 다음 맛있게 먹어치운다. 그러자 오디세우스는 식사 중인 폴리페모스에게 다가가 술 한 잔을 내밀며 인간이 먹는 술이라며 반주로 먹으면 맛이 그만이

폴리페모스에게 술을 권하는 오디세우스

라고 말한다. 술 한 잔을 맛본 폴리페모스는 좋았던지 연거푸 몇 잔을 더 받아 마신다. 술에 거나하게 취한 괴물은 오디세우스에게 은혜를 베풀어 가장 나중에 잡아먹겠다고 말하며 이름을 묻는다. 오디세우스는 자신의 이름이 '아무도 아니다'라는 뜻의 우티스(Utis)라고 대답한다.

식사를 끝낸 괴물이 깊은 잠에 빠지자 오디세우스는 선발한 부하들과 함께 뾰족하게 깎은 생나무 가지를 불로 빨갛게 달구어 태운 다음 잠든 거인의 외눈에 깊숙이 박아 돌린 후 재빨리 바위 뒤로 몸을 숨긴다. 갑자기 당한 괴물이 발광하며 비명을 내질러 동굴이 무너질 듯했다. 괴물은 큰 소리로 주위에 사는 키클로페스를 부른다. 야밤에 잠자다 몰려온 괴물들이 동굴 앞에서 무슨 일이냐고 묻는다. 폴리페모스는 "우티스가 자기를 죽이려한다"라고 대답한다. 말인즉슨 '아무도 나를 죽이려하지 않는다'라고 외친 것이다. 그러자 다들 폴리페모스가 실성했다고 생각하고 말없이 흩어져버린다. 오디세우스의 전략이 절묘하게 먹혀드는 순간이다.

다음날 아침 폴리페모스는 양떼를 밖으로 몰기 위해 더듬거리며 바위문을 열고, 양을 한 마리씩 손으로 배를 만지며 내보낸다. 오디세우스 일행이 양과 함께 빠져나가는 것을 막기 위함이다. 이번에도 오디세우스는 양들을 세 마리씩 생나무 가지로 묶은 다음 가운데 양의 배에 하나씩 매달려 나가는 전략을 구사한다. 부하들이 모두 빠져나간 뒤 오디세우스는 마지막으로 동굴을 탈출한다.

지적 호기심과 탐구심

지략의 대가 오디세우스는 강렬한 지적 호기심과 끝없는 탐구심의 소유자로 그려진다. 이리저리 항해하던 중 오디세우스 일행이 괴조 세이레네스(Seirenes)가 출몰하는 해안을 통과하게 된다. 세이레네스는 여인과 새가 합성된 요괴로 기막히게 아름다운 노래로 뱃사람을 유혹하여 난파시키는 괴력을 지닌 것으로 알려진다.

오디세우스는 강한 호기심을 느낀다. 도대체 노래 소리가 어떠하기에 그토록 강한 마력을 내뿜는단 말인가! 하지만 호기심을 충족시키는 순간 바로 죽음이 아닌가! 꾀돌이 오디세우스는 이번에도 멋진 작전을 구사한다. 노를 젓는 부하들의 귀를 밀납으로 꼭꼭 틀어막아 노래를 듣지 못하게 한 후 자신의 귀는 열어둔 채 몸을 돛대에 꽁꽁 묶게 한다. 그러고는

세이레네스의 유혹을 받는 오디세우스

자신이 아무리 미쳐 날뛰더라도 절대로 풀어주지 말라고 단단히 일러둔다. 오디세우스는 결국 세이레네스 곁을 지나며 괴로움에 몸부림치면서 기어이 마법의 소리를 생생하게 체험하고야 만다. 세이레네스는 아무리 열심히 노래를 불러도 오디세우스의 배가 멈추지 않고 유유히 지나가자 자존심이 상해 바다에 몸을 던져 죽어버린다.

끝없는 도전

배는 항구에 정박해 있을 때 가장 안전하다. 폭풍에 휩쓸릴 위기도, 풍랑에 좌초할 고난도 염려할 필요 없다. 하지만 안전한 항구에 머물러 있으라고 배가 존재하는 건 아니다. 거친 바다와 함께하는 순간 비로소 배의 진면목이 드러난다. 인생 또한 그렇지 않은가. 거친 세파와 함께할 때 비로소 참모습이 드러나는 게 아닌가. 오디세우스의 삶은 그 자체가 끝없는 항해다. 「오디세이아」는 현실에 안주하기를 거부하는 영웅의 끝없는 항해 일지와 다름없다.

오디세우스는 한동안 매혹적인 요정 칼립소(Kalypso) 곁에 머물게 된다. 인간과 달리 영원히 젊음과 아름다움을 간직하는 칼립소와 함께하는 순간은 낙원이요 천국이다. 오디세우스는 세월 가는 줄 모르고 행복을 만끽한다. 칼립소는 영웅에게 반한 나머지 오디세우스를 불사신으로 만들어 영원히 곁에 두고 싶어 한다. 이 얼마나 거부할 수 없는 달콤한 유혹인가! 그렇지 않아도 먼저 부탁하고 싶은 간절한 소망일 터인데! 하지만 오디세우스는 칼립소의 제안을 단호히 거절한다. 꿀맛 같이 달콤한 정박을 포기하고 거친 항해를 택한다. 이야말로 '헤라클레스의 선택'이 아닌가!

제10장

트로이 전쟁

- 영웅들의 '화려한 외출'

영웅은 특별한 인간이다. 보통사람이 엄두도 내지 못할 대단한 일을 해치운다. 이런 맥락에서 영웅을 신적 존재로 떠받들기도 한다. 그렇다면 혹시 화려한 얼굴 뒤에 가려진 일그러진 모습은 없는가. 끝없는 도전을 위해 쉽고 편한 길을 마다하고 고난의 길을 자청한다는 '헤라클레스의 선택'은 영웅의 필요충분조건이 아니라, 필요조건일 뿐이다. 선택을 통해 이룬 위업이 도덕적 가치에 어긋나지 않을 때 비로소 영웅의 충분조건을 만족시키게 된다. 결단을 통해 이룩한 '큰일'이 기껏 개인의 영달을 위하거나 많은 사람들을 고통과 불행에 빠뜨린다면, 현실에 안주하는 평범한 인생보다 나을 게 무엇인가. '헤라클레스의 선택'을 통해 이룬 위업이 되도록 많은 사람들에게 기쁨과 행복을 안겨주는 것, 이게 바로 진정한 영웅의 길이 아닌가.

영웅들의 향연, 트로이 전쟁

아킬레우스와 오디세우스라는 희대의 영웅을 낳은 트로이 전쟁은 어떤가. 두 영웅은 호메로스의 영웅서사시 「일리아스」와 「오디세이아」에서 각각 주역으로 등장하면서 위대한 영혼의 소유자로 찬양된다. 두 영웅을 비롯한 수많은 그리스의 싸움꾼들이 일신상의 안위를 버리고 위험한 전쟁에 뛰어든다. 저마다 '헤라클레스의 선택'을 통해 영웅의 길을 가고자 결단한다. 그리하여 아킬레우스나 오디세우스와 같은 불세출의 영웅을 탄생시킨다. 과연 이들이 참여한 트로이 전쟁은 쾌락의 길인가, 미덕의 길인가.

10년 동안 지속되면서 그리스와 트로이 양쪽에서 엄청난 희생을 초래한 트로이 전쟁은 어처구니없는 사건에서 발단된다. 아킬레우스(Achilleus)의 부모가 되는 펠레우스(Peleus)와 테티스(Thetis)의 결혼식에 유일하게 초대받지 못한 불화의 여신 에리스가 앙심을 품고 뒤늦게 피로연장에 나타나 황금사과 하나를 식탁 위에 던진다. 주워보니 '가장 아름다운 여신께'라는 글자가 적혀 있다. 그 자리에서 헤라, 아테나, 아프로디테 등 세 여신이 서로 자기 것이라고 나선다. 헤라는 여왕의 품위를, 아테나는 지성미를, 아프로디테는 관능미를 각각 내세운다.

이 소식을 들은 제우스는 재앙의 근원이 될 성싶은 심판권을 직접 행사하는 대신 멍청하고 얼굴만 잘 생긴 트로이의 왕자 파리스(Paris)에게 슬쩍 미룬다. 황금사과 주인을 가리는 자리에서 세 여신은 심판관에게 각각 뇌물 한 가지씩 제의한다. 여왕 헤라는 최고 권력을, 전쟁의 여신 아테나는 전쟁에서의 명예를, 사랑의 여신 아프로디테는 최고 미인과의 사랑을 주리라 약속한다. 여자를 밝히는 파리스는 아프로디테를 택하여 그녀 손에 황금사과를 건네준다. 약속대로 아프로디테는 당대 최고 미인 헬레네를 선물로 준다. 스파르타의 왕 메넬라오스의 아내다. 유부녀를 유혹해 달아난 것이다. 졸지에 왕비를 강탈당한 메넬라오스가 그리스 연합군을 결성하여 트로이를 침공한다. 수많은 인명과 재산을 쓸어버린 대규모 전쟁이자 영웅들의 향연인 트로이 전쟁이 알고 보니 바람난 유부녀 한 명 되찾자는 '위대한 선택'에서 비롯된 것이다. 그게 아니라면 권력욕과 물질욕으로 가득 찬 싸움꾼들의 침략전쟁을 여신들의 경쟁심이나 여인의 부도덕한 정조의식 탓으로 돌리려는 파렴치한 행태일 뿐이다.

남의 일에 그리스 영웅들이 총출동한 이유는 무엇인가. 헬레네의 뛰어난 미모 때문이다. 그녀가 결혼할 나이에 이르자 미모는 극에 달한다. 그 때문에 구혼자들이 줄을 선다. 당대 영웅들이 죄다 나선 것이다. 걱정이 앞선 아버지 틴다레오스는 사위를 결정하기 전에 모든 구혼자들로부터 서약을 받는다. 우선 어떤 결정에도 깨끗이 승복하며, 더불어 향후 헬레네에게 불상사가 생길 때 힘을 모아 도와야 한다는 서약이다. 헬레네의 신랑감을 결정하기 전에는 다들 후끈 달아올라 있었고 저마다 자신이 적격이라고 확신했기에 선뜻 서약한 것인데, 일이 이렇게 될 줄이야! 그런데 전쟁에 참여해 달라는 통지를 받은 영웅들은 선뜻 응하지 않고 이리저리 핑계를 대며 몸을 사린다. 왜 그러고 싶지 않겠는가! 헬레네를 아내로 맞이하지 못한 것도 울화가 치미는데 연적이 당한 일 때문에 목숨을 왜 걸어!

오디세우스는 마침 페넬로페(Penelope)와 결혼하여 아들 텔레마코스를 낳고 신혼의 단꿈에 젖어 있던 터라 머뭇거린다. 그러자 호출할 사자가 오디세우스 집에 파견된다. 사자가 도착하자 오디세우스는 미친 척하며 당나귀와 말을 한 쟁기에 매어 밭을 갈며 씨앗 대신 소금을 뿌린다. 사자는 오디세우스를 시험해보려고 어린 텔레마코스를 쟁기 앞에 갖다놓는다. 정말 미쳤으면 그대로 돌진할 것이고, 제정신이면 아들을 죽이는 미친 짓은 피할 게 아닌가. 오디세우스는 결국 아들을 피해 쟁기를 돌려버린다. 결국 속임수가 탄로나 오디세우스는 전장으로 나가게 된다.

아킬레우스가 전쟁에 참여하는 과정도 복잡하다. 어머니 테티스의 자식 사랑 때문이다. 테티스는 자식이 트로이 전쟁에 참여하면 죽을 것이라는 것을 알고 작은 궁전으로 보내 여장을 하고 공주들 틈에서 지내도록 한다. 이번에는 오디세우스가 아킬레우스를 데려오는 임무를 떠맡는다. 방물장수로 변장한 오디세우스는 공주들 앞에 여인들이 좋아할 온갖 장신구를 펼쳐놓는다. 그리고 그 속에 멋진 칼 한 자루를 슬쩍 끼워놓는다. 다들 매혹적인 장신구에 정신을 잃는데 유독 건장한 체구의 공주가 씩씩한 폼으로 칼집에서 칼을 뽑아드는 게 아닌가. 오디세우스는 아킬레우스임을 직감하고 설득하여 전장으로 인도한다.

오디세우스와 아킬레우스가 이렇듯 참전을 기피한 이유는 무엇인가. 물론 구혼자의 경쟁에서 탈락한 아쉬움과 연적에 대한 미움으로 설명할 수도 있다. 하지만 보다 근본적인 요인은 전쟁의 명분에 있지 않을까. 바람난 유부녀 찾겠다고 나서는 대규모 전쟁이 진정한 영웅이 나서기엔 아무래도 명분이 박약하다고 판단한 것인지 모를 일이다.

공주로 변장한 아킬레우스

호메로스의 「일리아스」

호메로스의 영웅서사시 「일리아스」는 '트로이의 노래'라는 뜻대로 트로이 전쟁을 배경으로 한 작품이지만, 전쟁의 전 과정을 다룬 게 아니라 마지막 1년 중 절정기에 주목한다. 작품은 전쟁에 참여한 영웅들 간의 갈등으로부터 시작한다. 전쟁이 끝없이 전개되자 신경이 날카로워진 장수들 간에 다툼이 일어난다. 그 중 아킬레우스와 아가멤논 사이에 벌어진 불화는 전세를 결정적으로 바꾸는 파괴력을 보인다. 불화의 원인은 여자포로 때문이다. 전리품으로 챙기는 예쁜 여자포로는 영웅들의 향연을 뜨겁게 달구는 불꽃이다. 그런데 이 불꽃을 잘못 다루는 바람에 불이 난 것이다.

잡혀온 포로를 배분하면서 아가멤논은 아폴론 신전의 사제인 크리세스의 딸 크리세이스를, 아킬레우스는 브리세이스를 차지한다. 한데 크리세스가 아가멤논를 찾아와 딸을 돌려달라고 간청한다. 아가멤논이 계속 거절하자 크리세스는 아폴론을 찾아가 그리스군을 혼내달라고 애원한다. 아폴론은 그리스군에 역질을 보내 사기를 급격히 떨어트린다. 사태가 심각하게 되자 아킬레우스는 아가멤논이 크리세이스를 돌려주지 않아서 화를 당했다고 공개적으로 비난한다. 새까만 부하에게 모욕을 당한 아가멤논은, 아킬레우스가 만약 브리세이스를 자신에게 주면 크리세이스를 돌려보내겠다고 말한다. 극심한 모욕을 느낀 아킬레우스는 포로를 넘겨주는 대신 전쟁에서 깨끗이 손을 떼겠다고 선언하며 자리를 박차고 나간다.

아킬레우스의 공백은 컸다. 그리스군은 공세에서 수세로 돌아선다. 그러자 오디세우스가 중재자로 나선다. 그는 아가멤논을 찾아가 아킬레우스와 화해하라고 설득한다. 이에 아가멤논은 아킬레우스에게 브리세이스와 함께 보물을 잔뜩 보내며 사과하지만 뒤틀린 영웅의 심기를 완전히 되돌리지 못한다. 마음이 반쯤 돌아선 아킬레우스는 둘도 없는 친구 파트로클로스(Patroklos)를 자신의 갑옷을 입혀 대신 출전케 한다. 아킬레우스의 갑옷에 겁을 먹고 달아나는 트로이군을 깊숙이 추적하던 파트로클로스는 적장 헥토르(Hektor)의 손에 목숨을 잃는다.

친구의 죽음을 알게 된 아킬레우스는 분연히 일어나 전장에 복귀한다. 아킬레우스의 목표는 단 하나, 헥토르를 죽여 파트로클로스의 원수를 갚는 일이다. 헥토르는 파죽지세로 몰려오는 아킬레우스를 보고 부하들을 성안으로 대피시키고 단둘이 결전을 벌일 결심을 한다. 그러나 헥토르는 분기탱천한 아킬레우스의 적수가 될 수 없었다. 몇 합을 맞서 싸우던 그는 결국 아킬레우스의 칼에 맞아 말에서 떨어져 절명하고 만다. 아킬레우스의 분노는 헥토르의 죽음으로도 풀리지 않는다. 그는 헥토르의 시체를 마차 뒤에 묶고 트로이 성 앞을 이리저리 끌고 다니며 복수의 시위를 한다.

이에 만족하지 않고 아킬레우스는 트로이의 명문가 출신 젊은 장수 12명을 사로잡아 참수한 다음 파트로클로스를 화장할 때 불소시게로 쓰는 잔혹성을 드러내기도 한다. 「일리아스」는 친구에 대한 의리에 불타는 영웅의 비탄 어린 절규를 폭포처럼 쏟아놓는다.

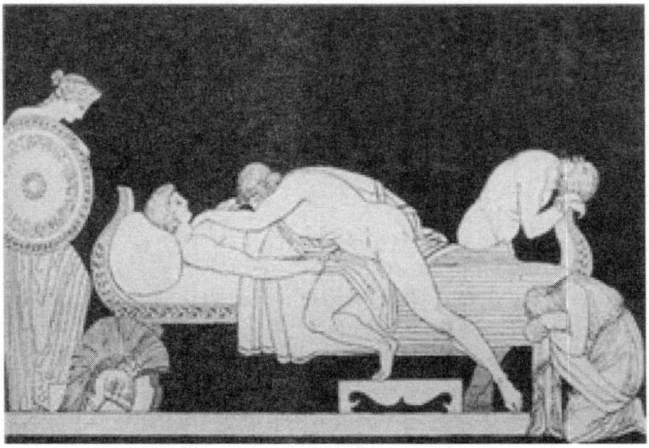

파트로클로스의 죽음을 애도하는 아킬레우스

오오, 파트로클로스여, 하데스의 집에서나마 기뻐해주구려.
내 전에 그대에게 약속한 모든 것을 실행에 옮기고 있으니까요.
기상이 늠름한 트로이인들의 고귀한 열두 명을 그대와 함께
불이 모두 삼키게 할 것이오. 허나 프리아모스의 아들
헥토르는 불이 아니라 개떼에게 먹도록 줄 것이오.

의리에 죽고 사는 영웅의 비장미가 물씬 풍긴다. 독자의 가슴을 떨게 하는 파토스를 의식한 열변이다. 그런데 왠지 피 냄새가 진동한다. 의리를 지키기 위한 복수도 좋지만 도를 넘어설 땐 공감을 얻기 어렵지 않은가. 한 대 얻어맞은 앙갚음으로 회칼로 배를 난자하고 내장을 훑어버리는 조폭세계의 잔혹한 복수극과 무엇이 다른가. 여자포로로 인해 불거진 두 영웅의 갈등도 따지고 보면 유흥가의 주도권을 놓고 다투는 '주먹'과 '어깨'들의 호기와 다를 바 없는 행태가 아닌가.

호메로스에 의해 찬양 고무되는 아킬레우스, 오디세우스 등의 영웅들이 펼치는 충성, 명예, 우정, 의리 등과 같은 힘찬 남성적 가치 이면에는 침략, 살육, 약탈, 기만 등의 적자생존, 양육강식의 피비린내 나는 폭력성과 패권의식이 도사리고 있다. 사실 오디세우스의 지략인 목마전술이란 따지고 보면 뛰어난 사기술이 아니던가. 폴리페모스의 동굴 속에서 벌어진 모험도 남의 집 털다 잡혀서 혼나던 도둑이 주인을 골탕 먹이고 줄행랑을 친 무용담과 다를 바 없지 않은가.

영웅이 어마어마하고 초인적인 능력을 동원하여 이룬 위업이라 할지라도 도덕적 가치를 기반으로 하지 않으면 단지 힘세고 싸움 잘하는 깡패집단의 소행과 다를 바 없다. 아니 훨씬 나쁘다. 스케일이 훨씬 크기 때문에 그 해악 또한 비교할 수 없을 만큼 크지 않겠는가. 헤라클레스와 테세우스 같은 선배 영웅은 일부 과도한 폭력성이나 여성에 대한 배신행위가 거슬리기도 하지만, 그래도 악당과 괴물을 퇴치하거나 백성을 압제에서 벗어나게 하는 구원자의 모습을 보여준다. 하지만 후배 영웅들이 저지른 트로이 전쟁은 아무리 멋지게 포장하더라도 야욕이 빚은 침략전쟁일 뿐이다.

영화 「트로이」는 참전 여부를 놓고 고민하는 아킬레우스의 심적 갈등을 인상적으로 묘사한다. 아킬레우스가 어머니 테티스를 찾아 뜻을 묻는다. 테티스가 답하기를, 참전하지 않으면 필부로 오래오래 살 것이고 참전하면 전장에서 영웅으로 죽으리라는 것이다. 아킬레우스는 참전하는 쪽을 택한다. '헤라클레스의 선택'을 한 것이다. 그리하여 영웅이 되었다는 설명인데, 트로이 전쟁에서 그가 이룬 위업이 과연 미덕인지 의문이다. 최고 장수답게 전장에서 큰 무훈을 세우긴 했지만 대부분 살육이나 약탈과 같은 도덕적 가치가 떨어지는 쾌락의 길이 아닌가. 안일함에 빠져 대충 손보지 않고 혼신을 다해 갈고 닦아 최고의 명검을 빚어내는 열정에는 영웅의 혼이 깃들어 있지만, 이를 살육과 약탈에 써먹는 순간 영웅 정신은 사라진다. 진정한 영웅의 길은 현실에 안주하지 않고 끝없이 도전하는 고난의 길인 동시에 이룩한 위업이 도덕적 가치를 잃지 않는 참된 미덕의 길이다.

호메로스가 그리고자 한 것은 신화 속의 영웅이 품은 위대한 영혼이고 장엄한 정신이다. 「일리아스」는 영웅의 위대한 영혼이 장려하게 불꽃을 피우는 것으로 끝맺는다. 헥토르의 시신이 학대받는 것을 보다 못한 트로이의 왕 프리아모스(Priamos)는 한밤중에 하인 한 명만을 대동한 채 아킬레우스의 막사를 찾는다. 그리고 새파랗게 젊은 적장 앞에 무릎을 꿇고 눈물로 하소연 한다. 자식을 아끼는 늙은 애비의 애틋한 심정을 헤아려 부디 헥토르의 시신을 돌려달라고 말이다.

이 순간 아킬레우스의 영웅으로서의 진면목이 드러난다. 적의 왕이 무방비 상태로 찾아왔으니 생포하여 전쟁을 쉽게 끝내거나 최소한 요긴하게 써먹을 수 있는 절호의 기회가 아닌가. 하지만 아킬레우스는 그 따위 지저분한 짓은 생각지도 않는다. 아들의 명예를 위해 목숨도 명예도 다 버린 노왕의 용기와 결단에 감복하여 가슴을 연다. 두 영웅의 위대한 영혼이 서로 부딪혀 불꽃이 튀는 순간이다. 아킬레우스는 선선히 헥토르의 시신을 돌려주고 장례를 위해 12일간의 휴전도 주선한다. 작품은 헥토르의 시신을 불태우며 끝을 맺는다.

영웅의 허상과 영웅숭배

신화의 일그러진 영웅 상은 역사의 일그러진 영웅을 낳는다. 알렉산드로스(Alexandros)는 역사상 최고 영웅으로 평가받는다. 짧은 인생 동안 어마어마한 영토를 획득한 정복대왕이다. 그가 걸어간 길은 초인적이고 신출귀몰하지만, 그 길을 닦는 과정에서 살과 뼈가 산을 이루고 피가 강처럼 흘러내렸다. 초인적이고 신출귀몰한 살육과 약탈로 정복대왕으로 우뚝 선 알렉산드로스의 우상이 바로 아킬레우스다. 우상이 걸어간 길을 따라 알렉산드로스는 동방을 향해 침략의 깃발을 높이 쳐든다. 알렉산드로스의 일그러진 영웅 상은 끊임없이 역사의 후학들을 길러낸다. 칭기즈칸, 나폴레옹, 히틀러 ...

나폴레옹(Napoleon)은 분명 영웅이었다. 프랑스 혁명에 위협을 느끼고 덤벼드는 이웃 군주국을 누르고 자유와 평등이란 혁명이념을 전 유럽에 확산시킨 혁명의 전도사이며, 전제군주에 시달리던 프랑스와 유럽 민중들의 우상이요 영웅이었다. 프랑스군에 의해 정복된 독일 백성이면서도 베토벤은 그를 영웅으로 숭상하며 「영웅 교향곡」을 헌정키로 마음먹는다. 하지만 나폴레옹이 권력욕에 빠져 스스로 전제군주가 되는 순간 생각을 바꿔버린다. 영웅의 길이 도덕적 가치를 상실하는 순간 영웅에서 속물로 전락한다는 사실을 일깨우는 역사의 가르침이다.

베토벤이야말로 진정한 영웅이 아닐까. 유서를 남기고 자살을 결심할 만큼 숱한 고난을 극복하고, 더욱이 음악가의 생명과 다름없는 청력을 상실한 상황에서도 좌절하지 않고 「합창 교향곡」과 같은 불후의 명작을 쏟아낸 악성에게서 참된 영웅의 혼을 느낄 수 있지 않은가. 그가 이룬 업적으로 고통을 당하는 사람이 있는가. 고통 속에 창조된 명작들은 수백 년에 걸쳐 무수한 영혼들에게 환희를 선사하고 있지 않은가. 「영웅 교향곡」의 진짜 주인은 곡을 남긴 베토벤 자신이 아닐까.

뛰어난 인물을 우대하고 존경하는 마음은 문제될 게 없다. 외려 잘 나가는 사람 배 아파하거나 앞선 사람 뒷다리 잡는 속 좁고 구질구질한 행태가 문제된다. 그러나 우대하고 존경하는 수준을 넘어 맹목적인 추종이나, 환상과 허상으로 얼룩진 영웅숭배는 경계할 필요가 있다. 영웅을 오만과 야욕의 제물로 만들어버릴 수 있기 때문이다. 특히 대중의 집단적인 영웅숭배는 위험하기 짝이 없다. 프랑스 민중의 맹목적이고 우상숭배적인 예찬과 추종이 나폴레옹을 혁명 전도사에서 오만과 야욕으로 가득 찬 전제군주로 전락시켰다. 의도적으로 기획된 영웅 이미지 또한 경계 대상이다. 과대 포장된 영웅 상은 대중의 눈을 흐리게 하고 판단력을 마비시켜버린다. 현대사회는 각종 미디어가 연출하는 영웅의 환상과 허상으로 인해 자신도 모르게 집단최면에 빠져 바보가 되기 십상이다. 영웅의 환상과 허상을 꿰뚫는 눈이 절실한 세상이다.

영웅이 사라진 시대를 한탄하며 환상과 허상으로 덧칠된 과거의 '영웅'을 그리워하는 '영웅 향수병'에 걸린 사람들이 많은 것 같다. 그런데 영웅을 갈망하는 마음에는 노예근성이 자리 잡고 있다. 예속과 굴종에 길들여진 사람은 자유가 부담스러울 수 있다. 자유를 해방이 아니라 속박이

자 멍에로 여긴다. 모든 걸 스스로 판단하고, 행동하고, 책임지기란 쉬운 일이 아니다. 따라서 자신을 대신하여 모든 걸 화끈하게 처리해줄 강력한 존재를 갈망한다. 이를 보호막으로 삼아 환상에 사로잡힌 채 기꺼이 예속과 굴종의 길을 택한다. 지극히 미미한 것을 얻는 대가로 온 세상을 넘겨줄 수 있다는 사실은 깨닫지 못한 채 말이다. 영웅에 대한 망상을 걷어치우고 스스로 영웅의 길을 택하는 건 어떨까. 사실 영웅이 뭐 그리 대단한 존재인가. 각자의 삶에서 '헤라클레스의 선택'을 하는 순간 일단 첫술은 뜨는 것이고, 살면서 남에게 기쁨과 행복은 주지 못하더라도 최소한 고통과 불행은 끼치지 않으면 누구나 영웅이라 자부할 수 있지 않을까.

제11장

그리스 신화의 가치관 - 자유와 절제의 2중주

고대 그리스인은 자유와 절제라는 양 날개로 천하를 비상했다. 자유는 마음 내키는 대로 하겠다는 의지고, 절제는 이를 가로막는 의지다. 그리스인은 이렇듯 서로 충돌하는 의지간에 조화로운 공존을 모색했다. 이를테면 강요된 절제도 방종으로 얼룩진 자유도 아닌, 자유와 절제 간의 팽팽한 긴장 상태를 연출하는 자유와 절제의 2중주를 즐겨 연주한 것으로 보인다. 그리고 이를 통해 누구도 흉내 내기 어려운 멋진 문화를 창출해냈다.

그리스인은 한편으로는 친구나 연인 같은 친근하고 만만한 인간적인 신들과 자유롭게 노닐며 '거침없이 하이 킥'하면서 동시에 끝없는 자유와 욕망이 초래할 비극과 파멸을 경계하기도 했다. 그리스 신화에서 인간이 경계해야 할 과오 중에서 으뜸으로 꼽히는 것은 탐욕과 오만이다. 탐욕과 오만에 빠진 인간은 예외 없이 파멸에 이른다. 좀 더 많이 가지려는 마음이 탐욕이라면, 좀 더 많이 가졌다고 우쭐대는 마음은 오만이다. 탐욕은 과도한 욕망이며 오만은 과도한 자부심이다. 탐욕과 오만에 대한 경계심은 절제미와 균형감각을 중시하는 그리스인의 인간관과 예술관을 반영한다.

탐욕과 오만 경계

프리기아의 미다스(Midas) 왕은 어느 날 술에 취해 길을 잃고 방황하던 한 노인을 발견하고 왕궁으로 데려와 열흘간 잘 보살펴준다. 그 노인은 디오니소스의 스승 실레노스(Silenos)다. 이 사실을 알게 된 디오니소스는 미다스를 찾아가 무엇이든 좋으니 소원 한 가지만 말해보라고 한다. 미다스는 이리저리 궁리한 끝에 이참에 인생을 확 바꿀 수 있는 화끈한 소원을 입에 올린다.

"제 손에 닿는 모든 것이 황금으로 변하게 해주세요!"

미다스의 말을 들은 디오니소스는 마음이 몹시 언짢았지만 그의 공을 생각해서 소원을 들어준다.

"너의 소원이 이루어질 것이니 후회는 말거라!"

디오니소스와 헤어진 미다스는 반신반의하는 마음으로 참나무 가지 하나를 꺾어본다. 신통하게도 나무 가지는 황금 가지로 변한다. 그래도 미심쩍은 미다스는 돌멩이 하나를 집어 든다. 돌멩이 역시 손 안에서 금덩어리가 된다. 잘 익은 곡식 이삭을 한 움큼 잡으니 황금이삭이 되고, 사과나무에서 사과 한 알을 따니 황금사과로 변한다. 황홀한 마음으로 왕궁의 커다란 기둥을 만지자 번쩍번쩍 빛나는 황금 기둥으로 바뀐다.

미다스 왕은 쾌재를 부른다. 그는 자신에게 찾아온 엄청난 행운을 자축하기 위하여 잔치를 벌인다. 맛있고 진기한 음식이 가득 차려진다. 그러나 기름진 고기를 먹으려고 한 입 베어 무는 순간 금세 딱딱해져 이빨이 부러질 뻔 한다. 고급 포도주를 한 잔 마시려고 잔을 드니 입술에 대기도 전에 금덩어리로 굳어져버린다. 미다스는 사태가 심상찮게 돌아감을 깨닫기 시작한다. 이때 근심에 싸인 그를 위로하기 위해 사랑하는 공주가 찾아온다. 미다스는 공주를 덥석 안는다. 그러자 애지중지하던 딸이

품 안에서 딱딱하고 차가운 황금 상으로 변해버린다.

미다스는 자신의 탐욕을 뼈저리게 뉘우치며 디오니소스를 찾아간다. 그리고 무릎 꿇고 엎드려 재앙에서 구해달라고 싹싹 빈다. 디오니소스는 과오를 깨달은 미다스에게 자비를 베푼다.

"팍톨로스 강의 원천까지 거슬러 올라가 거기에 온몸을 담그고 탐욕의 죄를 씻어 내거라!"

미다스는 시키는 대로 강물에 몸을 씻고 황금의 재앙에서 벗어난다. 미다스 왕이 몸을 씻은 팍톨로스 강은 몸에서 씻겨 내린 황금의 마력으로 강바닥이 황금모래로 변했다고 한다. 그 강이 어디 있는지 몹시 궁금하지 않은가? 혹시 기를 쓰고 거기를 찾아가야겠다고 생각하는 사람이 있다면 디오니소스에게 가보기 바란다. 그리고 미다스의 탐욕을 안주삼아 한 잔 나누며 그대의 호기심을 삭여버리시라.

미다스 왕은 역사상 실존 인물로 전해진다. 그는 기원전 8세기경까지 소아시아 지방에서 번성했던 프리기아 왕국의 마지막 왕으로 추측되고 있다. 또한 프리기아를 통치하던 왕들 중 다수가 '미다스'라는 이름으로 기록된 것으로 보아 '미다스'는 특정 왕의 이름이 아니라 왕조를 지칭하는 명칭으로 해석되기도 한다. 아무튼 프리기아는 막강한 국력과 부를 자랑하는 왕국이었다고 한다. 그래서 엄청난 재산과 보물을 보유한 왕족을 바라보는 주변의 부러움과 시기심이 어우러져 이러한 '황금을 낳는 손'에 관한 설화가 만들어졌을 것으로 추정된다.

미다스의 재앙은 물질에 대한 지나친 욕망을 경고하고 있다. 살아가기 위해서는 기본적인 욕망이 필요하다. 식욕, 성욕, 명예욕, 물질욕 등 모든 욕망은 삶을 이끌어가는 에너지와 같다. 그러나 배가 고프다고 너무 많이 먹으면 탈이 나듯이 욕망이 지나치면 화를 부른다. 조금 부족하다 싶을 때 숟가락을 놓으라는 말이 있지 않은가. 숨이 차오르고 눈알이 튀어나올 때까지 꾸역꾸역 쑤셔 넣으면 몸도 망가지고 정신마저 혼미해진다. 모든 욕망이 이와 같을 것이다. 미다스 왕은 더 이상 넘지 말라고 그어 놓은 합리적인 선을 뛰어넘어 너무 많이 가지려고 탐욕을 부리다 재앙에 빠진 것이다.

몸에 낀 기름기가 거동을 불편하게 하듯 마음에 낀 탐욕이 정신을 혼탁하게 한다. 기름기가 혈액순환과 신진대사를 가로막는 장애물이듯 탐욕은 올바른 생각을 가로막는 강력한 적이다. 몸에서 기름기를 제거하는 심정으로 마음에서 탐욕을 떨쳐버리는 건 어떨까. 몸매를 가꾸는 정성의 절반이라도 마음의 다이어트에 돌려보는 건 어떨까.

테베의 왕비 니오베(Niobe)는 7남 7녀를 둔 어머니다. 그녀의 최대 자랑거리는 훌륭한 가문도, 권력도, 재산도 아니다. 바로 그 누구도 갖지 못한 14명의 자식들이다. 그녀는 아폴론과 아르테미스 쌍둥이 남매를 둔 레토 여신도 깔보는 마음을 지니고 있다. 어느 때 니오베는 테베의 백성들이 레토와 쌍둥이 남매를 숭배하는 의식을 성대히 치르는 모습을 바라보고 화가 치민다. 그녀는 자신에 비해 훨씬 적은 1남 1녀밖에 두지 못한 레토를 향해 온갖 조롱과 멸시가 넘치는 폭언을 쏟아 붓고 백성들에게는 의식을 당장 걷어치우라고 호통 친다.

백성들은 왕비의 말을 좇아 의식을 멈추고 뿔뿔이 흩어진다. 레토 여신은 화가 끓어오른다. 여신은 아폴론과 아르테미스 남매를 불러 모아 울분을 터트린다. 두 남매 신들은 어머니의 말이 끝나기도 전에 활을 챙겨 들고 달려 나간다. 먼저 아폴론의 냉혹한 화살을 맞고 니오베의 아들들이 하나 둘 쓰러진다. 아폴론은 살려달라고 애원하는 아이들의 절규에도 아랑곳하지 않고 7명의 아들을 남김없이 쏴 죽여버린다.

자식들의 죽음에 슬픔을 이기지 못한 니오베의 남편 암피온은 스스로 목숨을 끊는다. 그러나 니오베는 레토를 저주하며 아직도 그대보다 훨씬 많은 딸이 있다고 악을 쓴다. 그러자 이번에는 아르테미스의 잔혹한 화살에 딸들이 차례대로 쓰러진다. 이제 남은 건 막내 딸 하나뿐이다. 니오베는 옷자락으로 딸을 감추면서 제발 하나만이라도 살려달라고 애원한다. 그러나 아르테미스의 비정한 화살은 어미 품에 매달려 있는 막내의 가슴마저 꿰뚫어버린다. 니오베는 너무도 참담한 현실 앞에 온몸이 굳어 돌이 된다.

테베에 있는 돌로 변한 니오베 상은 지금도 눈물을 흘리고 있다고 한다. 자식 자랑하다가 겪게 되는 니오베의 고난은 과하다는 생각이 든다. 니오베의 돌을 찾게 되면 흐르는 눈물을 닦아 주고 싶은 심정이다. 하지만 어찌하랴. 오만을 경계하는 신과 인간의 마음이 이다지도 큰 것을.

그리스어로 '오만'을 히브리스(Hybris)라고 한다. 그리스인은 탐욕과 더불어 오만을 몹시 경계했다. 잘 나가던 영웅들도 히브리스에 빠지는 순간 하루아침에 추락하고 파멸한다. 그리스인은 이를 신의 처벌이라고 믿었다. 입에서 불을 뿜는 괴물 키마이라(Chimaira)를 퇴치하고 승승장구하

니오베 자식들을 활로 처단하는 아폴론 남매

던 영웅 벨레로폰(Bellerophon)은 오만에 빠져 천마 페가소스(Pegasos)를 타고 신들의 처소인 올림포스까지 날아가려는 만용을 부린다. 신의 분노를 산 그는 결국 제우스가 보낸 쇠파리에 찔려 낙마하여 절름발이에다 장님이 된 몸으로 사람들의 눈길을 피해 외로이 방랑하다 쓸쓸한 최후를 맞는다.

그런가 하면 공예에 탁월한 재능을 지닌 아라크네는 공예의 여신 아테나에게 도전하는 오만을 부리다 여신에 의해 거미로 변하는 처벌을 받는다. 길쌈하는 재능 좀 가졌다고 오만하게 굴다가 평생 허공에 매달려 온몸으로 길쌈하는 신세로 전락한 것이다. 아라크네(Arachne)는 그리스어로 '거미'라는 뜻이다.

생각해 보면 오만에 대한 처벌은 부메랑과 같은 것이 아닐까. 재산이든, 재능이든, 지식이든, 권력과 명예든 간에 남들보다 좀 더 많이 가졌다고 오만에 빠져 화를 입는 것은, 그것 때문에 상처받은 주변사람들의 질시와 원한이 복수의 화살로 응집되어 날아오는 게 아닐까. 니오베가 당하는 비극은 레토의 가슴에 상처를 남긴 데서 비롯되고 있지 않은가. 잘났다고 우쭐대고 싶은 유혹을 느낄 때 아폴론과 아르테미스의 화살을 떠올리자. 그리고 겸손의 방패를 들어보자.

절제미와 균형감각

그리스인은 절제미와 균형감각을 중시한다. 이는 예술을 바라보는 그들의 시각에서도 드러난다. 고대 그리스의 회화, 조각, 건축은 절제된 표현양식과 균형 잡힌 아름다움을 품고 있다. 극단적이거나 과도한 표현은 찾아볼 수 없다. 그리스 예술의 걸작인 파르테논 신전은 절제미와 균형감각의 모범으로 평가된다.

18세기 독일의 고고학자 빙켈만(J. Winckelmann)은 그리스 예술의 특성을 "고귀한 단순성과 고요한 위대성"으로 평한 바 있다. '고귀함'과 '위대함'이 크고, 높고, 강한 이미지로 고조시킨다면, '고요함'과 '단순함'은 작고, 낮고, 약한 이미지로 잦아들게 한다. 그런데 빙켈만은 동일한 성격의 형용어를 결합시키지 않고 성격이 서로 다른 짝으로 배합하고 있다. '고귀한 위대성과 고요한 단순성'이라는 일상적인 표현을 뒤집어버리고 부자연스러운 결합을 시도한다.

역설적이게도 이러한 부자연스러운 결합이 그리스 예술의 참모습을 드러낸다. 동일한 계열의 결합은 이미지를 한 쪽으로 몰아 양극화로 이어진다. 이를테면 '고귀한 위대성'은 크고, 높고, 강한 쪽으로 더욱 뻗어가는 반면, '고요한 단순성'은 작고, 낮고, 약한 쪽으로 더욱 뻗어간다. 양극화로 간다. 빙켈만의 명제는 고저, 장단, 강약 간의 조화와 균형을 이루게 한다. 높게 치솟는듯하다가 낮게 가라앉는다. 약하게 잦아드는듯하다가 강하게 고조시킨다. 그리하여 절제미와 균형감각을 견지한다.

파르테논 신전

아름다움의 본질은 절제와 균형에 있지 않을까. 아름다움에 대한 과잉 욕망은 추함으로 일그러질 뿐이다. 과도하게 치장한 여성은 첫 눈길은 끌지 몰라도 이내 질리는 느낌을 갖게 한다. 배우의 지나친 감정 표현은 '오버액션'만 남긴다. 강하고 빠른 템포의 1악장 뒤에 이어지는 약하고 느린 2악장이 곡의 아름다움을 배가시킨다. 화폭을 빼곡히 채우는 대신 여백을 두는 '여유'와 '비움'에 그림의 참맛이 있다. 베르사유 궁전은 화려함의 극치를 보여준다. 그 중에서 거울의 방은 호사스러움의 대명사로 통한다. 거기에 비하면 파르테논은 너무 단순하고 소박하다. 그러나 베르사유는 첫 눈길은 확 끌지 몰라도 이내 질려버리게 한다. 파르테논은 첫 느낌은 강렬하지 않지만 보면 볼수록 깊고 풍부한 맛이 은은히 풍겨 나온다.

빙켈만의 명제를 사람에게 적용해보면 어떻게 될까? 겉으로는 단순하고 소박해 보이는데 왠지 모르게 고귀한 품격이 은은히 풍겨 나오는 사람, 누가 보더라도 큰 인물인데 떠들썩하게 드러내지 않고 고요히 머리를 숙이는 사람이 떠오르지 않은가. 실로 탐욕이나 오만과는 거리가 먼 이상형이 아닌가. 한줌밖에 안 되는 걸 요란하게 나팔 불고 다니는 깡통이나, 화려한 포장을 한 겹만 뜯어내면 비속함이 낱낱이 드러나는 속물과는 비교가 안 되는 멋쟁이가 아닌가.

우리의 모습은 어떤가. 절제미와 균형감각을 보여주는가. '과잉'과 '쏠림'이 지배하고 있지 않은가. 뭐 좀 된다 싶으면 너나 할 것 없이 맹목적으로 뛰어들고, 뭔가 뜬다 하면 제대로 따져보지도 않고 정신없이 빠져들지 않은가. 모 아니면 도, 명품 아니면 짝퉁, 대박 아니면 쪽박, 일류 아니면 저질 하는 식으로 무엇이든 극단으로 갈라지지 않은가. 이런 태도가 결국 탄탄하고 두터운 중간층을 이루는 데 커다란 장애가 되지 않은가. 절제미와 균형감각이 부족한 일그러진 자화상이 아닌가.

고대 그리스 예술에 대한 빙켈만의 명제는 서양 고전주의(古典主義) 문예사조의 인간관과 예술관의 지표가 되었다. 독일의 문호 괴테는 젊은 시절 끓어오르는 청춘의 격정과 충동을 억제할 길이 없어 '슈투름 운트 드랑(Sturm und Drang)'에 주도적으로 참여한다. '폭풍과 노도', 혹은 '격정과 충동'이라는 의미의 이 운동은 계몽주의에 반대하여 관습, 규범, 도덕 등 일체의 속박으로부터의 해방과 자유를 부르짖으며 기존질서에 거칠게 저항한 문학 혁명이다. 이 시절에 발표된 괴테의 대표작이 바로 「젊은 베르테르의 슬픔」이다. 약혼자가 있는 청순한 처녀 로테(Lotte)에 대한 이루어질 수 없는 사랑 때문에 번민하던 베르테르(Werther)가 권총 자살로 자신의 사랑과 생명을 폭발시킨다는 작품의 줄거리는 당시 유럽사회에 엄청난 파문을 일으킨다.

그런데 청년기를 넘기는 시점에서 행한 이탈리아 여행은 괴테의 문학세계에 획기적인 전환을 가져온다. 여행을 통해서 그는 절제미와 균형감각의 가치에 눈뜨고, 지금껏 자신을 휘몰아쳤던 극단적인 감정과 충동을 극복하게 된다. 괴테가 남국에서 체험한 것은 다름 아닌 그리스 로마 문명이다. 거기서 절제미와 균형감각의 전형을 맛본다. 빙켈만의 명제와 만나는 가슴 뛰고 숨 막히는 체험이다. 여행에서 돌아온 괴테는 고대 그리스 문화를 모범으로 하여 진(眞), 선(善), 미(美)가 조화를 이루는 인간과 예술을 지향하는 고전주의의 길로 들어선다.

참 고 문 헌

Ⅰ. 국내 문헌

윤일권 : 그리스 신화의 반항아들, 사군자 2006.
윤일권(외) : 그리스 로마 신화와 서양 문화, 문예출판사 2004.
천병희 : 그리스 비극의 이해, 문예출판사 2002.
유재원 : 그리스 신화의 세계 1, 2, 현대문학 1999.
장영란 : 신화 속의 여성, 여성 속의 신화, 문예출판사 2001.
유시주 : 거꾸로 읽는 그리스 로마 신화, 푸른나무 1998.
최재천 : 여성시대에는 남자도 화장을 한다, 궁리 2003.
정혜신 : 그리스 문화 산책, 민음사 2003.
호메로스(천병희) : 일리아스, 단국대출판부 1996.
호메로스(천병희) : 오뒷세이아, 단국대출판부 1996.
헤시오도스(김원익) : 신통기, 민음사 2003.
아폴로니오스(김원익) : 아르고호의 모험, 바다출판사 2005.
오비디우스(이윤기) : 변신이야기 1, 2, 민음사 1998.
토마스 벌핀치(이윤기) : 그리스와 로마의 신화, 대원사 1996.
조지프 캠벨(정영목) : 서양신화, 까치 1999.
조지프 캠벨(이윤기) : 세계의 영웅신화, 대원사 1996.
조지프 캠벨(이윤기) : 신화의 힘, 고려원 1992.
M. 엘리아데(이은봉) : 성과 속, 한길사 1998.
F. 엥겔스(김대웅) : 가족의 기원, 아침 1985.
카를 케레니(장영란 외) : 그리스 신화, 궁리 2002.
S. 프로이트(김인순) : 꿈의 해석(상, 하), 열린 책들 1997.
S. 프로이트(임홍빈 외) : 정신분석 강의(상, 하), 열린 책들 1997.
로버트 M. 영(이정은) : 오이디푸스 콤플렉스, 이제이북스 2002.
로버트 로젠탈 외(심재관) : 피그말리온 효과, 이끌리오 2003.
말리노프스키(서영대) : 원시신화론, 민속원 1996.
아리안 에슨(류제화) : 신화와 예술, 청년사 2002.
루이스 H. 모건(최달곤 외) : 고대사회, 문화문고 2000.
C. 레비-스트로스(임옥희) : 신화와 의미, 이끌리오 2000.
프리도 릭켄(김성진) : 고대 그리스철학, 서광사 2000.

R. 칼라스(이현경) : 카드모스와 하르모니아의 결혼, 동연 1999.
I. 아시모프(김대웅) : 신화 속으로 떠나는 언어여행, 웅진출판 1999.
S. L. 해리스 외(이영순) : 신화의 미로 찾기 1, 2, 동인 2000.
로버트 램(이희재) : 서양문화의 역사 1, 2, 사군자 2000.
G. 트뢱(이재형 외) : 세계여성사 1, 2, 문예출판사 1995.
토마스 R. 마틴(이종인) : 고대 그리스의 역사, 가람기획 2003.
G. 버나드 쇼(이한섭) : 피그말리온, 동인 1998.
장 라신(장성중) : 페드르, 만남 2001.
거다 러너(강세영) : 가부장제의 창조, 당대 2004.
헬렌 피셔(정명진) : 제 1의 성, 생각의 나무 2000.
콜레트 다울링(김영만) : 신데렐라 콤플렉스, 을유문화사 1991.
토마스 칼라일(박상익) : 영웅숭배론, 한길사 2003.
플라톤(박희영) : 향연, 문학과지성사 2003.
리히터(정성호) : 그리스 성풍속사 1~2권, 산수야 2003.
토마스 R. 마틴(이종인) : 고대 그리스 역사, 가람기획 2003.
M. 푸코(이규현 -외) : 성의 역사 1~3권, 나남출판 2004.
F. 타마뉴(이상빈) : 동성애의 역사, 이마고 2007.
S. 골드힐(김영선) : 러브, 섹스 그리고 비극, 예경 2006.

Ⅱ. 국외 문헌

Aischylos Tragoedien, übersetzt v. O. Werner, Düsseldorf 1996.
Buxton, R.(Bertram, Th.) : Das groβe Buch der griechischen Mythologie, Stuttgart 2005.
Euripides Ausgewaehlte Tragödien, übersetzt v. E. Buschor, Düsseldorf 1996.
Sophokles Dramen, übersetzt v. K. Bayer, Düsseldorf 2003.
Aristoteles : Poetik, übersetzt v. M. Fuhrmann, Stuttgart 1982.
Platon : Symposion, übersetzt v. R. Rufener, Düsseldorf 2001.
Goethe, W. : Werke, kommentiert v. E. Trunz, München 1982.
Lütkehaus, L. : Mythos Medea, Leipzig 2001.
Nietzsche, F. : Die Geburt der Tragödie, Stuttgart 1996.
Peterich, E. : Götter und Helden der Griechen, Frankfurt/M. 1984.
Reinsberg, C. : Ehe, Hetärentum und Knabenliebe im antiken Griechenland, München 1993.

Schiller, F. : Sämtliche Werke, hrsg.v. G. Fricke, München 1984.
Schuscheng, D. : Arbeit am Mythos Frau, Frankfurt/M. 1987.
Simon. E. : Die Götter der Griechen, München 1998.
Storch, W.(Hrsg.) : Mythos Prometheus, Leipzig 1995.
Walther, A. : Die Mythen der Antike in der bildenden Kunst, Leipzig 1993.
Wesel, U. : Der Mythos vom Matriarchat, Frankfurt/M. 1999.
Wolf, C. : Medea. Stimmen, Darmstadt u. Neuwied 1996.
Wolf, C. : Kassandra, Darmstadt u. Neuwied 1983.
Zimmermann, B. : Die griechische Tragödie, Regensburg 1992.

저 자

윤일권

독일문학(카프카의 소설)을 전공했으며 배재대 독일어문화학과에서 강의하고 있다. 주요 강의 과목은 '그리스로마 신화', '유럽신화와 문화콘텐츠', '소설로 만나는 유럽', '영화로 읽는 서양명작' 등이며, 지은 책으로는 <그리스로마 신화와 서양문화>(공저), <그리스신화의 반항아들>, <문학교수의 베스트셀러 산책>, <소설로 읽는 유럽역사> 등이 있다. 문학과 신화와 역사를 아우르는 새로운 강의개발과 글쓰기에 관심이 많다.

그리스 신화의 세계

창의력과 상상력의 바다

1판 1쇄 발행 _ 2012년 12월 30일

저　자 • 윤 일 권
발 행 인 • 정 현 걸
발　행 • 신 아 사
인　쇄 • 예지인쇄
출판등록 • 1956년 1월 5일 (제9-52호)
주　소 • 서울특별시 은평구 녹번동 28-36번지 2F
전　화 • (02)382-6411 · 팩스 (02)382-6401
홈페이지 • www.shinasa.co.kr
E - MAIL • shinasa@chol.com

ISBN: 978-89-8396-789-3(93210)
저자와의 협의로 인지를 생략합니다.

정가 12,000원